本书为教育部人文社会科学研究青年基金项目（编号：15YJC820060）研究成果

# 孤儿作品利用的著作权制度研究

王晓君◎著

Study on the Copyright System for the Utilization of Orphan Works

知识产权出版社
全国百佳图书出版单位
—北京—

**图书在版编目（CIP）数据**

孤儿作品利用的著作权制度研究／王晓君著．—北京：知识产权出版社，2023.4

ISBN 978-7-5130-8651-6

Ⅰ.①孤…　Ⅱ.①王…　Ⅲ.①著作权—研究—中国　Ⅳ.①D923.414

中国国家版本馆 CIP 数据核字（2023）第 002726 号

**责任编辑**：刘　睿　邓　莹　　　**责任校对**：谷　洋
**封面设计**：SUN 工作室　韩力君　　**责任印制**：孙婷婷

**孤儿作品利用的著作权制度研究**

王晓君　著

| | | | |
|---|---|---|---|
| 出版发行： | 知识产权出版社有限责任公司 | 网　　址： | http：//www.ipph.cn |
| 社　　址： | 北京市海淀区气象路 50 号院 | 邮　　编： | 100081 |
| 责编电话： | 010-82000860 转 8346 | 责编邮箱： | dengying@cnipr.com |
| 发行电话： | 010-82000860 转 8101/8102 | 发行传真： | 010-82000893/82005070/82000270 |
| 印　　刷： | 北京九州迅驰传媒文化有限公司 | 经　　销： | 新华书店、各大网上书店及相关专业书店 |
| 开　　本： | 720mm×1000mm　1/16 | 印　　张： | 17.5 |
| 版　　次： | 2023 年 4 月第 1 版 | 印　　次： | 2023 年 4 月第 1 次印刷 |
| 字　　数： | 300 千字 | 定　　价： | 98.00 元 |

ISBN 978-7-5130-8651-6

人们的利益是主要的法律。

——西塞罗

# 前　　言

相较于专有权利的界定而言，著作权专有权利的行使范围和利用规则更为重要，也更加繁复。数字技术的迭代更加剧了著作权专有权利利用规则的适用难题，从孤儿作品利用规则之探究便可窥一斑。2004 年，美国谷歌公司拟在全球推行“数字图书馆计划”，由此引发了一系列诉讼，其中焦点问题之一即孤儿作品之利用授权问题，关于“孤儿作品”（orphan works）的概念界定、适用范围、使用问题等亦为各界关注，许多国家和地区在立法、司法、理论层面均作出了回应。本书以“孤儿作品利用的著作权制度”为研究对象，采取概念分析、历史考察、比较研究、法经济学理论研究、案例分析等多种研究方法，力求对孤儿作品进行理论研究并界定其实质内涵，从产生原因和利用困境探究其利用制度的价值定位，并在评判域外孤儿作品利用制度的基础上，重点针对我国《著作权法》第三次修正过程中涉及的孤儿作品制度设计的不足，提出完善构想。

除了绪论与结论，本书一共分为五章，其中第二章、第三章和第五章是孤儿作品利用规则研究的重点章节。

绪论介绍本书选题背景、研究现状、研究思路与方法以及创新之处。

第一章阐明孤儿作品的基本原理。一方面，本章从解释学视角将孤儿作品界定为“经过合理勤勉查找，还是无法找到著作权人的仍然处于著作权保护期内的作品”，并对其基本内涵、特征及相关概念进行辨析。基于这一话语基础，笔者认为孤儿作品作为一个法律概念，具备四个基本特征：其一，孤儿作品之作品是著作权法一般意义上仍然处于著作权保护期内的作品；其二，孤儿作品的权利主体无法确定，或者虽然确定但是无法联系；其三，孤儿作品的潜在利用人无法取得利用该作品的合法授权；其四，孤儿作品的利用前提一般要求使用人尽到“合理勤勉查找”之义务。另一方面，本章分析孤儿作品的产生原因、类型化方法及其法律意义。笔者选取是否发表、国籍、表现形式三个标准对孤儿作品进行类型化研究，这有利于进一步把握孤儿作品的实质内涵。

第二章主要论及孤儿作品利用的困境与制度原因。这部分考察孤儿作品的存在状况与其利用的现实困境及制度原因。在客观分析大规模数字化所引起的孤儿作品利用的现实困境的基础上，探讨区块链、智能合约等数字技术对孤儿作品利用造成的影响；进一步以哲学和经济学的视角，检视作品孤儿状态下著作权背离作品本质属性的制度原因；从权利配置的角度分析著作权的内生性制度障碍。一方面，本章从哲学层面论证作品的本质属性，认为作品实质是有序的符号表达，著作权之权利设定应当与其本质属性相契合，不影响作品被接触和被利用的后续表达可能，这样才能实现著作权的有效激励。在作品的孤儿化状态下，这种契合性被破坏，便产生了相应的孤儿作品利用的制度障碍。另一方面，本章从经济学层面论证了作品的基本经济属性，认为作品具备公共物品属性。当作品处于孤儿状态时，著作权制度之设定无法弥合作品与著作权之间的罅隙，直接影响了作品基本经济功能的实现，因此产生孤儿作品利用的“消失市场”之困境。

第三章旨在明晰孤儿作品利用制度的价值取向。这部分选取“科斯定理”与“利益平衡理论”为理论基础，认为孤儿作品利用制度应以“促进孤儿作品的利用与传播”为价值取向，以其利用的正当性为切入点，对比著作权制度价值的二元化与孤儿作品利用的两面性，以求突破孤儿作品利用的道德困境。从新制度经济学的立场出发，任何法律制度都是一种激励机制。在“科斯定理”的语境下讨论孤儿作品问题，有两点值得重视。第一，虽然法律层面上孤儿作品的初始权利配置是清晰界定给著作权人，但在孤儿状态下，这一权属状态变得模糊；第二，在孤儿作品权属状态不清晰的情况下，著作权的财产专有性呈现高度模糊状态，从而缺乏明确的“与之签约的人”，科斯所预设的完全竞争市场无法实现，市场的价格机制就无法正常发挥资源配置作用。从“利益平衡理论”的维度来看，孤儿作品问题是著作财产权制度权利配置导致的利益失衡现象，只有利用孤儿作品制度矫正著作权人、潜在使用者、传播者、公众等多方主体对孤儿作品的权利分配，才能平衡孤儿作品的相关利益。

第四章是域外孤儿作品利用的著作权制度考察。这部分比较世界各个国家和地区应对孤儿作品问题立法实践，并集中考察和评述孤儿作品利用规则的限制责任模式、强制许可模式、基础例外模式、延伸性集体许可模式、合理使用模式五种立法模式。采用何种立法模式，并非完全出自该国和该地区立法部门的主观意志，而是受到孤儿作品利用制度得以产生的该国和该地区的制度禀赋之影响；并且，孤儿作品利用制度的确立，体现了立法国和立法地区在这一问题上的价值取向。作者权体系国家与版权体系国家的孤儿作品利用制度所表现出的精神品格具有明显差异性，而某些技术性的操作规则又呈现出全球性趋同的特征。

第五章是我国孤儿作品利用的著作权制度设计。这部分针对我国孤儿作品利用的现状，从"合理勤勉查找"、利用机制、救济机制、纠纷解决机制四个基本制度入手，进行相应的制度构建，并将著作权登记制度和集体管理制度作为辅助制度进行补充性研究。笔者认为"合理勤勉查找"的基本标准应当设定最低检索标准，并基于区块链数字技术构建相应的孤儿作品检索数据库；还应当对潜在使用人使用孤儿作品时进行"反向著作权登记"。利用机制需要区分公益性使用与非公益性使用，对应构建"合理使用+强制许可"的授权机制；救济机制应坚持最大限度释放孤儿作品的价值取向，应采取事后救济的补偿模式；纠纷解决机制则强调著作权的非诉纠纷解决机制的利用，强化著作权集体管理组织的事先调解功能。

结论部分指出，孤儿作品利用制度的设计对著作权制度禀赋有路径依赖，除孤儿作品利用制度内部机理外，还应关注其运行的外在环境及效率等。孤儿作品利用制度设计应遵循合目的性原则、确定性原则、经济成效原则三大基本原则。

本书的研究或可为著作权法框架下的孤儿作品利用的相关立法尝试提供参考，也可以为对著作权法前沿问题感兴趣的各领域研究人员和司法从业者提供参考。

# 目　　录

# 绪　　论

## 一、选题的背景及意义

### （一）选题的背景

1. 孤儿作品问题的凸显

“孤儿作品”属于著作权领域的新概念，是指经过合理勤勉查找，仍无法找到著作权人的仍在著作权保护期内的作品。著作权保护与公众获取之间的矛盾和冲突一直存在。“著作权法的永恒困境即是决定著作权人的专有权止境与公众获取作品自由的起点。”❶ 这一矛盾最新体现在孤儿作品问题的处理上。孤儿作品的制度设计触及著作权法的根基，而这场新的权利圈地运动的博弈在各国甚嚣尘上。孤儿作品问题在世界范围内的凸显，就如同火山喷发，触发这个点的核心因素是科学技术。人类社会的创造性在科学技术领域令人叹为观止，从印刷术到录音录像技术、拍摄技术，再到数字信息技术、互联网技术等信息传播技术。技术影响制度的变迁，每一次信息传播技术的重大变革都直接冲击著作权保护制度。

此外，孤儿作品问题在世界范围内的凸显，推波助澜的标志性事件是搜索引擎巨头美国谷歌公司发起的“谷歌数字图书馆计划”。2004 年，谷歌公司拟在全球范围内启动对图书馆馆藏图书的电子扫描计划，从而构建全球最大的电子图书馆。❷ 截至 2015 年，谷歌已扫描超过 2000 万本图书，使其可机

---

❶ NETANEL N W. Copyright and A Democratic Civil Society [J]. Yale Law Reviews, 1996 (106): 286.

❷ 马丽萍 . Google 数字图书馆的合理使用分析与启示 [J]. 图书馆，2015 (10): 75.

读并编制索引，其中包括受版权保护的作品和公共领域的作品。绝大多数书籍都是非小说类书籍，而且大多数都已绝版。围绕谷歌数字图书计划产生的争议，使孤儿作品的使用问题为各界关注，并引起了各国和各地区立法、司法上的回应。美国、英国、加拿大、日本、欧盟等国家和地区在立法和司法层面予以不同程度的关注，并作了积极的立法探索。法律往往在与市场的互动中不断变得丰富。典型表现有，美国分别在 2006 年及 2008 年起草《孤儿作品法案（草案）》;2012 年，欧盟《欧洲议会与欧盟理事会关于孤儿作品许可使用特定问题的指令》（以下简称《欧盟孤儿作品指令》）；2013 年，德国对《德国著作权与相关权法》进行修订，特别在第 61 条规定了孤儿作品条款，其立法目的在于非商业目的使用孤儿作品，这一条主要保证了在使用过程中，尤其是建设电子数据库的过程中，尽可能地保证作品的法律安全，同时，这一条也适用于保护电子数据化过程中的德国乃至欧盟的文化遗产。[1] 英国 2013 年提出《企业和监管改革法案》（Enterprise and Regulatory Reform Act）。该法案针对 1988 年的版权法案作了大量的修订，将孤儿作品界定为“延伸性集体使用授权的范围”，社会大众可免费使用。同时，只要用户能够证明自己曾经“勤勉寻找”过原作品作者，并提供证据，就可以免费使用这些孤儿作品（包括图片、文本、音频或者受版权保护的其他作品），并且可以是商业性的开发使用。[2] 由此可见，基于孤儿作品问题的复杂性与特殊性，各国均在积极应对，孤儿作品问题是一个世界范围的著作权法范畴内的热点问题。

当处于孤儿状态的作品的权利状态无法明晰、权利归属无法明确、权利处分无法通畅的情况下，对于该类作品的利用就陷入困境。处于孤儿状态的作品往往会基于作品权属信息缺失、作品权利主体无法确定等因素致使作品与权利主体的联结模糊甚至断裂，从而使著作权这一权利设定成为公众利用

---

[1] New German Legislationon Orphan and Out-of-commerce Works [EB/OL]. [2015-06-20]. http://www.vgwort.de/fileadmin/pdf/allgemeine_pdf/German_legislation_on_orphan_and_out-of-commerce_works.pdf.

[2] Enterprise and Regulatory Reform Act 2013 [EB/OL]. [2015-06-18]. http://www.legislation.gov.uk/ukpga/2013/24/section/77/enacted.

作品的直接障碍，并且直接影响了作品作为产权要素参与市场交易的经济功能的实现。事实上，财产权利不可能一直保持静止，其需要在权利变动过程中参与市场交易，实现效益最大化。作品在作者创造出来的那一刻起就已经具备参与这种财产权变动的可能。孤儿作品仍然是著作权法范畴内的作品，孤儿作品利益关涉著作权人、传播者、使用者以及社会公众等诸多权益主体；孤儿作品的利用关系到著作权私人权益与公共利益之间的平衡等问题。对各国而言，关于孤儿作品的制度构建直接触碰到著作权法之根基，如何在孤儿作品利用制度的规则创设过程中实现对孤儿作品的有效利用以及孤儿作品相关利益的平衡，这是各国必须面对的基本难题。

2. 我国《著作权法》第三次修正

我国目前关于孤儿作品的立法规定是零星的、分散的，且缺乏体系性、操作性的规定。根据现行《著作权法实施条例》第 13 条之规定的内容❶来看，该条款的立法原意仅仅针对美术作品与摄影作品的原件所有人，明显限缩"作者身份不明的作品"之适用范围。我国 2011 年启动了《著作权法》的第三次修正工作，在 2012 年 3 月至 10 月连续出台三次修改草案，并于 2014 年 6 月公布了送审稿。《著作权法（修订草案送审稿）》（以下简称《草案送审稿》）❷ 对孤儿作品作了基本的规定，即在经使用人尽力查找作品权利人无果的情形下，可以向著作权行政管理部门指定的机构提存使用费后使用作品。但《草案送审稿》对于"尽力查找"没有作具体的解释，并且使用方式仅限于数字复制，并没有涉及是否为商业性使用的规定，提存使用费的费率、机构、程序等都没有详细的可操作规定。倘若关于孤儿作品利用的著作权制度如此设计，无疑会增加该制度的施行难度。此外，我国对于孤儿作品的立

---

❶ 《著作权法实施条例》第 13 条规定："作者身份不明的作品，由作品原件的所有人行使除署名权以外的著作权。作者身份确定后，由作者或者继承人行使著作权。"

❷ 《著作权法（修订草案送审稿）》第 51 条："著作权保护期未届满的已发表作品，使用者尽力查找其权利人无果，符合下列条件之一的，可以在向国务院著作权行政管理部门指定的机构申请并提存使用费后以数字化形式使用：

（一）著作权人身份不明的；

（二）著作权人身份确定但无法联系的。

前款具体实施办法，由国务院著作权行政管理部门另行规定。"

法尝试，还面临我国著作权法律制度的不完善的外在环境，如著作权登记制度、著作权集体管理制度等相关制度发展孱弱等立法困境。虽然第三次著作权法在修订过程中尝试构建孤儿作品利用制度，但遗憾的是正式文本还是没有实际创设该制度。

尽管域外相关立法经验和模式值得我们研究，但毕竟他山之石只可攻玉，我国的孤儿作品问题必须立足于本国实际加以研究，并且在制度创设的过程中寻求正当性基础，应当考量分析实现权利的实施路径等。有鉴于此，本书拟围绕孤儿作品利用，以孤儿作品之概念界定为起点，探讨孤儿作品利用的困境及价值取向等问题，提出孤儿作品利用的制度构想，希望对我国孤儿作品利用的著作权制度构建有所裨益。

### （二）选题的意义

1. 理论意义

孤儿作品问题于我国而言并不陌生，但是对于该制度存在的理论分析，以及该制度的国际国内层面的立法表现、制度规范、操作程序等仍然缺乏深入的系统性研究，从著作权内在价值实现的视角针对性地就孤儿作品保护中利益平衡机制的相关研究更是尚付阙如。虽然立法层面已经关注到了孤儿作品，并且作了相应的规定，但是《草案送审稿》所呈现的规定并没有提供孤儿作品利用的有效制度设定。对于如何完善立法，积极探索有效的解决方案，就需要在理论层面厘清相关问题，为立法寻求理论依托。具体而言，本书的研究具有以下几方面的理论意义。

（1）为著作权的权利创设与限制提供新的研究方向。著作权是法定财产权，依法创设权利、扩张著作权或者对既有的权利设定限制，都需要系统的理论基础。著作权作为一个法学概念，绝不仅仅具有法学意义。随着知识经济时代的飞速发展，著作权作为财富分配的利益平衡器，更需要不断反思其制度设计的正当性、合理性。著作权领域的研究一直是知识产权理论研究的重点与难点，本书拟通过对孤儿作品利用规则的正当性分析，再次拓宽对知识产权的法哲学思考和检索范畴。

（2）为著作权的比较研究提供新的视域。著作权的研究不仅需要纵向的历史考察，更需要横向的规则比较和探讨。规则本身不能独自运行，在比较法的视野下，以孤儿作品的利用规则为镜像，我们可以更客观地了解到这一著作权规则运行的文化背景、人文背景、法治背景，返观该规则制定和运行的科学性和合理性。

（3）深化和丰富孤儿作品的著作权制度研究。作为著作权法领域一个新的研究点，孤儿作品利用规则的系统分析，孤儿作品利用的授权机制、救济机制选择、利益平衡、限制规则，“合理勤勉查找”的检验标准等理论难点的深入研究还有待进一步挖掘。

2. 实际意义

随着科技的进步，社会多方因素等导致各国的孤儿作品问题泛滥。在世界新传媒时代到来之际，我国不论是在数字技术的发展，还是在立法环境的影响，均逃不开对孤儿作品问题的关注。英国孤儿作品的数量在 2009 年以后逐年递增，仅 2009 年的数据约为 627 688本书，占英国图书版权总量大约 13%。据保守估计，整个欧洲的孤儿作品的图书总量会达到 300 万~400 万册。按照欧洲电影资料馆协会的调查，欧洲电影资料馆共计收到将近 5 万个孤儿作品的使用请求。[1] 世界最大的图书馆联合目录数据库——WorldCat，收录了将近 120 个国家和地区的 7. 1 万个图书馆的馆藏书目。据 WorldCat 统计，在 3200 万种图书中，其中将近 75% 的作品版权人不详。[2] 可见，孤儿作品问题是世界范围内的问题，我国也不例外，我国《著作权法》第三次修正，已经涉及孤儿作品的相关立法实践。本书对于我国孤儿作品利用的著作权制度研究，拟为现行立法中孤儿作品利用制度的科学设计提供相应的理论支持和政策建议，对于有效利用孤儿作品，发挥著作权法的制度功能，平衡权利人、使用者、公共利益三方权益，使我国著作权法律与数字信息时代的发展相得益彰，为推动文化的传播和社会的进步起到积极的作用。具体而言，主要体现在以下几点。

---

[1] Assessment of the Orphan Works Issue and Costs for Rights Clearance [EB/OL]. [2015-06-20]. http://www.ace-film.eu/wp-content/uploads/2010/09/Copyright_anna_report-1.pdf.

[2] BRIAN L, DEMPSEY L. Beyond 1923: Characteristics of Potentially In-copyright Print Books in Library Collections [J]. Lib Magazine, 2009 (15): 11-12.

（1）促进著作权法的修法和完善。为改变当前我国一方面著作权人的权利得不到应有尊重，另一方面使用者无法通过合法途径获得作品授权的困境，有必要建立科学、合理、规范的孤儿作品著作权授权机制和交易规则。《草案送审稿》第51条粗略规定了孤儿作品利用规则，但这显然仅仅是起步。孤儿作品利用规则的进一步合理化、科学化还需要理论界、立法层面更进一步的努力。

（2）为国务院著作权行政管理部门进一步制定孤儿作品利用的具体实施办法提供理论依据。《著作权法》在第三次修改过程中对孤儿作品制度的立法回应采取的是原则性规定，具体操作细则有待国务院著作权行政管理部门进一步细化。因此，本书的研究将为进一步的立法活动提供重要参考，为制度构建寻求理论基础、原因分析、价值评析等提供有力依据。

（3）为孤儿作品利用的实务纠纷处理提供理论释疑参考。帮助相关权益人或者裁判者、律师等司法实务人员解决关于孤儿作品问题的理论困惑，为其提供理论参考。

## 二、国内外相关文献综述

### （一）国外研究综述

"孤儿作品"的概念最先起源于美国。自2004年以来，围绕谷歌数字图书馆计划产生的争议，孤儿作品的使用问题为各界关注，并引起了立法、司法上的回应。美国、英国、加拿大、日本、欧盟等国家和地区在立法和司法层面予以不同程度的关注，并作积极的立法探索。相应地，以孤儿作品为核心的使用问题、立法问题等相关研究成为学术界讨论的焦点之一。囿于语言的工具限制，笔者仅就英文文献进行查阅。通过Westlaw文献检索发现，用"orphan works"作为标题检索，截至2014年底，共有71篇论文。就相近论题阐述的触角延伸至本书研究的较宽领域，与本书有关联的如著作权（copyright）、著作权利益平衡（balance of interestsin copyright）、公共领域（publicdomain）等问题，笔者均将之列入检索范围，经检索发现，除文献海量地倍增之外，研究的角度多集中在目前信息技术对著作权之冲击及其应对，并且跨学科的研究是一大特点。对所掌握的外国相关研究文献进行研究分析后可知，学者们普遍赞同应当允许这类作品被使用的立法操作，但是就具体如何利用没有形成统一的观点。学者们把大量的目光投向美国的谷歌数字图书馆案、《美国孤儿作品法案》以及《欧盟孤儿作品指令》。除了对立法实践进行评述，学者们还从孤儿作品的概念、范围，孤儿作品之利用正当性，孤儿作品之利用模式等研究视角进行了积极探讨。

第一，关于孤儿作品之立法界定。目前学界观点均认为，美国的谷歌数字图书馆计划引发了孤儿作品之问题的立法浪潮。学者们也就孤儿作品之立法界定形成不同的观点，并且积极寻求解决方案。在美国的立法尝试中，有学者提出，孤儿作品是指版权期内作品的权利所有人无法被确定或找到的作品（Randal C. Picker，2009）；有学者主张孤儿作品是经过数字检索之后依然不知或者无法明确其著作权的作品（Jennifer M. Urban，2012）；也有学者认为孤儿作品问题的实质，是潜在使用者无法与版权人联系商谈这一市场机制失灵的情形下如何让使用者不必考虑商业上的惯例而利用孤儿作品的问题（Lawrence Lessig，2003）。

第二，关于孤儿作品利用制度之适用范围。有学者质疑《欧盟孤儿作品指令》的适用范围以及勤勉查找义务之规定（Robin Kerremans，2012）；有学者指出若将英国的外国作品进行授权使用将阻止任何国家任何权利持有人许可独占权，这将可能引发风暴般的国际诉讼（Abigail Bunce，2013）。美国版权局在孤儿作品调查中收集到的很多意见都聚焦在关于难以获取单个摄影作品的作者或者著作权人的信息上（Copyright Office Notice of Inquiry，2012）。由此可见，各国在进行孤儿作品利用制度构建时，必须解决该制度适用于哪些类型的作品，并且是否适用于外国作品等问题。

第三，关于孤儿作品利用的正当性讨论。有的学者将孤儿作品与公共利益进行讨论，并且质疑《英国企业和监管改革法案》中有关孤儿作品规定的正当性（Colin Davies、Tania Cheng，2013）。学者们认为著作权的扩张使公共领域（public domain）渐趋贫瘠，从而影响了新的作品的创作。有学者称人类正处于一种“版权战争”中，这场战争的两大阵营是作品的控制人与使用人（Jessica Litman，2006），孤儿作品的利益博弈就是一场新的战争。

第四，关于孤儿作品利用的方法与模式。有学者提出孤儿作品的解决方案，认为作品自公开发表之后的第 51 年起，著作权人必须每年向政府缴纳 1 美元的版税，如果著作权到期后 3 年内著作权人没有缴纳这 1 美元，则视为放弃作品著作权，该作品进入公共领域（Lawrence Lessig，2003）。这一方案虽然说是通过税收登记变相对作品的权属状态有一个跟踪登记，但是反对的观点则认为，这一规定首先是与《保护文学和艺术作品伯尔尼公约》（以下简称《伯尔尼公约》）的自动保护原则相冲突，其次也不应当加重版权人负担。有学者认为，创作者以创作行为获取权利；传播者以受让人身份取得权利；而使用者则占有作品的载体，并在法律允许的特殊条件下有权利用作品（Patterson、Birch、Stanley，2009）。也有学者认为，孤儿作品利用的前提“合理勤勉查找”已经需要提前预付一部分的费用，而所谓事后的公平补偿，会给利用人增加额外预设的财务支出，这对于孤儿作品的非商业利用显然有可能会导致激励不足（Andreea S，2013）。也有观点认为，孤儿作品的利用如果涉及未发表或未固定的作品或表演，则有可能侵犯著作权人或表演者的隐私权，著作权委员会因此没有权限发放这些未发表或未固定作品或表演的使用许可证（Jeremy D、Mario B，2010）。在作家协会（AG）诉 HathiTrust 数字图书馆（HT）案中，美国联邦最高法院大法官则认为孤儿作品的利用属于合理使用（Denny Chin，2012）。比较新近的研究点表现在有学者关注到区块链与智能合约等数字技术与孤儿作品的利用与管理问题（Eliza Mik，2017；Evangelia Kokotsaki，et，al.，2021）。

### （二）国内研究综述

笔者在博士论文开题最初资料收集过程中发现，以“孤儿作品”为关键词进行中文资料检索，仅有少量的硕士论文，没有博士论文及专著（截至 2013 年），CNKI 期刊检索论文从 2000 年到 2013 年仅有 46 篇。而截至 2022 年 12 月，CNKI 以“孤儿作品”为关键词的研究文献有 301 篇。可见，孤儿作品的相关知识产权问题已经引起学术界的关注。

第一，关于国内孤儿作品问题研究的综合分析。随着知识产权理论研究在我国的逐渐繁荣，我国学术界还是能对国外最新的立法动态和最新研究作出回应。在国内外的立法、司法的驱动下，从最早袁泽清的论文开始，我国学者对孤儿作品问题的相关研究热情逐渐高涨，研究成果也越来越多。虽然研究势头方兴未艾，但是大多数的研究视角较为单一，理论分析不够深入，采取的研究体系多是问题式、解释性的。但这些研究成果也为本书的研究打下了坚实的研究基础，具有较高的参考价值，比如，王迁的《“孤儿作品”制度设计简论》；董慧娟的《孤儿作品的利用困境与现行规则评析》；周艳敏、宋慧献的《关于孤儿作品著作权问题的立法设想》等论文及著作。

第二，关于利益平衡机制运用于孤儿作品的系统研究。目前在我国，与利益平衡相关的研究专著有冯晓青的《知识产权法利益平衡理论》，该专著关于著作权限制、合理使用、法定许可之论述为本书成形提供了一定的理论支撑；曹世华的《网络知识产权保护中的利益平衡与争议解决机制研究》通过对网络知识产权保护的历史回顾、国别比较、博弈分析和实证研究，论证了以实体法维护各方利益平衡的有限性，进而提出从建立健全网络知识产权争议解决机制的角度缓解各方利益矛盾的新思路。任宁宁的《数字图书馆版权利益平衡机制研究》注意到全球数字版权纠纷频频发生，严重影响各类数字图书馆的发展，究其根本原因是版权利益的冲突，即版权人个人利益与社会公共利益的矛盾所致。从数字图书馆的基本概念入手，介绍了不同性质数字图书馆发生的版权危机，在此基础上探讨版权危机发生的根源——版权利益失衡。

也有学者就著作权的整体性立法、合理使用、公共利用等进行了相关的研究，如刘春霖的《无主知识产权范畴的理论构造》，张玉敏、李杨的《“个人使用”的著作权法定位及政策选择》，王迁的《著作权法借鉴国际条约与国外立法：问题与对策》，李琛的《论我国著作权法修订中“合理使用”的立法技术》，等等。值得注意的是，这一部分学者已经有很长一段时间的学术积累，在知识产权界较有威望，更多地从问题的关注转而思考我国法的立场、理论构建、制度设计。某种程度上这是一种知识产权学人的理性回归，避免学界所谓“泛西化模式”的整体走失。

第三，关于孤儿作品的利用模式。就我国应当采取哪一种模式，国内学者的观点并不统一，有的学者主张建立法定许可模式（袁泽清，2008；赵锐，2012）；有的学者主张采取“集体组织事先许可+权利人复出后付费”的使用模式（周艳敏、宋慧献，2009）；有的学者主张建立“准强制许可+ 提存”模式（王迁，2013）；有的学者主张采取欧盟的限制使用模式（管育鹰，2013）；还有学者提出了延伸性集体许可模式（胡开忠，2013；林秀芹、李晶，2013）。

综上，国内外学者对于孤儿作品的利用问题应当进行立法规制的观点是统一的，只是采取何种利用模式进行规则创设则存在较大的分歧，并且在立法实例中也体现区别较大的立法例。尽管域外相关立法经验和模式值得我们研究，但是，他山之石只可攻玉，就我国的孤儿作品问题而言，必须立足于本国实际加以研究。我国《著作权法》在第三次修正中于2014年6月出台的《草案送审稿》第51条暂且使这一争论尘埃落定，反而使这一问题的国内法研究更为具体、更为必要。基于多方原因，《著作权法》最后的修正版本并没有体现孤儿作品专条，这势必掀起国内学者对该领域持续的讨论和研究。比如，在数字技术迭代背景下，孤儿作品版权利用的“合理勤勉查找”的标准；孤儿作品利用机制；孤儿作品著作权人的救济制度等问题都值得学者深入探讨和研究。

## 三、研究思路与研究方法

### （一）研究思路

以问题为中心，遵循“提出问题—分析问题—解决问题”的主线，并将对问题的研究结论应用于我国孤儿作品利用规则立法与司法实践。本书拟就孤儿作品的研究现状作出研究和分析，并结合《草案送审稿》对比专家建议稿，提出我国孤儿作品利用的现状及存在的主要问题，对孤儿作品的利用和保护的现状进行分析，从国际条约的发展和国内外立法规制以及司法实践等各方面对孤儿作品进行实证调研。在前期研究基础上系统地进行专题论证，就我国将建立怎样的孤儿作品利用制度形成系统观点。

### （二）研究方法

任何研究都离不开研究方法的运用，本书综合运用多种研究方法，从客观、科学、严谨的具体要求入手，积极地进行考察、分析、论证。

1. 概念分析法

概念是法学研究的起点，本书利用概念分析法，针对孤儿作品的内涵与外延，孤儿作品与相关易混淆概念的辨析，进行深入的比较、分析、思考，从而进一步形成本书关于孤儿作品、合理勤勉等核心概念的界定。

2. 历史考察与分析法

相对于纯粹的逻辑分析而言，法学研究更需要历史的考察与分析，后者较前者更具有说服力。因此，本书利用历史考察与分析法考察孤儿作品的产生原因，寻求更客观的原因分析，为孤儿作品利用的著作权制度构建提供客观支撑论据。

3. 比较研究法

通过比较，横向研究孤儿作品制度的各种立法模式及解决方案，指出其共同性与差异性，并分析原因。关注国际组织和世界发达国家关于孤儿作品制度的相关立法和学术研究，汲取其中的成功经验，并结合我国孤儿作品之现状，指出我国存在的问题，提出系统立法建议。

4. 案例研究法

案例研究可以分为个案研究和复合案例研究。个案研究不仅有助于拓宽研究视域，还有利于问题的深入研究，从而提升对问题的研究实感；同时可以获得第一手资料，以证实已经形成的理论预设。

5. 法经济学研究法

法经济学是以基于法律和经济学的交叉研究方法，以“经济人理性”及“效率标准”作为其研究基础。本书第三章引入法经济学的研究范畴，尝试对孤儿作品利用的行为定性。通过法经济学独特的视角，进一步探讨孤儿作品利用的著作权制度应然层面的价值定位及权益的有效配置。

6. 综合归纳法

在以上研究方法的基础上，重点分析《草案送审稿》，认真对待我国孤儿作品独特的成因、利用现状与制度禀赋，提出符合我国制度环境的孤儿作品利用的著作权制度构想，以期对我国孤儿作品的著作权法立法尝试有所裨益，从而建立综合性的孤儿作品利益平衡机制。

## 四、创 新 点

### （一）研究视角的新颖性

本书主要采取哲学与经济学的二元视角，侧重研究孤儿作品利用困境之制度原因、孤儿作品利用的正当性。哲学与经济学的研究视角，有利于对孤儿作品利用问题有一个更深层次的理论探讨。

### （二）研究路径的体系化

孤儿作品研究存在某种“只见树木，不见森林”之现象，本书力图从多角度寻求孤儿作品利用制度的理论宽度与厚度。以孤儿作品的利用为全书圆心，辐射孤儿作品其他相关问题，从孤儿作品的概念界定、利用困境、利用模式、辅助制度等综合地对孤儿作品利用的著作权制度进行体系化研究。

### （三）研究观点的创新性

其一，从孤儿作品问题的本质探讨论证孤儿作品利用制度设定的边界，并根据利益平衡机制在孤儿作品利用问题上的适用，提出我国在构建孤儿作品的利用制度时，应当坚持依循合目的性原则、确定性原则、经济成效原则这三个基本原则。

其二，对孤儿作品利用的正当性而言，提出孤儿作品利用的两面性，即接触权与容忍义务，并且强调孤儿作品利用的正面是使用者的接触权之体现。

其三，对于孤儿作品利用的授权模式，提出“合理使用+强制许可”之授权模式，以区别孤儿作品的公益性使用与其他使用，实现孤儿作品利用的多元价值。

# 第一章　孤儿作品的基本原理

孤儿作品的利用问题是数字网络时代著作权领域的新兴问题之一。随着技术的迭代，作品的创作、传播与使用受到相应的影响，作品大量“孤儿化”使作品不能被有效地利用与传播，对于著作权人、传播者、使用人，乃至社会公众都无疑是一种损失。如何实现孤儿作品之有效利用？本章循着提出问题、探究问题的思路，对孤儿作品利用的基本问题展开讨论。孤儿作品的利用最基本的几个问题涉及何为孤儿作品；孤儿作品的产生原因；孤儿作品包含哪些类型，以此讨论为后续孤儿作品利用的著作权制度之研究酝酿一个基本的语境。

## 第一节　孤儿作品的界定

法律规则的设定往往是从规范对象的内涵定义开始，从而为其划定基本的边界，创设法律概念。“概念为解决法律问题所必需和必不可少之工具，没有专门的概念界定，我们就不可能清晰地、理智地思考和研究法律问题。”❶对于孤儿作品的概念界定，既是厘清孤儿作品利用问题的逻辑起点，同时也是构建孤儿作品利用的著作权规则的核心内容。本节首先对孤儿作品的基本内涵进行讨论，在此基础上进一步归纳孤儿作品的基本法律特征，以对孤儿作品有一个初步的认识。

---

❶ E. 博登海默．法理学：法律哲学与法律方法［M］．邓正来，译．北京：中国政法大学出版社，1999：165.

## 一、孤儿作品的内涵界定

“内涵界定是对被定义对象的本质性描述，这一描述具有高度的抽象性。然而，把握并且恰当地描述事物之本质属性绝非易事，越是一个学科的基础概念，往往越难定义，某些基础概念其本身已经属于哲学范畴。”❶ 孤儿作品一词来源于“orphan works”的直译，并不是字面理解的“没有著作权人的作品”或“没有父母的作品”这一内涵，由于处于不同的著作权立法体系，各国和各地区对孤儿作品的应对方案也不同，目前世界各个国家和地区并没有形成统一的孤儿作品的概念。法律往往在与市场的互动中不断变得丰富，各国和各地区在应对孤儿作品问题时，在立法实践中不断尝试和探索建立孤儿作品的利用机制。

### （一）各国和各地区立法实践对孤儿作品内涵的界定

《英国版权、设计及专利法案》（1988）第 57 条规定了孤儿作品的相关内容，对于通过合理调查仍然无法确定作者的身份、有理由推定版权期满、作品的作者死亡后 70 年以上的这三种情形匿名或笔名作品的使用不构成侵权。❷显然，第一种“通过合理调查仍然无法确定作者的身份”即是对孤儿作品的一种界定，值得注意的是，2013 年，英国针对该法案作了大量的修订，体现在 2013 年出台的《企业和监管改革法案》，其中，增加了“孤儿作品许可与延伸集体管理”的规定。❸ 早在 2006 年，美国版权局在向国会提交的《孤儿作品报告》中，就对孤儿作品作了基本界定：如果使用者由于无法确认或找到作品权利人，而无法获得版权许可，这类作品就被称为孤儿作品。❹ 两年后出台的《孤儿作品法案（议案）》（2008）基本延续了这一表达。

欧盟对孤儿作品问题的重视可以追溯到 2009 年，针对谷歌数字图书馆计

❶ 李琛．论作品定义的立法表述［J］．华东政法大学学报，2015（2）：13-17.

❷ 十二国著作权法［Z］．十二国著作权法翻译组，译．北京：清华大学出版社，2011：601.

❸ Enterprise and Regulatory Reform Act 2013c. 24.

❹ U. S. Copyright Office. Report on Orphan Works［R/OL］．［2015-05-20］．https：//www. copyright. gov/orphan/orphan-report-full. pdf.

划在全球范围的影响，欧盟成立了数字图书馆高级专家组，该专家组于2009年12月出台的《数字图书馆最终报告：建议与未来挑战》对孤儿作品进行了界定，认为孤儿作品是著作权信息不明或者无法联系到著作权人的作品。❶ 这为欧盟后续孤儿作品利用规则的构建打下了基础。2012年《欧盟孤儿作品指令》进一步规范了孤儿作品利用的详细规则，特别加入了孤儿作品利用的“合理勤勉查找”之前置条件。❷

《日本著作权法》(2009) 第67条对孤儿作品作了基本的界定，认为孤儿作品是已经发表或已经形成“事实发表”的，由于著作权人不明或其他原因，付出相当努力仍然联系不上著作权人的作品。❸ 韩国与日本在著作权法上对孤儿作品的界定有相似之处，均规定了付出相当的查找努力，不同的是，《韩国著作权法》第50条还将孤儿作品的适用范围界定为已发表作品并且排除外国作品的适用。❹

### (二) 理论界对孤儿作品内涵的讨论

法学理论与其他理论一样，具有解释与预测两大功能。❺ 理论界关于孤儿作品的各种讨论在一定程度上对孤儿作品的内涵起到了解释作用。由于对“孤儿”一词的惯常理解，人们通常会将“孤儿作品”理解为没有“父母”(著作权人) 的作品。有学者从使用者的角度对孤儿作品的内涵加以界定，孤儿作品是指经过尽力查找，仍无法找到著作权人的作品。❻ 也有学者从使用客体的角度对孤儿作品的内涵进行界定，孤儿作品是指权利所有人无法被确定

---

❶ EU High Level Expert Group on Digital Libraries. Final report digital libraries: Recommendations and challenges for thefuture [R/OL]. [2015-06-18]. http: //www. dlorg. eu/uploads/External%20Publications/HLG%20Final%20Report%202009%20clean. pdf.

❷ Directive 2012/28/EU of the European Parliament and of the Council of 25 October 2012 on Certain Permitted Uses of OrphanWorks, art. 1 (1) [EB/OL]. [2015-06-18]. http: //www. wipo. int/edocs/lexdocs/laws/en/eu/eu169en. pdf.

❸ 十二国著作权法 [Z]. 十二国著作权法翻译组，译. 北京：清华大学出版社，2011：393.

❹ 十二国著作权法 [Z]. 十二国著作权法翻译组，译. 北京：清华大学出版社，2011：521.

❺ 魏德士. 法理学 [M]. 丁晓春，吴越，译. 北京：法律出版社，2013：12.

❻ 王迁. 孤儿作品制度设计简论 [J]. 中国版权，2013 (1)：30.

或找到的作品。❶ 有学者认为，孤儿作品是经过数字检索之后依然不知或者无法明确其著作权的作品。❷ 还有学者从著作权人的角度对孤儿作品之内涵进行界定，认为孤儿作品是版权期内的作品，作品权利人在经过合理程度的数据检索后仍然不能被确定的作品。❸

### （三）本书对孤儿作品内涵的基本认识

上述各国和各地区的立法尝试和学者观点在具体规定和提炼孤儿作品的定义时，更多的是对其体现的基本法律特征的一种抽象性描述。此外，上述界定在对孤儿作品进行定义描述时都有一个客观存在的陈述背景，即不同的著作权法律体系下的不同的著作权保护与利用的价值立场。这在根本上决定孤儿作品著作权制度的价值走向及规则创设。本书采取的立场是在对著作权人的基本权利进行保护的基础上，促进孤儿作品的最大化利用，以达到知识产权整体经济效益的提升。基于这样的话语基础，本书认为孤儿作品的基本内涵应当包含三个基本要素：第一，“合理勤勉查找”之前提设定；第二，对“作品仍然在著作权保护期限内”的基本描述；第三，对“无法与著作权人取得联系”的客观事实之判断。因此，可以将孤儿作品的基本内涵界定为：在进行合理勤勉查找之后，还是无法与著作权人取得联系的仍然处于著作权保护期限内的作品。

## 二、孤儿作品的基本特征

虽然各国和各地区在孤儿作品问题上呈现的处理方式不同，给出的定义也各不相同。但是，既然同为“一轮明月”，就可归纳其共通之处。本书认为作为一个法律概念，孤儿作品有其特殊性，具体而言，其特征有以下几点。

---

❶ PICKER R C. The Google Book Search Settlement: A New Orphan Works Monopoly [J]. Journal of Competition Law & Economics, 2009, 5 (3): 383-409.

❷ URBAN J M. How Fair Use Can Help Solve the Orphan Works Problem [J]. Berkeley Tech. L. J., 2012 (27): 1379.

❸ HANSEN D R, HASHIMOTO K, HINZE G, et al. Solving the Orphan Works Problem for the United States [J]. Colum. JL & Arts, 2013, 37 (1): 4-5.

### （一）孤儿作品之作品是著作权法一般意义上并且在保护期内的作品

如果超出著作权的保护期，作品自然进入公共领域，则无孤儿作品一说了。著作权的保护期限是划定著作权与公共领域边界的一个基本制度。因此，在著作权立法上设定较长保护期的国家，作品孤儿化的绝对值高于著作权保护期较短的国家。

### （二）孤儿作品的权利主体无法确定或者虽然确定但是无法联系

处于孤儿状态的作品往往会基于作品权属信息缺失、作品权利主体无法确定等因素致使作品与权利主体的连接模糊甚至断裂，从而使著作权这一权利设定成为公众利用作品的直接障碍。❶ 孤儿作品的“孤儿”状态是一种不确定的状态。其作品的著作权人有可能会随时出现，有可能无法确定，也有可能在经过勤勉查找后最终判断该作品为无主作品。

### （三）孤儿作品的潜在利用人无法取得利用作品的合法授权

著作权的属性是私人财产权，是一种“强制稀缺”❷，基于这一属性，各国和各地区在立法上均不同程度地设立了著作权限制制度，例如著作权的法定许可、强制许可、合理使用等制度，以平衡著作权人与传播者、使用人、社会公众之间的利益关系。孤儿作品利用制度实际上也是一种著作权限制制度，严格地说，孤儿作品仍然是受到著作权法保护的作品，在除了著作权法规定的合理使用等正当使用情形，对该作品的利用前提必定是获得著作权人的合法授权，这是著作权的基本效力体现，否则就可能构成侵权。但是，有学者提出，对于孤儿作品的非独创性利用不存在侵权，只要数字化仅限于数据处理应用程序，不造成侵权或者对个人作品的消耗性使用，就不存在孤儿作品的问题，因为著作权人的专有权仅限制在作品有独创性的因素以及对作

---

❶ 王晓君．科斯定理维度的孤儿作品利用困境解析［J］．贵州师范大学学报（社会科学版），2020（6）：148-156.

❷ F·A. 哈耶克．致命的自负［M］．冯克利，胡晋华，译．北京：中国社会科学出版社，2000：37.

品独创性的使用。[1]

### （四）孤儿作品的利用条件一般规定要尽到“合理勤勉查找”之义务

孤儿作品的潜在利用人在对孤儿作品进行使用之前，一般要尽力地查找孤儿作品的权利人，以期获得授权，为使用孤儿作品提供正当性依据。至于如何才能判定为“合理勤勉查找”，各国和各地区在不同的适用环境与价值选择下，判断标准各有差异。例如，《欧盟孤儿作品指令》第3条就规定了“合理勤勉查找”的最低标准：（1）一部作品是否是孤儿作品，文化机构在使用作品前，通过作品类别的适当来源，文化机构必须忠实、勤勉地查找版权人；（2）文化机构应当先在作品的首次出版发行国进行合理勤勉查找，如果有证据表明在其他国家有可能发现与版权人相关的信息，也应该查询这些可供利用的信息源；（3）欧盟各成员应该确保其文化机构保存勤勉查找版权人的记录，并向有决定权的国家机关提供合理勤勉查找版权人的结果；（4）欧盟各成员有义务递交这些报告，还应采取必要措施确保查找到的版权人信息已经及时地录入由内部市场协调办公室管理的在线数据库，便于网上查询；（5）文化机构如果没有合理勤勉查找版权人而错误地认定一件作品是孤儿作品，版权人获得的版权救济按照本国的国内法律执行。[2]

## 三、孤儿作品与相关概念的辨析

### （一）匿名作品（anonymous works）

匿名作品是指在作品上署假名，或者直接不署名的作品。我国《著作权法》第12条规定，在没有相反证明的情况下，在作品上署名的自然人、法人或者非法人组织被视为作者。可见，署名即是昭示作者与其作品之间的某种自然的、类似于父子血缘关系的密切联系。匿名是数字网络环境下发表作品

---

[1] MATTHEW S. Orphan Works as Grist for the Data Mill [J]. Berkeley Tech. L. J., 2013-2014 (27): 1503.

[2] 杨晓蓉. 欧洲联盟孤儿作品问题的解决对策——《孤儿作品指令2012/28/EU》解析 [J]. 图书馆建设, 2014 (7): 83.

的典型特征。1993 年《纽约客》杂志上彼得·斯坦纳的一幅被网民们追捧的漫画标题是“在网上，没有人知道你是一条狗”。数字网络环境下，人们往往用“昵称”、假名等署名方式，有的甚至不署名。为了保障创作与发表的自由，著作权法赋予著作权人署名权，即作者表明身份、在作品上署名的权利。可以说，匿名的方式发表作品并不具有放弃著作权的意思表示，这也是一种行使著作权的方式，或者可以说是对署名权的一种处分方式。但是，不得不承认，匿名虽然保障了创作和发表的自由，同时也使著作权人的信息处于不确定性状态中，尤其是在数字网络环境下，则更加剧了这种不确定性。匿名作品是作者对自己身份信息的隐瞒，并不一定无法确定著作权人。因此，匿名作品并不当然等同于孤儿作品，仅仅是容易导致作品“孤儿化”的一类作品。

### （二）绝版作品（out-of-printworks）

绝版作品是指存在确定的权利人已出版作品，但出于出版社和作者不愿再版或者对作品进行商业性开发，从而导致作品无法在市场上进行商业性流通的可能。❶ 可以肯定，绝版作品是已发表作品，并且绝版作品的著作权人是确定的。孤儿作品是否涵括已发表作品与未发表作品则视各国立法价值选择而不同，并且孤儿作品的权利人状态包括两种：一是权利人信息无法确定；二是权利人信息确定但无法联系。由此可知，只有无法联系上绝版作品的著作权人时，才有可能判定其为孤儿作品。德国对其著作权法和著作权集体管理法进行修订并分别于 2014 年 1 月 1 日和 2014 年 4 月 1 日生效，这两次著作权立法修订主要是对《欧盟孤儿作品指令》的回应。不同于《德国著作权法》第 61 条对孤儿作品之规定，❷ 修订后的《德国著作权集体管理法》规定，著作权集体管理组织对公共图书馆、教育机构、博物馆以及电影和音像档案馆收藏的绝版作品，如果权利人没有在出版通知发出后六周内，对集体

❶ 李陶．非会员作品著作权集体管理模式的选择与重构——以德国法为借鉴［J］．法商研究，2015（3）：188.

❷ Act on Copyright and Related Rights（Urheberrechtsgesetz）. Beck OKUrhR/Engels/Hagemeier，15. Ed. 1. 1. 2017，UrhG § 61.［EB/OL］.［2017-03-01］. https：//www.gesetze-im-internet.de/englisch_urhg/englisch_urhg.html.

管理组织就其权利的预期管理提出异议的，集体管理组织即可以基于公益目的对作品的复制与向公众传播两项权利进行延伸性集体管理。❶ 因此，绝版作品存在明确的权利主体，并且基于出版社的版权信息，大多数的著作权人是可以被找到的。

### （三）无主作品（no-owner works）

无主作品的概念是最容易与孤儿作品相混淆的一个相关概念。部分学者对二者的理解模糊不清，直接将孤儿作品定义为无主作品。❷ 事实上，不能简单地将无主作品与孤儿作品等同，无主作品主要是指作品的著作权人（自然人、法人或其他组织）死亡或消灭以后，没有权利义务承受人的仍在著作权保护期内的作品。其本质特征是作品的权利主体是明确的，只是基于权利主体的死亡或消灭的法律事实，并且客观上没有权利义务继受主体而导致作品成为无主作品，而不是作品的权属信息不明。

对于无主作品的立法处理，各国有所不同，主要表现为两种立法模式。第一种是“国家所有立法模式”，即著作权人死亡或消灭后，在著作权保护期内，但没有权利义务继受主体的作品，著作权直接归属国家所有；第二种是“公共领域立法模式”，即著作权人死亡或消灭后，将没有权利义务继受主体之作品直接归入公共领域。前一种立法模式的典型代表有我国及俄罗斯❸，后一种立法模式的代表国家有日本、巴西等❹。

无主作品与孤儿作品存在混淆可能的关键点在于“没有权利继受主体”之权利外观是属于客观已证事实还是属于待证事实。第一，如果在作品的著作权人死亡或消灭的情形下，确定没有继承人、受遗赠人或权利义务承受人的，“没有权利继受主体”已客观证实，该作品的著作权则依据内国法归国家

---

❶ Act on the Management of Copyright and Related Rights by Collecting Societies（DRiG）.［EB/OL］.［2017-03-10］. https：//www. gesetze-im-internet. de/englisch_vgg/englisch_vgg. pdf.

❷ 汤妮燕．我国无主作品著作权保护的司法困惑与破解路径［J］. 河北法学，2015（1）：182-190；肖少启．我国无主作品著作权保护的路径选择与制度构建［J］. 政治与法律，2016（8）：112-125.

❸ 《俄罗斯联邦著作权与邻接权法》第 29 条；我国《著作权法》第 23 条。

❹ 《日本著作权法》第 62 条；《巴西著作权法》第 45 条。

所有或者著作权直接消灭，作品进入公共领域。第二，如果在作品的著作权人死亡或消灭的情形下，没有继承人、受遗赠人或权利义务承受人的信息无法确定；或者有相关继承人、受遗赠人或权利义务承受人的信息，只是无法查找到。这两种情形下“没有权利继受主体”之权利外观是不确定的。此种情形的作品则属于孤儿作品，只有经过勤勉查找才能对“没有权利继受主体”之权利外观进行事实判断。该孤儿作品最终有可能是无主作品，但无主作品并不能当然地等同于孤儿作品。

## 第二节　孤儿作品的产生原因

谷歌数字图书馆计划将孤儿作品问题更加直观地暴露出来，如何在数字网络环境下正当地实现孤儿作品的有效利用，成为问题的焦点。从这个角度而言，技术因素似乎是促使孤儿作品问题爆发的首要原因，然而，催生孤儿作品问题的原因并非单一的，这一问题可以说是著作权法在 20 世纪的发展和扩张中产生的负效应。由于作品利用问题的法律关系的复杂性，除技术因素之外，以历史的视角从著作权本身的制度因素、政治经济因素、历史文化因素等论题展开讨论孤儿作品的产生原因，是洞察孤儿作品的产生和发展的历史渊源与发展规律的有效路径。

### 一、制度因素

#### （一）著作权的自动取得原则

著作权的自动取得原则是指作品一旦被创作完成，作者即取得著作权，无须满足一定的形式要件，当然地受到著作权法的保护，因此又被称为“无形式原则”。自动保护作为著作权法的基本原则得以确立，这和著作权法发展过程中的哲学思潮密不可分。通说认为，著作权的自动取得原则是“自然权利说”的反映。从自然法角度论，“人们生来就享有完全自由的权利，并和世界上其他任何人或许多人相等”❶，洛克的权利观预设了一种最基本的所有

❶ 洛克．政府论·下篇［M］．瞿菊农，叶启芳，译．北京：商务印书馆，1964：5.

权，即每个人对他自己人身的所有权。个人所从事的劳动也是属于私有的。按照这种逻辑进路，“著作权是与生俱来的，并不依赖于手续要件”❶。也有观点认为，著作权的自动取得原则之“自然权利说”是对著作权本质的一种解释，本身就是一种见仁见智的观点，不能说明自动产生原则的可行性基础。“著作权的自动取得原则，本质上是权利产生的非公示原则。”❷ 根据“思想—表达两分法”，著作权法不保护思想，只保护表达，两个不同主体作出相同表达的概率比较低，即使偶有雷同，也可以平等地享有著作权，因此实行著作权的自动取得原则不会造成过度的权利冲突。

在《伯尔尼公约》之前的版权特权保护时期，由于作品的传播严重依赖传统印刷技术，版权的产生是基于出版商垄断利益授予的特权，作者的权利近乎被忽略，直到1709年英国颁布的《安妮女王法》，法律要求登记作为作者获得版权的特权保护的预设条件，但仅获得很短的保护期，保护期届满，只能续展一次。❸ 这一时期的版权文化甚至影响了整个欧洲大陆。将版权视为作者的一项基本权利而非特权加以保护的欧洲立法体现在丹麦。但是这一立法与其说是承认作者在作品中的基本权利，倒不如说是对投资商的保护。这种立法表现背后的推力类似于18世纪英国《安妮女王法》及其他的版权法律。❹ 版权的特权保护一直持续到18世纪的最后十年，法国大革命时期，“天赋人权”的思想启蒙对版权法律的影响体现在第一次将作者对戏剧作品和音乐作品的排他性权利保护期延伸到作者生前加死后5年，并承认作者对作品的发表权、销售权，以及所有关于作品的财产权。❺

法国大革命时期，法国文学家维克多·雨果与其他法国文学家一起于

---

❶ 布拉德·谢尔曼，莱昂内尔·本特利．现代知识产权法的演进——英国的历程（1760—1911）［M］．金海军，译．北京：北京大学出版社，2012：229.

❷ 李琛．知识产权法关键词［M］．北京：法律出版社，2006：158.

❸ RICKETSON S, GINSBURG J. International Copyright and Neighbouring Rights: The Berne Convention and Beyond (2) [M]. Oxford University Press, 2006: 4-5 (1.02).

❹ RICKETSON S, GINSBURG J. International Copyright and Neighbouring Rights: The Berne Convention and Beyond (2) [M]. Oxford University Press, 2006: 5 (1.03).

❺ RICKETSON S, GINSBURG J. International Copyright and Neighbouring Rights: The Berne Convention and Beyond (2) [M]. Oxford University Press, 2006: 5-6 (1.04).

1838年4月16日创立了法国文学家协会。1878年，雨果在巴黎主持召开了一次重要的文学会议，通过了一项制定一个保护文学艺术作品国际公约的决议，并为此成立了“国际文学艺术协会”（ALAI）。❶ 于是后来才有了1886年9月9日在瑞士伯尔尼缔结的《伯尔尼公约》，这标志着版权的国际保护体系已初步形成。经过1896年、1914年两次内容增补，1908年、1928年、1948年、1967年、1971年先后五次修订，《伯尔尼公约》已成为影响最大的版权保护国际公约。

《伯尔尼公约》签订之初，允许各成员方要求外国作者以履行一定的手续作为获得版权保护的前提条件，获得公约规定的权利的条件和手续由作品来源国的法律加以规定。1908年《伯尔尼公约》第一次修订后，在第5条规定了著作权的自动取得原则，即“无形式原则”。按照该原则，公约成员方公民及在成员方有长期住所的外国人，作品一旦创作完成即自动享有著作权。非成员方国民又无长期住所的外国人，其作品首先在成员方出版时即享有著作权。此外，作者按照国民待遇原则在其他同盟成员方享有并行使其作品的著作权，而无须履行任何手续。但是，《伯尔尼公约》允许成员方保留“固定要求”，即虽不能以履行手续为获得版权的前提，但仍旧可以“将作品固定在有形物上”作为获得版权的前提。这等于某些类型的作品，如口头作品就被排除在著作权保护之外。

著作权的自动取得原则确立以后，迫使原本施行非自动产生原则的一些国家，为了加入该公约而修改了相关国内法。最为典型的还属美国。1790年，美国颁布了第一部版权法，但是，1891年之前，美国都没有对外国作者的作品进行版权保护，此外，1909年美国修订版权法时并没有保持与《伯尔尼公约》的一致步调，美国要求将注册、标注版权标记、递交样书、国内印刷等作为版权取得的附加条件。❷ 这一规定导致美国游离在《伯尔尼公约》之外将近一个世纪，直到1988年，美国才加入了《伯尔尼公约》（巴黎文本），取消了这种限制。虽然不作为版权保护的前置条件，但是加注版权标记、进行

---

❶ 于平安．雨果与伯尔尼公约［J］．世界文化，2008（2）：1.

❷ 高航．美国加入伯尔尼公约［J］．出版工作，1989（2）：10.

版权登记仍具有重要的法律意义。如果作品未登记，著作权人不能提起侵权诉讼，也不能要求法定赔偿及诉讼费。如果作品加注了版权标记，可以直接推定使用人的恶意，从而推翻被告无过错抗辩。❶ 这种登记对抗的规定对于初步证据的形成和固定起到了关键作用。

值得注意的是，虽然著作权的自动产生原则在形式上取消了限制，著作权人省去了烦冗的权利取得的前置程序，从根本上极大地激励了作者的创造性，这是符合著作权法本旨的基本原则；但是由于缺乏对作品信息的相关登记，在无法获取作品信息、联系作者并获得授权的情况下，潜在的作品使用人合理使用等限制使用方式之外的作品利用就被阻碍。

### （二）著作权的扩张

财产权的逻辑表明，“人们在哪里能够从文学艺术作品中获得享受与价值，就会把财产权扩张至哪里”❷。著作权自产生之初就一直处于这样不断扩张的历史进程中，并且这一扩张趋势随着传播技术的发展而愈演愈烈，这已毋庸置疑。面对这种似乎不可逆的扩张趋势，学者们大量的讨论夹杂了各种质疑甚或集体焦虑。这些针对著作权何去何从的讨论大致可以分为三种。一是著作权的否定主义，著作权的否定主义者认为：“版权让创作者独享艺术作品的控制权，且其控制范围不断扩大。”❸ 版权保护扭曲了文化市场，限制了公平的市场竞争，这种对版权市场的控制绝不能容忍，“我们的最终目标是取消版权制度”❹。二是著作权的限制主义，“无论就其保护对象、保护期还是权利内容而言，著作权人都蚕食着立法者最初所追求的公共利益和公共教育的发展”❺。在强调保护著作权的同时，应规定适度的限制，使社会公众能更容易接近作品、更广泛地获得作品，从而促进社会文化的繁荣，推动社会文

---

❶ 李琛．知识产权法关键词［M］．北京：法律出版社，2006：159.

❷ 保罗·戈斯汀．著作权之道：从谷登堡到数字点播机［M］．金海军，译．北京：北京大学出版社，2008：147.

❸ 约斯特·斯密尔斯，玛丽克·范·斯海恩德尔．抛弃版权文化产业的未来［M］．刘金海，译．北京：知识产权出版社，2010：前言1，4.

❹ 约斯特·斯密尔斯，玛丽克·范·斯海恩德尔．抛弃版权文化产业的未来［M］．刘金海，译．北京：知识产权出版社，2010：前言1，4.

❺ 李雨峰．著作权制度的反思与改组［J］．法学论坛，2008（3）：80.

明的进步。著作权不同于普通财产权，其具有更强的公共品格。限制主义者认为，随着传播技术的发展，尤其是数字网络环境下，需要对著作权进行有效分配及权利限制，以实现著作权人、使用人及社会公众三者之间的利益平衡。“确保具有社会效益的使用不被排除的唯一方法就是，借鉴美国的合理使用模式，规定开放式合理使用条款。”❶ 三是著作权扩张主义，著作权扩张主义认为，著作权得以正当的理论基础是新古典经济学理论，自 19 世纪末 20 世纪初，随着芝加哥法经济学派的诞生与发展，一种新古典经济学派应运而生，该理论认为社会资源最好分配到私人手中，他们应当享有能排斥非所有人绝对权利，且所有人可以随心所欲地利用和处置他们的财产。他们坚持认为，著作权人应当享有广泛的控制作品使用的专有权，未来的使用者都必须向著作权人支付报酬。❷ 新古典经济学派把作品当作商品，认为著作权是财产权，作品应当完全属于市场，市场的根本目标在于财产权分配的效率。尽管对于著作权的理论争论从未停止，但是我们仍然可以从以下几个视角直观地考察著作权自产生到现在的一个扩张轨迹。

第一，从著作权保护对象的角度考察。❸ 著作权创设之初便具备了内生性悖论。由于作品天然地具有公共物品属性和非竞争性，著作权人为地制造作品的“强制稀缺”。❹ 因此，对著作权所保护的对象与内容进行非常清晰的规定几乎是世界各国著作权立法的一种通用模式。

无论是从自《安妮女王法》开始的各国立法，还是从《伯尔尼公约》《罗马公约》及世界知识产权组织（World Intellectual Property Organization，

---

❶ 迈克尔·盖斯特．为了公共利益——加拿大版权法的未来［M］．李静，译．北京：知识产权出版社，2008：330，463.

❷ 李雨峰．版权扩张：一种合法性的反思［J］．现代法学，2001（5）：60.

❸ 有关保护对象还是客体的用语习惯，学者们持两种态度：一种态度是严格区分对象与客体，认为对象是感性的、具体的、客观的范畴，是第一性的；知识产权的客体是基于对知识产权对象的控制、利用、支配行为而产生的利益关系，是第二性的。另一种态度是认为可以在同等概念上认识知识产权的客体与对象，并在相同的意义上使用。参见卢海君．版权客体论［M］．北京：知识产权出版社，2014：6.

❹ F·A. 哈耶克．致命的自负［M］．冯克利，胡晋华，译．北京：中国社会科学出版社，2000：37.

WIPO）制定的《WIPO 因特网条约》等国际条约来考察，作品从最初的文学作品、戏剧作品、图表等扩展到现在的音乐作品、视听作品、计算机软件、数据库、实用艺术作品等，其范围不断扩大，以至于对作品本质的思考，对于“独创性”与“思想—表达两分法”内涵的探索和批判随着著作权保护对象的不断扩大而此起彼伏。例如，虽然摄影作品 1948 年才被《伯尔尼公约》列入作品范围，而且迟至 1996 年《世界知识产权组织版权条约》缔结时，摄影作品才取得与其他作品同等的法律地位，❶ 但就摄影作品的独创性问题的争论从未停止，学者们不得不感叹：“自 19 世纪摄影技术诞生以来，就给版权制度带来一个基本难题。”❷

我国 2011 年启动的第三次著作权法修订中，对摄影作品原来的保护期进行了修订，《著作权法》（2010）规定摄影作品“保护期为 50 年，截止于作品首次发表后第 50 年的 12 月 31 日”。《草案送审稿》第 29 条将其修改为“作者终生及死后 50 年”。此外，作品的保护范围增加了“实用艺术作品”，❸ 并且赋予其 25 年的保护期，自创作完成后 25 年内未发表的，法律不再保护。第三次《著作权法》在 2020 年 11 月 11 日完成修订，《著作权法》（2020）第 23 条第 1 款予以自然人作品发表权保护期的规定，另外增加一条，作为第 65 条：“摄影作品，其发表权、本法第十条第一款第五项至第十七项规定的权利的保护期在 2021 年 6 月 1 日前已经届满，但依据本法第二十三条第一款的规定仍在保护期内的，不再保护。”

第二，从著作权权利内容的角度考察。1709 年，英国颁布《安妮女王法》，该法第 1 条明确规定作者应当享有作品无形产权。复制权的核心权能是禁止他人对作品的非授权性复制，它是著作权权利束中最基本、最重要的财产权，抑或著作权制度赖以存在之基础。“知识财产法不断地适应新技术是一

---

❶ 米哈依·菲彻尔．版权法与因特网［M］．郭寿康，等译．北京：中国大百科全书出版社，2009：744-750.

❷ NIMMER M B，NIMMER D. Nimmer on Copyright［M］. Matthew Bender Elite Products，2010：2-127（§2.08［E］）.

❸《著作权法（修订草案送审稿）》第 5 条第 9 项规定：“实用艺术作品，是指玩具、家具、饰品等具有实用功能并有审美意义的平面或者立体的造型艺术作品。”

个众所周知的格言。”❶ 随着传播技术的迭变，著作权的权利内容逐步扩张，已成为多数国家立法承认的以复制权、发行权、出租权、展览权、改编权、翻译权、表演权等为权利内容的综合权利体系，有的权项还在不断被各国孕育到立法当中。比如追续权，这一权利最早规定于1920年3月20日的法国法中，《伯尔尼公约》最初文本并没有追续权，在1948年的布鲁塞尔文本中才规定了追续权。❷ 2001年9月27日欧盟颁布施行了《欧盟追续权指令》。我国著作权法在第三次修订时，在激烈的争论之后考虑到追续权本质属于报酬请求权，有别于著作权的基本权利，因此在《草案送审稿》中单列条款加以规定，最后被吸纳入《著作权法》的最新版本。❸

虽然目前世界上有80多个国家规定追续权制度❹，但是对于追续权是否应当增加到著作权法当中的争论就从未中断。支持的观点认为，“追续权的增加对艺术创作的激励有重要意义。艺术家的收入来源与作家相比具有特殊性，著作权法虽然授予作者控制作品复制的权利，但艺术家不像作家那样直接受益于这项著作权保护。作家从文学作品中所获得的基本经济收入取决于其作品复制件的销售量；而艺术家却不同，他们的经济收入主要来源于他们作品原件的销售额”❺，并且，“该制度的引进回应了我国目前艺术品市场的迅速

❶ 弗雷德里克·M. 阿伯特，托马斯·科蒂尔，弗朗西斯·高锐．世界经济一体化进程中的国际知识产权法［M］．王清，译．北京：商务印书馆，2014：203.

❷ 《伯尔尼公约》第14条之三：“一、对于作家和作曲家的艺术原著和原稿，作者或作者死后由国家法律授权的人或机构，享有从作者第一次转让作品之后对作品的每次销售中分取盈利的不可剥夺的权利。二、只有在作者国籍所属国法律允许的情况下，才可对本联盟某一成员国要求上款所规定的保护，而且保护的程度应限于向之提出保护要求的国家的法律所规定的程度。三、征税的程序和税额由各国法律决定。”

❸ 《著作权法（修订草案送审稿）》第14条规定：“美术、摄影作品的原件或者文字、音乐作品的手稿首次转让后，作者或者其继承人、受遗赠人对原件或者手稿的所有人通过拍卖方式转售该原件或者手稿所获得的增值部分，享有分享收益的权利，该权利专属于作者或者其继承人、受遗赠人。其保护办法由国务院另行规定。”

❹ 李雨峰．论追续权制度在我国的构建——以《著作权法》第三次修改为中心［J］．法律科学，2014（1）：126.

❺ MC ANDREW C，DALLAS C L. Implementing Droit de Suite（artists' resale right）in England［R］. London：Arts Council of England，2002：19.

发展和巨大规模"❶。

反对的观点认为，引进该制度需要支付高昂的成本，由于权利具有交互性的特点，"通过法律分配一项新权利，就会给相对方带来额外的义务，这极有可能打破原有的权利义务格局，不仅影响了行为人的预期，还有可能产生负的社会效率"❷。事实上，交易成本是著作权权利分配的一个重要指标，无论在制度还是在技术上，交易成本都具有不确定性，"如果将著作权扩展于交易成本过高的领域，就有可能激发起为降低交易成本所必需的市场力量"❸。某些时候若立法过于冒进反而有可能窒息市场的创新热情。虽然对追续权的正当性基础还有待讨论，第三次著作权法修改的最终文本也没有实际规定追续权的相关内容。但是毋庸置疑，增加著作权人的追续权是著作权权利扩张的又一力证。

第三，从著作权保护期限的角度考察。1886 年《伯尔尼公约》的最初文本并没有规定作品的最短保护期限，在第 2 条第 2 款规定，享有权利的期限"在其他国家不得超过该作品起源国给予的保护期限"。1908 年《伯尔尼公约》的柏林文本采用了作者终生及其死后 50 年。《世界著作权公约》则规定，作品保护期限不得少于作者有生之年及其死后 25 年，缔约方对某一作品给予的保护期不必长于作品起源国法律规定的保护期限。❹

《安妮女王法》在著作权的保护期上最初规定为 14 年，从作品首次出版日开始起算，若期满可以续期一次，前提是作者依然在世。期满后，该作品可以进入公共领域自由使用。《安妮女王法》同时要求该作品在伦敦书籍印刷

❶ 李雨峰．论追续权制度在我国的构建——以《著作权法》第三次修改为中心［J］．法律科学，2014（1）：126.

❷ 罗伯特·考特，托马斯·尤伦．法和经济学［M］．史晋川，等译．上海：格致出版社，2012：58.

❸ 保罗·戈斯汀．著作权之道：从谷登堡到数字点播机［M］．金海军，译．北京：北京大学出版社，2008：200.

❹ 德利娅·利普希克．著作权与邻接权［M］．联合国教科文组织，译．北京：中国对外翻译出版公司，2000：196-199.

出版经销同业工会的登记簿上登记后才能获得保护。❶ 此后著作权的保护期就成为各国修法过程中主要涉及的内容之一。1790 年的美国联邦法也把版权的保护期规定为可重新延续的 14 年，1831 年美国议会将期限延至 28 年，1909 年其期限延长为 56 年，1976 年《美国版权法》规定为作者终生及其死后 50 年，❷ 1998 年通过的《美国版权期限延长法》将著作权的保护期限又延长至作者死后 70 年。此外，日本、韩国、新加坡、澳大利亚和新西兰等国家也对著作权保护期限进行了延长。❸ 虽然世界范围内，许多国家都采用作者终生及死后 50 年，但是各国仍存在一定差异。

我国《著作权法》（2010）关于财产权利保护期的规定也是作者终生加死后 50 年。《草案送审稿》中对作品的保护期限修订主要是针对摄影作品，摄影作品的保护期从“首次发表后五十年”修改为“作者终生及死亡后五十年”。各国这种“此情绵绵无绝期”地对待著作权保护期限的做法被讽刺为“版权保护正以分期付款的方式被无限定地永久化”❹。对于版权期限的延长很有可能进一步使公共领域缩减，从而影响公众对作品的有效利用，学者们焦虑地呼唤“公共领域是一块伟大的试验田，不应该让它走向终结”❺。

通过从上述保护对象、权利内容、保护期限三个维度对著作权的扩张进行的历史性的、比较法范围的客观考察，上述三个方面所体现的可以说是著作权的绝对扩张，主要侧重于从著作权体系的内部进行的扩张性考察。也有学者从著作权对作品的个人使用的限制和无过错责任原则在著作权侵权判断中的适用两个视角论述了著作权的相对扩张现象❻，这可以说是从著作权人与

---

❶ 德利娅·利普希克．著作权与邻接权［M］．联合国教科文组织，译．北京：中国对外翻译出版公司，2000：190.

❷ 李雨峰．版权扩张：一种合法性的反思［J］．现代法学，2001（5）：57-65.

❸ 何华．著作权保护期限研究三题［J］．法商研究，2012（4）：29-31.

❹ SAMUELSON P. Copyright，Commodification，and Censorship：Past as Prologue-but to What Future［M］. Niva Elkin-Koren & Neil Weinstock Netanel eds.，The Commodification of Information，2002：70.

❺ 约斯特·斯密尔斯，玛丽克·范·斯海恩德尔．抛弃版权：文化产业的未来［M］．刘金海，译．北京：知识产权出版社，2010：10.

❻ 李雨峰．版权扩张：一种合法性的反思［J］．现代法学，2001（5）：58-59.

使用人及社会公众之间的关系，对著作权权利体系的外部进行的扩张性考察。不难发现，著作权扩张并非单一线性运动，而是多重原因影响下的一种制度变革，同时又反作用于其影响因素。其中最为典型的问题之一就是孤儿作品的大量出现。这种扩张不仅表现为著作权权利体系的内部扩张，还表现为著作权制度范畴的扩张；不仅表现为国内著作权的扩张，还表现为国际著作权的扩张。

从著作权上述的扩张轨迹中，我们可以管窥作品“孤儿化”的著作权制度的内部性推动力。对著作权期限的延长，导致原本保护期届满即进入公共领域的作品仍然在作者的权利控制下，在此种情况下，无法获得作者授权的利用行为就无法继续，这部分作品就大量被“遗弃”。著作权的保护对象与权利内容的扩张一样，是在客观上将著作权的权利控制场域进行了绝对的扩张，从而增大了作品的总量基数，进而使上述具备“孤儿化”特征的作品同样面临授权困难而无法最大化利用。著作权的扩张促使作品的“孤儿化”现象泛滥，可以说是其内生性悖论催生的一种市场失灵现象。

## 二、技术因素

自从人类开始钻木取火、磨石狩猎，工具就成为人类梦想的表现形式，一种工具就是一个世界的维度，我们每掌握一个新技术，世界就会重新改变以展示新的可能性。在人类文明史上，“版权一开始就是技术之子”❶。随着世界上第一部由复制技术催生的版权法——《安妮女王法》的诞生，技术与版权之间的联系就不可避免地在著作权制度史上铺展开来。某些时候“历史研究之一页当抵逻辑分析之一卷”❷，梳理科学技术与著作权制度之关系的历

---

❶ 保罗·戈斯汀．著作权之道：从谷登堡到数字点播机［M］．金海军，译．北京：北京大学出版社，2008：22.

❷ 这句话是美国法学家小奥利弗·温德尔·霍姆斯（Oliver Wendell Holmes）的名言。他在1902—1932年担任美国联邦最高法院大法官时，在审理“纽约信托公司诉艾斯纳案”（1921年）的判决书中写下了这句话。他认为在解释法律时，历史背景和先例比抽象的推理更重要：“A page of history is worth a volume of logic.” New York Trust Co. v. Eisner, 256 U. S. 345（1921）（Holmes，Justice）.

史往往较讨论其逻辑命题更具有说服力。日本学者田村善之将传播技术的发展对著作权制度的影响划分为三个历史阶段：第一阶段表现为印刷技术催生版权制度；第二阶段表现为模拟复制技术的私人化普及；第三阶段是网络数字技术促使版权制度变革的新时期。本书认为，如果以数字技术为节点划分，可以分为前数字时代和数字时代。

### （一）前数字时代：作品——复制

作品的传播依赖于复制技术，从印刷技术硬拷贝时代到模拟复制技术时代，传播技术不仅体现了世界各国的经济发展轨迹，同时也承载了世界各国文化的兴衰。据考证，我国的雕版印刷可以追溯至东汉后期（公元2世纪），而将这一技术应用于印刷书籍则是公元636年前后。❶ 古登堡（J. Gutenberg）在公元15世纪中叶发明了铅活字印刷术，这两种技术结束了长达10个世纪的手抄书的时代，大量而廉价地复制图书成为可能。❷ 大多数西方的著作权法学专著或知识产权法学论述一律把古登堡在欧洲应用铅活字印刷术看作著作权保护的开始。从事印刷科学研究的自然科学领域的西方学者始终肯定地认为，欧洲的印刷术是从我国传入的。❸ 1907年，被英国人斯坦因（Aruel Stein）从敦煌千佛洞盗走的今藏于伦敦大英博物馆的一部唐懿宗咸通九年（868）版的《金刚经》被认为是世界上第一部雕版印刷书籍，比欧洲最早的雕版印刷品——《圣克利斯道夫像》（1423）要早500多年。据史书记载，五代后唐长兴二年（931），国子监校正及规模性印售了《九经》（《易》《诗》《书》《周礼》《仪礼》《礼记》《左传》《公羊传》《谷梁传》）。❹ 尽管根据历史考证可知，我国的印刷技术远远领先于当时的其他国家，但是著作权制度的诞生以及版权经济的崛起仍然是发生在当时的欧洲而非我国。据相关资料记载，从公元6世纪到17世纪初，我国在世界科技成果

---

❶ 李致忠．古代版印通论［M］．北京：紫禁城出版社，2000：23.

❷ 德利娅·利普希克．著作权与邻接权［M］．联合国教科文组织，译．北京：中国对外翻译出版公司，2000：15.

❸ 卡特．中国印刷术的发明和它的西传［M］．吴泽炎，译．北京：商务印书馆，1957：37-40，173-178.

❹ 郑成思．知识产权论［M］．北京：社会科学文献出版社，2007：10-11.

的比值一直处于54%左右，到了19世纪，该比值骤降为0.4%左右。[1] 我国在科技发展上为什么突然出现如此大的一个转折，以至于英国著名学者李约瑟（Joseph Needham）非常疑惑："为什么科学和工业革命没有在近代的中国发生？"[2] 对于近代版权传播技术为什么没有进一步激发中国的版权制度及版权经济的勃兴，李约瑟的原因分析也许可以给予我们一定的启示。[3] 除了技术可以客观地影响著作权的兴衰，著作权得以产生和赖以存活的另一个因素估计就是自由的思想和制度了。这一点我们从著作权的产生和扩张轨迹就可见一斑。

技术对于著作权的影响表现在两个层面：一个层面是客观上促使著作权的扩张；另一个层面是使著作权的正当性一再面临新的挑战。每一种新的技术诞生及传播，随之带来的要么是新的著作权客体的产生，要么是新的著作权权利的赋权。这两个层面的影响会朝哪一个方向发展，则更多取决于一场场著作权博弈中法官们的智慧。"每当著作权与一项新技术发生遭遇时，作者的存在以及作者的观念在其中起着主导作用。"[4] 美国的萨缪尔·米勒（Samuel Miller）大法官在审理基于摄影技术产生，针对照片是否具备著作权的案件时，就称拿破仑·萨罗尼（Napoleon Sarony）所拍摄的奥斯卡·王尔德（Oscar Wilde）的肖像"新颖、和谐、独特而优雅"；霍姆斯（Oliver Wendell Holmes）则将其在美国联邦最高法院审理的第一起著作权案——布勒斯坦（Bleistein）案中的海报认定为"艺术家个人对自然的反映"。可以说，著作权的扩张正是在这样的正当性考量之后，逐步建立的适应新技术的权利分配体系。这一过程中，作者权利日渐成为中心。

### （二）数字时代：作品——传播

著作权制度的演进逻辑是人为地制造信息资源的稀缺性，以具备社会契

---

[1] 滕立新．经济转型期的创新道德架构［J］．商业经济研究，2015（7）：20.

[2] 张霄霏，侯星宇．李约瑟之谜［J］．现代商业，2014（3）：18.

[3] 李王，钱国忠．李约瑟研究的回顾与瞻望［M］//李约瑟文献中心．李约瑟研究：第1辑．上海：上海科学普及出版社，2000：211.

[4] 保罗·戈斯汀．著作权之道：从谷登堡到数字点播机［M］．金海军，译．北京：北京大学出版社，2008：63.

约性质以及产权界定性质的著作权实现对文字作品、音乐作品、视听作品、戏剧作品、建筑作品、计算机程序等的利益博弈，力图在著作权人、传播者以及公众之间寻求某种利益平衡。这一制度逻辑在前数字时代似乎实现了著作权制度的良性运转，然而，数字时代，基于互联网技术、电子通信技术、数字传播技术等技术的日新月异，人类获得赖以生存与发展的信息和物质的成本大为降低，因此，著作权特定对象的稀缺性正在逐步弱化。作品得以创作和传播的成本大大降低，前数字时代得以维系的利益平衡渐趋失去平衡。

数字时代，数字技术的处理规则是通过数字信号连通计算机、信息处理设备以及信息传播网，数据运算的效率显著提升。同时，相对于模拟复制而言，数字信号是 1 和 0 串行或并行编码的数字技术，具备较高的抗干扰和抗失真能力，从而能够使各类信息的传播、复制更加精确。❶ “数字形式几乎是不可抗拒的，归结起来无外乎因为以下三个因素：保真度（fidelity）、便捷度（facility）和普遍度（ubiquity）。”❷ 一首优美的乐曲和一部精彩的影片的传播由卡带复制迅速转向 CD 的优质拷贝技术，这不仅意味着人们的文化生活方式发生了改变，更意味着数字时代已然到来。

互联网技术对传统作品的创作、生产和传播的影响，不仅丰富了创作方式，而且由于创作与生产成本的极度降低，其在很多情况下使创作与生产合二为一，作品从作者到使用者之间的时间距离和空间距离因为互联网技术而大大地缩短。可以毫不夸张地说：“在广阔的知识公有领域里，没有何种东西会脱销或者不能被找到，人类文化的每一个碎片都会被记录。”❸

随着智能手机等自媒体的产生，数字网络的能力得到前所未有的扩充，一部手机带给人们的不仅是通话功能，听音乐、看电影、读小说、购物、银行转账等都可以一手掌握；甚至利用手机进行的拍照、绘图、写作、编曲等

---

❶ 张今．版权法中私人复制问题研究［M］．北京：中国政法大学出版社，2009：126.

❷ 保罗·戈斯汀．著作权之道：从谷登堡到数字点播机［M］．金海军，译．北京：北京大学出版社，2008：163.

❸ 迈克尔·A．艾因霍恩．媒体、技术和版权：经济与法律的融合［M］．赵启杉，译．北京：北京大学出版社，2012：6.

作品创作与发布的同步实现。新媒体时代产生一种前所未有的颠覆性影响，而通过手机微信、Wi-Fi 连线，这些即兴创作的作品可以迅速地传播到全世界。❶ 3D 打印、3D 扫描等新型的数字化智能制造技术的出现更是对作品创作、传播、使用及保存都产生了深刻影响，对现有版权制度乃至整个知识产权制度提出新的挑战。英国《经济学人》曾刊文表示，3D 打印技术与数字化技术的完美结合，将引领人们进入“第三次工业革命”的新时代。技术对于著作权的冲击集中体现在，传统的著作权制度只要控制对于作品的载体的生产，基本就可以掌握著作权利益的分配，而在网络技术时代，根本上实现了“从间接占有载体到直接体验内容”（from having copies to experiencing works）。❷ 数字技术通过低成本的计算机、智能手机等新媒体装备了普通民众，从而使私人在数字网络时代掌握了以往由少数传播者垄断的复制技术，导致著作权人无力承担针对私人复制的监督成本。❸ 传统著作权制度对网络数字环境下作品的复制和传播已呈现制度失灵之现象。

如上所述，科技使作品的数字化传播呈几何倍数地递增，包括作品的传播数量及传播速度。这带来两种消极影响：一方面，在数字网络环境下，作品的著作权信息更不易保存，基于网络非实名认证以及网络环境下署名的更加随意性等原因，对著作权人的真实信息的获取更加困难；另一方面，基于对作品的商业利用，原则上需要获得作者的授权许可，数字网络环境下，获取作者授权的难度加大，甚至出现即使可以联系作者，也产生大量的侵权使用现象的情形。

---

❶ 截至 2015 年第一季度，微信已经覆盖中国 90% 以上的智能手机，月活跃用户达到 5.49 亿，用户覆盖 200 多个国家、超过 20 种语言。此外，各品牌的微信公众账号总数已经超过 800 万个，移动应用对接数量超过 8.5 万个。参见：微信用户最新数据：月活跃用户达到 5.49 亿，支付用户 4 亿左右［EB/OL］.［2015-06-01］. http：//tech.163.com/15/0601/13/AR1F5KE000094ODU.html.

❷ GINSBURG J C. From Having Copies to Experiencing Works：The Development of an Access Right in U.S. Copyright law［J］. Copyright Society USA，2002（50）：116.

❸ 熊琦．著作权激励机制的法律构造［M］．北京：中国人民大学出版社，2011.32.

## 三、政治经济因素

正如著作权制度也带有很强的地域性特征一样，在分析催生孤儿作品问题世界范围内爆发的因素时，除了上述著作权制度与科技两个主要原因，我们也不能忽视这二者之外的诸如政治经济因素。在不同的国家，这一因素所带来的影响也存在较大的差异。

美国最先爆发孤儿作品利用问题，就是基于2004年谷歌数字图书馆计划所引发的。谷歌公司计划利用10年时间，试图与哈佛、纽约、牛津、密歇根及斯坦福世界五所著名大学的公共图书馆合作扫描其馆藏图书，以建立全世界最大的数字图书馆。❶ 姑且不论谷歌公司所面临的大量著作权壁垒问题及其他的争议或诉讼，以及美国版权局2006年和2008年两次提交《孤儿作品法案》议案都没有获得通过，这一计划由谷歌公司在美国启动，即是美国经济发展的助力体现。试想，有一些发展中国家尚在讨论其核心的文化资源——民间文学艺术作品是否应当纳入著作权保护的问题时，美国却基于谷歌数字图书馆计划而引发关于孤儿作品利用的全球讨论。可以说，在不同的政治、经济背景环境下，孤儿作品问题的发生及影响范围也呈现出很大的不同。“在美国著作权的政治圈内，通过利益集团之间的相互冲突并最终达成共识完成立法，已经成为一种主导性方法。”❷ 1891年通过的《美国蔡斯法》（Chace Act）将著作权保护扩展至外国国民的作品，但是除要求打上著作权标记、办理著作权登记以及上交作品复制件之外，还要求所有的复制件必须在美国排版印刷。这一条款显然是印刷商和装订商工会等利益集团政治游说后的一个妥协。美国在相当长的一段时间内没有加入《伯尔尼公约》，其背后的政治阻力很大部分也是基于此。❸

美国在加入《伯尔尼公约》之前的10年里，随着联合欧共体致力于改变

---

❶ 马丽萍．Google数字图书馆的合理使用分析与启示［J］．图书馆，2015（10）：75.

❷ 保罗·戈斯汀．著作权之道：从谷登堡到数字点播机［M］．金海军，译．北京：北京大学出版社，2008：145.

❸ 保罗·戈斯汀．著作权之道：从谷登堡到数字点播机［M］．金海军，译．北京：北京大学出版社，2008：152.

包括著作权在内的知识产权国际保护的发展趋势，于《关税及贸易总协定》（General Agreement on Tariffs and Trade，GATT）（以下简称《关贸总协定》）的东京会合谈判时提出了《关于阻碍假冒产品进口措施的协定》（Agreementon Measuresto Discourage the Importation of Counterfeit Goods）的倡议，其背后的动机就是倘若《伯尔尼公约》无法让经济不发达的国家提高其知识产权保护标准，那么就以关税让步来换取知识产权保护上的高标准，并通过 GATT 的争端解决程序刺激各成员方遵从条约标准。美国从盗版者变成著作权的卫士，以至于“国际著作权保护的这出戏确实演得颇为辛辣讽刺”。反假冒行动计划并没有实现，但是它直接为《与贸易有关的知识产权协定》（Agreementon Trade Related Aspects of Intellectual Property Rights，TRIPs）开启了大门，TRIPs 协定于 1994 年 4 月 15 日作为 GATT 协定的组成部分获得通过。TRIPs 协定明确了《伯尔尼公约》的保护标准，并且对《伯尔尼公约》所缺乏的执法手段作了新的规定，该协定授权成员方国民由于另一成员方国民未遵守 TRIPs 协定规定标准而遭受损害时，可以向世界贸易组织专家组起诉，受害方可以根据专家组的裁决而启动针对侵害方的贸易制裁。这也是美国竭力将《伯尔尼公约》的著作人身权义务明确排除在 TRIPs 协定可强制执行的标准之外的原因。[1]

## 四、历史文化因素

基于不同的历史文化背景，由于作者权体系国家与版权体系国家之间不同的著作权文化的影响，由此产生的对作品的著作权保护的预设条件必然不同，对孤儿作品的影响也不同。基于经济、政治、历史等多重因素影响下的两种不同著作权文化的养成，直接注入版权体系国家与作者权体系国家的著作权制度设计和运用。

作者权体系国家的著作权文化以作者为中心，这是渊源于法国大革命时期形成的哲学思潮，即“渗透在整个法国大革命中的个人权利精神”（spirit of

[1] 保罗·戈斯汀．著作权之道：从谷登堡到数字点播机［M］．金海军，译．北京：北京大学出版社，2008：160-161.

individual rights)[1]。版权体系国家的著作权文化是建立在功利主义哲学基础上的。按照公认的看法，两种著作权文化的区分不仅具有哲学意味，而且表现在经济领域。持这一观点的论者认为欧洲的立法者把著作权水杯视为半满的，并且为了保护著作权人的权益，主张将著作权人的权利无限扩张。然而，美国的立法者被认为是著作权的悲观主义者，除非著作权人能证明这是创作得以延续的必要激励，否则他们反对将著作权人的权利扩张至新的领域。[2]

版权体系的著作权文化本质是功利主义的，美国的版权法就倾向于将所有文学艺术创作成果，包括录音制品，统统纳入著作权的保护范围。可以说，版权体系国家更倾向于利用著作权合理地分配作品中的利益。作者权体系的国家则坚持作品创作的自然人主体，并且创造性要求显示“作者人格的印记”(impress of the authors personality)，因此拒绝将录音制品纳入著作权范围，而创设“邻接权”(neighboring rights) 的二元格局加以保护。[3] 可见，版权体系的著作权文化更倾向于关注著作权是否为确保信息和娱乐产品的生产与传播所必不可少的。

在两种不同的著作权文化的影响下，美国和欧洲国家呈现出不同的著作权历史与现状，由此，孤儿作品之利用问题在这两种文化下也呈现出不同的镜像。美国一度游离在《伯尔尼公约》之外 100 多年，在功利主义的著作权文化下，严格要求作品的登记及公示程序，这使潜在的作品使用人更容易接近作品，更容易获取作品的著作权信息。可以说，在 1976 年以前，美国国内作品孤儿化的可能性就大大小于秉持作者权至上的作者权体系国家。

## 五、我国孤儿作品大量存在的特有原因

我国作品的孤儿化现象较之世界其他国家及地区而言具有何种特有样态，

[1] 保罗・戈斯汀．著作权之道：从谷登堡到数字点播机［M］．金海军，译．北京：北京大学出版社，2008：141.

[2] 保罗・戈斯汀．著作权之道：从谷登堡到数字点播机［M］．金海军，译．北京：北京大学出版社，2008：139.

[3] 保罗・戈斯汀．著作权之道：从谷登堡到数字点播机［M］．金海军，译．北京：北京大学出版社，2008：157-158.

这是构建我国孤儿作品利用的著作权制度所首先应当予以关注的一个客观事实。除了前述的孤儿作品在全球范围内产生的主要制度因素、技术因素、经济因素之共同原因，我国还存在不一样的情况，我国在著作权的立法沿革上可以说是属于作者权体系，直到1992年才加入《伯尔尼公约》，著作权保护制度极不完善，大量作品的著作权信息缺失，这些都容易导致作品“孤儿化”的现象。

（一）制度层面

第一，登记与公示制度的不完善导致著作权变动过程中的信息缺失。我国著作权采取的仍旧是自动产生原则，而由于著作权的变动登记制度的不完善，著作权在变动过程中的财产权的移转或许可产生的著作权人信息的变更没有及时登记、公示，导致著作权人信息的缺损，这也是引起作品“孤儿化”的原因之一。一般而言，著作权登记制度包括权利取得、权利行使、初始证据三种模式。❶ 基于《伯尔尼公约》的要求，著作权才有自动取得原则，无须履行任何登记手续。❷ 因此，前两种登记模式已经为大多数国家所弃用，目前基本上采取的是第三种“初始证据”模式。对著作权登记制度之立法规定较为全面的代表是《日本著作权法》。此外，基于计算机软件的特殊性，日本还在著作权法之外单列了一个关于计算机程序的登记办法。❸ 目前，我国著作权法并无关于著作权登记的一般规定，同时也没有关于著作权财产权转移的规定，对于效力规定而言并不完善。❹ 这些著作权登记制度的瑕疵足以使作品相关信息在经年累月之后变得更为模糊。

第二，著作权法关于作者的非自然人限定导致著作权人信息不确定性增加。虽然在立法体系上，我国一直选择秉持作者权体系的发展形式，但与德

---

❶ 李雨峰．版权登记制度探析［J］．知识产权，2008（5）：65.

❷ 除了《伯尔尼公约》，著作权自动保护原则还体现在以下国际条约中：（1）《与贸易有关的知识产权协议》（TRIPs 协议，1994）第 9 条第 1 款；（2）《世界知识产权组织版权条约》（WCT，1997）第 3 条；（3）《世界知识产权组织表演和录音制品条约》（WPPT，1997）第 20 条。

❸ 《日本著作权法》第 75 条、第 76 条、第 77 条、第 78 条。参见：十二国著作权法［Z］．十二国著作权法翻译组，译．北京：清华大学出版社，2011：396-397.

❹ 李雨峰．版权登记制度探析［J］．知识产权，2008（5）：67-68.

国著作权法所强调的作者中心主义不同，我国著作权法则对自然人之外的法人或其他组织成为作品的作者持肯定态度，对无主作品的最终权利去向也选择归国家所有而不是进入公共领域。❶ 对某些计算机软件职务作品而言，甚至连署名权也一并归属于组织开发软件的单位。❷ 这其实在一定层面上加重了作品“孤儿化”的可能性，因为法人或其他组织的变动因素较自然人而言更为活跃。法人或其他组织的设立、变更、注销等在现代商业社会更为频繁，因此，当著作权人为法人或其他组织时，其作品“孤儿化”可能大大高于自然人作为作品的权利主体情形下的作品。

第三，著作权集体管理制度不完善可能导致作品的“孤儿化”风险增加。相对于北欧国家高效的集体管理组织而言，我国的集体管理组织还处于发展初期，虽然有音著协、影集协等五家集体管理组织，但仍存在管理的透明度和公信力不足、没有得到权利人广泛认同、缺乏广泛代表性的问题。集体管理组织的高效率可以避免作品“孤儿化”，节省作品潜在利用人的成本支出。例如，有数据显示，加拿大有将近 23% 的孤儿作品是利用著作权集体管理组织联系上作品权利人，从而排除作品的孤儿状态。❸ 然而，我国集体管理组织效率较低，孤儿作品使用人希望通过集体管理组织进行合理勤勉查找也是困难重重。

### （二）历史文化层面

从历史文化层面而言，我国虽然有历史悠久的丰富文化资源，却一直没有自然地产生著作权制度。无论是外国学者所认为的中国古代有过的仅仅是“帝国控制观念传播的努力”而不是著作权保护制度❹；还是中国学者为之力辩的中国著作权保护在宋代就已有“已申上司，不许复版”❺。然而，中国社会环境的著作权文化弥漫着一种忽视作者的文化氛围，“儒家传统文化与马克

❶ 现行《中华人民共和国著作权法》第 21 条。

❷ 现行《计算机软件保护条例》第 13 条。

❸ DE BEER J, BOUCHARD M. Canada's ‘Orphan Works’ Regime: Unlocatable Copyright Owners and the Copyright Board [J]. Oxford University Commonwealth Law Journal, 2010, 10 (2): 215-254.

❹ ALFORD W P. To Steal a Book is an Elegant Offense: Intellectual Property Law in Chinese Civilization [M]. Stanford, Calif. Stanford University Press, 1995: 18.

❺ 郑成思. 知识产权论 [M]. 北京：法律出版社，2003: 17.

思主义之结合，从而形成一道排斥知识私有化的思想防线，这导致现代知识产权观念与中国文化的主流意识格格不入”❶。这种文化氛围渗透人们日常的作品利用行为中，一方面会产生大量侵权使用行为，另一方面为孤儿作品的泛滥提供了更为直接的助力。1990 年国家版权局发布的《书籍稿酬暂行规定》第 8 条规定，译著者死亡超过 30 年，重印其作品不付基本稿酬和印数稿酬。❷ 虽然该规定已废止，但这至少表明在一定时期内著作权人在我国社会环境下所遭遇的“漠视”态度。在数字网络环境下，对著作权人作品的随意侵权性使用更是极易实现。正如有学者指出：“在网络环境下权利人的著作权不是扩张而是更容易受到侵害了。”❸ 百度文库的经营模式一直备受争议，并且遭到作家联名声讨和诉讼。这也从一个侧面说明在数字网络环境下，我国的著作权生存环境堪忧。此外，由于历史变迁、朝代更迭等原因，导致大量的作品信息档案或记录被毁损，进而导致著作权人的信息缺失，以至于无法得到确认及联系。❹ 尤其在数字网络环境下，大量的作品还处于传统的馆藏或私人保存状态，缺乏统一的作品电子数据库，这也是作品的“孤儿化”风险增加的原因之一。

## 第三节 孤儿作品的类型化以及法律意义

类型化研究可以帮助本书分析孤儿作品利用制度的适用范围。孤儿作品问题影响最大的集中体现在文字作品、电影作品、摄影作品以及音乐作品等作品类型。有学者提出可以将孤儿作品具体分为真正的孤儿作品、表见的孤

---

❶ 曲三强．窃书就是偷——论中国传统文化与知识产权［M］．北京：知识产权出版社，2006：7.

❷ 《书籍稿酬暂行规定》第 8 条：“对已故作者稿酬的继承问题，按以下规定办理：(1) 著译者死亡在 30 年以内者，出版其未曾发表过的遗作，付基本稿酬和印数稿酬；再版只付印数稿酬，不付基本稿酬。(2) 著译者死亡超过 30 年者，重印其作品不再付基本稿酬和印数稿酬。出版其首次发表的遗作，仍付基本稿酬和印数稿酬。”

❸ 管育鹰．欧美孤儿作品问题解决方案的反思与比较——兼论我国《著作权法》相关条款的修改［J］．河北法学，2013（6）：140.

❹ 王迁．孤儿作品制度设计简论［J］．中国版权，2013（1）：31.

儿作品以及伪称的孤儿作品三个类别。❶ 根据学者对“伪称的孤儿作品”的内涵界定❷，显然与孤儿作品的内涵不相符，不具备类型化的基本标准，不能包含在“孤儿作品”这一上位概念范畴内。这一分类虽然可为孤儿作品内涵的界定提供一定的参考，然而其逻辑上不能自足，并不具备积极的法律意义。此外，还有学者根据孤儿作品产生原因、特点和条件的不同将孤儿作品分为五类：商业遗弃、战略遗弃、暂时放弃、所有权未知以及所有权无法确定。❸ 这一类型化的标准过于混合，以至于仅仅停留在现象描述层面。本书认为，从著作权制度之研究视角而言，有必要以是否发表、国籍、表现形式等为标准对孤儿作品类型化进行讨论。

## 一、以是否发表为标准的孤儿作品类型化以及法律意义

### （一）以是否发表为标准的孤儿作品类型化

以是否发表为标准，可以将孤儿作品分为已发表孤儿作品与未发表孤儿作品。著作权不同于商标权和专利权的一个基本原则是著作权自动取得原则。商标权和专利权的取得必须经过行政机关申请、登记等程序方可实现，而著作权的取得无须经过登记及公示环节，只要作者一经创作，完成从“思想”到“表达”的创作过程，作品就自动获得著作权法的保护。著作权自动取得原则是绝大多数国家及国际公约所遵循的原则。著作权自动取得原则基本是学界达成共识的孤儿作品产生的一个原因。由于作品一经创作即取得著作权，而无须进行公示，可以说，著作权自动取得原则本质上是著作权产生的非公示原则，作者有权决定是否将作品公之于众。因此，发表行为对作品的状态产生直接的法律影响，对已发表孤儿作品和未发表孤儿作品的利用同样会产

---

❶ 周艳敏，宋慧献．关于孤儿作品著作权问题的立法设想［J］．电子知识产权，2011（3）：73.

❷ “伪称的孤儿作品”是使用者在没有通过合理的、勤勉的寻找以确认、找到权利人的情况下，自称某作品属于孤儿作品。周艳敏，宋慧献．关于孤儿作品著作权问题的立法设想［J］．电子知识产权，2011（3）：72-75.

❸ DENNIS K. OrphanWorks，Abandonware and the Missing Market for Copyrighted Goods［J］. International Journal of Law and Information Technology，2007，15（1）：54-89.

生不同的法律效果。

### （二）法律意义：孤儿作品利用制度是否适用于未发表作品

以是否发表为标准的孤儿作品类型化，对于孤儿作品的著作权制度是否适用于未发表作品的讨论有积极的法律意义。理论界对孤儿作品利用制度是否适用于未发表作品持不同的立场。有学者认为，孤儿作品制度本质上是对著作权的限制和例外。《伯尔尼公约》允许缔约方所规定的限制与例外，多数以作品被发表为前提，若将未发表的外国作品纳入孤儿作品制度的适用范围，可能引发违反国际条约的质疑。❶ 如果允许未发表作品的孤儿作品的利用，则著作权人对作品是否进入公共领域的控制权就会受到侵害，这显然是对发表权的一大挑战。然而，也有学者认为，未发表作品的原件所有人取得作品发表权，经作者授权的代表人或者与作者有关的人推定为“原件所有人”，并且其代理权的取得应具备一定合理性。❷

版权体系国家认为，发表行为同时是一种具体的行使著作权的传播作品的方式，因此未经作者许可发表其作品的行为必然侵犯其著作财产权，没有必要单独设置发表权。著作权体系国家则认为，作品是人格的延伸，是作者思想和情感的外化，他人通过作品可以窥见作者的思想与情感，因而控制作品的发表是一种人格利益。❸ 大多数著作权体系立法的国家，都将发表权作为著作人格权的一项单独权利。我国沿袭了作者权体系，著作权法也当然采取这一立法形式。我国《著作权法实施条例》第 17 条规定，作品的发表权即使在著作权有效期限内作者死亡的，其发表权亦不会因此消灭，可以由继承人或受遗赠人继续享有，没有继承人或受遗赠人的，则由作品的原件所有人行使。在版权体系国家与著作权体系国家这样差异化的立法渊源基础上，孤儿作品利用制度是否适用于未发表的孤儿作品，就自然成为不同体系国家的一个价值取舍问题。如前文所述，各国关于孤儿作品之含义的界定，对孤儿作品是否涵括未发表之作品的差异已可见一斑。美国 2006 年和 2008 年的《孤

---

❶ 王迁．孤儿作品制度设计简论［J］．中国版权，2013（1）：30.

❷ 周艳敏，宋慧献．关于孤儿作品著作权问题的立法设想［J］．电子知识产权，2011（3）：72-75.

❸ 李琛．知识产权法关键词［M］．北京：法律出版社，2006：114.

儿作品法案（议案）》、欧盟 2012 年的《欧盟孤儿作品指令》，以及 2013 年的《英国企业和监管改革法案》均没有将未发表作品排除在外。

根据《日本著作权法》第 67 条规定可知，日本并没有明确地将未发表作品排除出孤儿作品适用范围，将那些事实上已向公众提供一定时间的未发表作品也纳入孤儿作品的范围之内，用以规制在作品已构成“事实发表”、作者却没有实际行使发表权的意思表示的情形。❶

加拿大早在 1988 年就增加了对无法确定版权所有者的作品的使用规则，该规则是对孤儿作品的利用规则，然而也仅局限于已发表作品的许可使用问题。《加拿大版权法》第 77 条规定被称为“附加性许可机制”。❷ 按照该机制，对于已经公开发表的作品，潜在使用人经过合理勤勉查找之后，在仍未找到版权人的情况下，该使用人可以向加拿大版权委员会提交一个对该作品直接使用的申请，获得许可之后可以对该作品进行使用。该法明确规定了可以适用该条的作品类型，其中明确表述该作品应是已发表的作品。2012 年 11 月 7 日宣布生效的《加拿大版权现代化法案》（Copyright Modernization Act），即 C-11 法案，该法案赋予作者和表演者发行作品的权利。发行权是指控制每个作品所有权首次转让的权利。此项权利适用于所有类型的作品，包括 C-11 法案生效之前就已经存在的作品。这将保护在版权法的新条款生效之前已经产生费用或者做出承诺的人以及可能受到此项新权利影响的人。

笔者认为，在划定孤儿作品利用制度的适用范围时，将未发表作品排除在外的立法例虽然简单明了，但有违“促进孤儿作品有效利用”的立法初衷。由于著作权人信息缺失或无法联系，孤儿作品潜在利用人获取授权无法实现，该作品是否已发表应该是一个无法准确判断的状态。若是该作品已经具备发表的一些基本事实，比如潜在使用人有证据证明该作品已经在一定范围进行传阅，就不能绝对地将未发表作品拒之门外。鉴于我国也是著作权体系国家之一，不能在孤儿作品利用规则的创设上无视作者的发表权，应当有条件地

---

❶ 王本欣．孤儿作品利用的强制许可模式通用性与差异性研究——以日本和加拿大著作权法为例［J］．图书馆论坛，2016（2）：2.

❷ 周艳敏，宋慧献．版权制度下的“孤儿作品”问题［J］．出版发行研究，2009（6）：67.

实现对未发表的孤儿作品之利用，这一点可以参照日本之做法，对那些构成“事实发表”的未发表作品，推定作者默示许可作品的事实发表或放弃发表权，从而允许该部分未发表作品之传播利用。

## 二、以国籍为标准的孤儿作品类型化及其法律意义

### （一）以国籍为标准的孤儿作品类型化

知识产权的地域性一直被视为其基本特征之一，著作权也同样不具有域外效力。由于著作权的保护对象与社会文化、道德观念、经济实力、历史传统等因素密不可分，各国制度所呈现的差异性非常明显。以国籍为标准，可以将孤儿作品划分为本国孤儿作品与外国孤儿作品，这一类型化是对著作权地域性的最直接体现。

### （二）法律意义：孤儿作品利用制度是否适用于外国作品

如果从孤儿作品利用的著作权制度之适用范围来看，以国籍为类型化标准的孤儿作品的类型化最直接的考虑是孤儿作品利用制度是否适用于外国作品。《伯尔尼公约》所采取的对作品的自动保护原则与外国作品之国民待遇原则，依据国民待遇原则保护同盟国国民之作品，并不需要履行任何形式，即无形式原则。除了《伯尔尼公约》，另一个主要的著作权公约是《世界著作权公约》（Universal Copyright Convention），该公约对于外国作品的保护亦采取国民待遇原则，不同的是要求采取形式要件原则，即首次出版发行之作品应附上著作权人姓名和首次发表的时间。这一条款有其历史渊源，但在美国加入《伯尔尼公约》后，渐失去其重要性。《世界知识产权组织版权条约》第 2 条有关版权保护范围基本与 TRIPs 协定的规定一致。

《伯尔尼公约》规定的国民待遇原则❶，体现了知识产权地域性特征，对于知识产权的取得条件、效力范围、限制条款、侵权救济等具体的内容还是由各缔约方的内国法自行制定。各国著作权法在世界范围内不断地频繁变动，并没有保持清晰的一致性，从而使孤儿作品的跨国利用成为难题。值得注意

❶ 《伯尔尼公约》第 3 条规定，作者在作品起源国以外的本同盟成员方中享有各该国法律现在给予和今后可能给予其国民的权利，以及本公约特别授予的权利。

的是，虽然美国、欧盟大部分国家在设定孤儿作品利用规则的时候没有排除外国作品之利用，在2013年通过《英国企业和监管改革法案》设定孤儿作品之利用规则就包含了外国孤儿作品之利用，有学者指出，若将英国的外国作品进行授权使用将阻止任何国家任何权利持有人许可独占权，这将可能引发风暴般的国际诉讼。❶

事实上，著作权的全球化更多地体现为其交易市场的全球化，尤其是在数字网络时代，著作权市场的全球化更是明显。著作权不断地在“新技术—新交易—作品的新类型或新权利的产生”过程中形成“技术循环”（technology cycle），在这个循环中，著作权由最初单一的复制权逐渐发展为署名权、发表权、复制权及改编权等诸多权利构成的权利束。❷孤儿作品在这样的背景下的使用与传播就更多地表现为跨境使用。例如，美国、日本等国的孤儿作品利用制度并没有特别排除外国作品的适用。笔者认为，在本就缺失各种信息从而无法与著作权人联系的状态下，还需要对待判断的可孤儿化的作品进行国籍信息的判断，这无疑加大了对孤儿作品的认定难度。另外，若有的国家规定仅适用于本国的孤儿作品，有的国家规定不排除外国孤儿作品之利用，那么未来作者就可能选择作品的初次发表的国籍，以达到对孤儿作品利用规则的选择性适用。因此，在孤儿作品的适用范围上，应理性地选择不排除外国孤儿作品的利用，这更有利于在著作权世界一体化的背景下推进孤儿作品立法的国际协调性以及著作权国际公约的统一适用。

## 三、以作品表现形式为标准的孤儿作品类型化及其法律意义

### （一）以作品表现形式为标准的孤儿作品类型化

著作权法上的作品是用不同形式创作的文学、艺术和自然科学、社会科学领域的具有独创性的表达，如文字作品、音乐作品、美术作品、摄影作品、

---

❶ BUNCE A. British Invasion：Importing the United Kingdom's OrphanWorks Solution to Unedited States Copyright Law ［J］. Northwestern University Law Review，Fall 2013（108）：243.

❷ 北川善太郎．著作权交易市场——信息社会的法律基础［M］．郭慧琴，译．武汉：华中科技大学出版社，2011：70.

工程设计图、计算机程序等。其中，有些类型的作品由于其创作和表达的方式，具有先天孤儿化的基因。因此，针对作品表现形式的不同，孤儿作品也相应地区分为不同类型，如文字孤儿作品、音乐孤儿作品、摄影孤儿作品等。

### （二）法律意义：孤儿作品利用制度是否适用于所有类型的作品

对于这类作品即使尽力查找，也极难找到著作权人，争议最大的就是摄影作品。我国《著作权法实施条例》将摄影作品界定为，借助某种器械在感光材料或者其他介质上记录客观物体形象的艺术作品。德国著作权法对摄影作品与照片进行区分，摄影作品由著作权保护，照片则是邻接权的客体。摄影图片要成为著作权法意义上的作品，其“独创性”关键在于主题的选取、取景、光线以及阴影的映衬，而并非技术本身。德国联邦最高法院在古巴斯凯（skai-cubana）案中指出，日常生活中简单手动拍摄的图片不属于摄影作品。❶

由于摄影作品大多缺少作者的署名等身份信息，加之摄影技术和信息网络传播技术的快速发展和应用，海量摄影作品的创作与传播成为信息网络时代的特征之一。很多门户网站都建立起了专门的图片库，专业摄影机构、专业摄影师、摄影记者大多建立起自己的微博、微信公众号，用以传播摄影作品。随之而来的著作权问题便是大量摄影作品由于权利信息容易与作品相分离，导致在孤儿作品利用过程中对摄影作品权利人的寻找变得障碍重重。美国版权局在针对孤儿作品的调查中，收集到的很多意见都聚焦在关于难以获取单个摄影作品的作者或者著作权人信息。❷ 摄影家们的强烈反对也是英国 2009 年 3 月提出的有关利用孤儿作品的立法草案未能通过的原因之一。

法乃利益之器，其主要功能是协调某一社会利益。法律概念除了反映对象的客观规律，还承载了一定的价值取舍或选择。孤儿作品的范畴于各国法的不同应对恰好说明了这一点。笔者认为，孤儿作品利用制度的适用范围不应当特别排除某一类特殊的作品，如摄影作品这样的易孤儿化的作品，在使

---

❶ 喻玲．德国摄影作品著作权保护的历史发展及其启示［J］．知识产权，2014（12）：94.

❷ Copyright Office Notice of Inquiry，Orphan Works and Mass Digitization，77FR64556，［EB/OL］．［2015-06-18］．http：//www. copyright. gov/fedreg/2012/77fr64555. pdf.

用的检索条件上可以加强，并且降低使用费用。

## 本章小结

孤儿作品利用问题的解决，需要以孤儿作品概念的界定为起点，基于孤儿作品利用问题的复杂性，我们借由“深化对语词的认识，来加深我们对现象的认识”❶，本章循着孤儿作品的基本内涵、基本法律特征以及孤儿作品与相关概念的辨析，得以廓清孤儿作品这一法律概念。本书认为，孤儿作品是指，在进行合理勤勉查找之后，还是无法与著作权人取得联系的仍然处于著作权保护期限内的作品。其实质内涵与匿名作品、绝版作品以及无主作品这三个相关概念有明显的区别，在针对孤儿作品的利用制度进行研究时，不能对基本概念泾渭不分，因为孤儿作品具备区别于其他法律现象之显著特征，孤儿作品的利用前提一般要求利用人尽到“勤勉查找”（diligent research）义务。

孤儿作品的界定为孤儿作品利用问题的现象分析铺设了基本的语境。知其然，还须求其所以然。产生孤儿作品的原因探讨则是本章的又一个重点内容。在现象与原因之间穿梭，有利于探寻产生孤儿作品问题的或然因素及盖然规律，发现孤儿作品利用的有效途径。借由制度因素、技术因素、政治经济因素、历史文化因素这四个不同的视角，将孤儿作品问题放置于历史的时间轴上，卷帙推向著作权之自动保护原则的确立与著作权之不断扩张；作品复制技术与传播技术之迭代；各国政治经济的价值取舍；著作权历史文化之差异化影响。这部分的讨论掀起了孤儿作品问题的万丈尘沙，实质目的是透过现象看本质，孤儿作品的产生原因并非单一的，在多种因素的合力下，孤儿作品问题被推到著作权研究领域的风口浪尖。

对孤儿作品的类型化研究是加深对孤儿作品利用问题之理解的有效途径，这一方法具备积极的法律意义，首先有助于理解孤儿作品之内涵，其次有利于清晰划定孤儿作品利用制度之适用范围。本章选取了以孤儿作品是否发表

❶ 哈特．法律的概念［M］．许家馨，李冠宜，译．北京：法律出版社，2011：2.

为标准的类型化；以孤儿作品国籍为标准的类型化；以孤儿作品表现形式为标准的类型化三个论点分析，从而引出孤儿作品利用的著作权制度相对应的适用范围的边界问题。对这些基本问题的思考和论述，对于本书的后续研究具有积极意义。

# 第二章　孤儿作品利用的现实困境与制度原因

如果说第一章为本书奠定了基本的研究语境，那么第二章就在此基础上深挖孤儿作品利用的困境所在，为孤儿作品利用的著作权制度的进一步研究探寻制度构建的根源。孤儿作品的数量或可利用规模呈现一个什么样的情形；孤儿作品的主要利用方式有哪些；孤儿作品利用的现实困境是什么，Web 3.0 的数字技术能否消解孤儿作品利用问题；其深层的制度原因在著作权制度层面又是什么等问题均会在本章进行探讨。本章采取哲学与经济学双重视角，重点探求导致孤儿作品利用的现实困境的著作权制度层面的原因。

## 第一节　孤儿作品的现状与主要利用方式

涉及孤儿作品的使用规模，这里需要大量的数据进行客观说明，由于孤儿作品的信息不全之特性，对孤儿作品的数量统计在技术上存在难度，统计成本也是超出寻常。因此，本节仅能从世界各国已经进行的小规模地对孤儿作品进行统计的各种数据中推知孤儿作品大概的现状，并分析孤儿作品利用的现实困境。

### 一、孤儿作品的现状：难以估量的庞大规模

如前所述，孤儿作品几乎涉及所有的作品类型。世界上最大的图书馆联合目录库（WorldCat）共收录了 112 个国家和地区的共计 7.1 万所图书馆的馆藏图书，根据 WorldCat 的统计数据，在 3200 万种图书中，其中大约有 75% 的

作品著作权人信息不确定。❶ 尽管孤儿作品的具体数量当前没有一个精确的统计数据，但正如论者所言，“孤儿作品问题不仅是真实的，而且规模和范围非常庞大”❷。而欧盟、美国、日本等主要国家和地区对孤儿作品数量所进行的调查，至少表明孤儿作品数量庞大的客观现实。

2005 年，美国版权局发起名为《孤儿作品查询通告》（Orphan Works Notice of Inquiry）的调查，首次对孤儿作品进行大规模调研，其要求受调查者回答这些问题：孤儿作品提出哪些类型的挑战、其发生的频率以及下一步将会发生什么问题。❸ 在这个调查研究中，美国版权局收到全美几个非常重要大学图书馆的调查数据。其中美国康奈尔大学图书馆在对受版权保护的 343 个图书样本数字化期间，工作人员耗费大量时间以及花费超过 5 万美元的项目工作后，其无法识别或找到作品权利人的图书有 198 本，占比 58%。1999—2001 年，卡耐基·梅隆大学进行了一个关于仍在版权保护期的图书出版商的数字化保护研究，该研究报告表明，只有 22% 的出版商可能被找到。❹ 对随机抽查的 316 册仍在著作权保护期内的图书，其中，有 22 册图书的著作权人完全无法联系上，而向另外 278 册图书的权利人发出数字化请求后，又有 11% 反馈“查无此人”，更有 30% 的请求杳无音信。❺ 这些调查集中在已出版的孤儿作品上，如果将范围扩展至未出版作品，问题则更复杂了。一项调查数据显示，在康奈尔大学卡瑟伍德图书馆已有超过 35 万张未公开的照片，只有 1% 的照片有迹象显示谁创作了该照片，因而查询版权所有者的任何信息更

---

❶ LAVOIE B，DEMPSEY L. Beyond 1923：Characteristics of Potentially In-copyright Print Books in Library Collections［J］. Lib Magazine，2009（15）：11-12.

❷ HANSEN D R，HASHIMOTO K，HINZE G，et al. Solving the Orphan Works Problem for the United States［J］. J. L. & Arts，2013，37（1）：4-5.

❸ Orphan Works Notice of Inquiry，70Fed. Reg. 3739，3741（Jan. 26，2005）.

❹ United States Copyright Office. Orphan Works and Mass Digitization：a report of the register of copyrights：37-38.［R/OL］.［2015-05-15］. http：//copyright. gov/orphan/reports/orphan-works2015. pdf.

❺ Thomas S. Inquiry Concerning Orphan Works［EB/OL］.［2015-05-15］. http：//www. copyright. gov/orphan/comments/OW0569-Thomas. pdf. 马海群，高思静．孤儿作品的版权困境及解决路径［J］. 图书情报工作，2011（9）：87-91，143.

为困难。[1] 前述美国部分大学图书馆的相关数据可以表明，现存孤儿作品的潜在规模与数量非常庞大。

据英国牛津大学图书馆统计，1900—2010 年，在英国出版的馆藏图书大约有 4 756 746册，假定所有作品的作者还活着，他们会以每年 2% 的速度在随后 50 年期间死亡。英国孤儿作品的数量在 2009 年以后逐年递增，仅 2009 年就约有 627 688本书成为孤儿作品，这是英国受版权保护图书总量的大约 13%。在这一数据的基础上，如果假设欧盟所有成员国的著作权保护期限一致，那么保守估计，整个欧洲的孤儿作品的图书总量会达到 300 万～400 万册。[2] 英国知识产权局 2012 年 6 月公布的《孤儿作品利用抽样调查的最终影响评估报告》是英国一些主要的文化机构针对孤儿作品利益相关者的相关调查，其评估数据主要来自 2011—2012 年。其中，对孤儿作品数量所做的抽样调查的具体数据显示如表 2-1 所示，几乎每一类样本的孤儿作品比例都比较大。对于艺术品的统计数据主要来源于英国帝国战争博物馆、伦敦市政厅艺廊、伦敦城市档案馆以及英国国家历史博物馆。其中，档案照片的孤儿化比例更是高达 90%，英国的博物馆中的 1900 万件馆藏作品中近 90% 是孤儿作品，英国国家档案馆 8.5 万件作品样本中有近 95% 的孤儿作品，此外，英国国家历史博物馆 100 万册图书馆藏中约 20% 为孤儿作品；苏格兰国家图书馆 150 万册图书馆藏中约 25% 是孤儿作品。[3]

日本的国立图书馆主页将明治时代的图书扫描后以“近代电子书库”的形式向社会公众提供阅读。从 2003—2007 年收录了大约 12.7 万册电子图书，

[1] Thomas S. Inquiry Concerning Orphan Works [EB/OL]. [2015-05-15]. http://www.copyright.gov/orphan/comments/OW0569-Thomas.pdf. 参见：马海群，高思静．孤儿作品的版权困境及解决路径 [J]. 图书情报工作，2011 (9)：87-91，143.

[2] Assessment of the Orphan Works Issue and Costs for Rights Clearance [EB/OL]. [2015-06-20]. http://www.ace-film.eu/wp-content/uploads/2010/09/Copyright_anna_report-1.pdf.

[3] UK Intellectual Property Office. Impact Assessment (Final): Orphan Works [EB/OL]. [2015-16-20]. http://www.ipo.gov.uk/consult-ia-bisl063-20120702.pdf.

其中 2003 年 1193 册、2004 年 6 册通过公开调查没有查明权利人。[1]

表 2-1 英国孤儿作品抽样调查

| 作品种类 | 样本数量（册） | 孤儿作品比例（%） |
| --- | --- | --- |
| 艺术品 | 548 000 | 20~25 |
| 录音制品（小时数） | 750 000 | 5~10 |
| 商业电影（小时数） | 21 800 000 | 0~7 |
| 档案电影（小时数） | 513 000 | 5~35 |
| 档案照片 | 28 280 000 | 5~90 |
| 书面资料 | 10 400 000 | 4~30 |
| 混合馆藏 | 38 000 000 | 8~40 |

中国国家图书馆馆藏文献将近 4000 万册/件，并且以每年百万册/件的速度增长。此外，中国国家图书馆馆藏数字资源总量超过了 1000TB，并以每年大约 100TB 的速度增长。[2] 笔者尝试性地与中国国家图书馆文献管理工作人员联系，试图做一个类似于英国知识产权局的孤儿作品的抽样调查，得到的答复是基本无法完成。不过，对照前述美国、英国、日本等国家孤儿作品在全部版权作品中所占的比例，我国的孤儿作品数量肯定也非常庞大。总而言之，从上述美国、英国、日本等对孤儿作品的初步调查可推知，当今世界上孤儿作品的数量非常庞大，而我国的孤儿作品的数量更是难以估量。

## 二、孤儿作品的主要利用方式

著作权制度的产生与扩张，无不是围绕着作品的各种使用行为或利用行为展开的，从最初的复制、发行扩展到展览、出租、表演、信息网络传播……每一项著作权专有权的制度设计都是围绕具体的作品的使用行为进行赋权和权利限制的。孤儿作品属于作品特殊的权利状态，关于孤儿作品利用

[1] 田村善之．日本现代知识产权法理论［M］．李扬，等译．北京：法律出版社，2010：212.

[2] 国图概况．国家图书馆［EB/OL］．［2015-06-23］．http：//www.nlc.gov.cn/dsb_footer/gygt/lsyg/index_5.htm.

行为的观察和梳理既在传统的作品利用的范畴，又有其特殊的语境，便于为后续孤儿作品制度的设计寻求更为客观的理据。

### （一）孤儿作品的营利性利用与非营利性利用

孤儿作品的规模庞大，潜在的孤儿作品利用市场客观存在，而基于不同的利用目的，孤儿作品利用的方式又可以分为营利性利用与非营利性利用。

孤儿作品的利用行为若是建立在营利性的目的基础上，则构成营利性利用。在传统的著作权法制度框架内，使用他人的作品，不管是出于营利还是非营利性，都需要获得著作权人的授权许可，只是在作品合理使用的情况下，一般都属于非营利性使用，可以不需要获得著作权人的授权许可，因此，孤儿作品的营利性利用一般都属于商业性使用范畴。

孤儿作品的非营利性利用的方式包含图书馆、博物馆等公益性组织所进行的复制、数字化保存等公益性利用；也包括基于个人学习、研究等目的所进行的合理使用。

传统图书馆、博物馆受限于作品载体的物质性，其作品的传播和利用率非常有限，甚至会面临很多孤本损坏无法保存的问题。随着数字技术的迭代，作品的复制与传播方式的数字化，大量的纸质作品需要进行数字化利用。数字图书馆及数字博物馆等的构建过程中就涉及大量孤儿作品的非营利性的数字化利用。

在面临数字化技术对著作权的冲击和挑战的过程中，最激烈的矛盾往往在立法实践与司法实践中可见一斑。立法往往是滞后于数字技术的发展和影响的，而在司法实践层面，相对于立法而言，法官需要面临很多数字技术衍生出的新型司法纠纷类型。例如，早在1999年王某诉世纪互联通讯技术有限公司侵犯著作权纠纷案中，主审法官就在立法还没有规定“信息网络传播权”的制度缺位的情况下，应对数字网络技术所引起的作品的传播利用纠纷进行裁判。主审法官这样进行表述：

> 随着国际互联网和社会信息化的发展，数字化信息在网上的传播，使信息资源得到了充分的利用和共享，对人类的进步和发展起到非常重要的作用。作品的数字化是依靠计算机把一定形式的文字、数值、图像、

声音等表现的信息输入计算机系统并转换成二进制数字编码的技术。这种转换行为本身并不具有著作权法意义上的独创性。一部作品经过数字化转换，以数字化方式使用，只是作品载体形式和使用手段的变化，并没有产生新的作品……

随着科学技术的发展，新的作品载体的出现，作品的使用范围得到了扩张。因此，应当认定作品在国际互联网上传播是使用作品的一种方式。作品的著作权人有权决定其作品是否在国际互联网上进行传播使用。除依法律规定外，非著作权人对著作权人的作品在国际互联网上传播时，应当尊重著作权人享有的对其作品的专有使用权，取得作品著作权人的许可，否则无权对他人作品进行任何方式的传播使用。❶

从前述案件的主审法官在判决书中的论述可以看出，即使在法律处于制度缺位的情况下，在私权领域也并非完全处于真空地带，需要法官创造性地理解和适用《著作权法》。如果在作品的数字化利用过程中并没有取得著作权人的授权许可，也不属于合理使用的情形，则可能构成侵权性利用。在未获得授权的情况下，是否是营利性利用作品是判断作品利用行为正当性的依据之一。

### （二）孤儿作品的个人利用与大规模利用

这一类别的分类标准主要是根据孤儿作品的潜在使用者的特征，使用主体为个人或私人属于孤儿作品的个人使用；使用主体为图书馆、博物馆等法人或机构属于大规模访问使用。美国版权局在2006年的《孤儿作品报告》中，从孤儿作品潜在使用人及其使用需求角度对孤儿作品利用方式进行四个类别的归类，包括后续创作者演绎性使用、爱好者使用、私人使用和大规模访问使用四种类型。❷

后续创作者使用是指在孤儿作品的基础上所进行的后续创造性表达使用，

---

❶ 北京市海淀区人民法院（1999）海（知）初字第57号民事判决书。

❷ U. S. Copyright Office. Report on Orphan Works [R/OL]. [2015-05-20]. https://www. copyright. gov/orphan/orphan-report-full. pdf.

比如电影制片商希望将一部孤儿作品小说改编成一部电影作品的使用就属于后续创作者的演绎性使用；爱好者使用是指对特定领域作品的爱好者或专家所进行的作品使用；私人使用往往是基于个人目的或私人目的的使用行为，比如复制一张全家福照片。很显然，后续创作者使用、爱好者使用与私人使用都属于本书所指的个人使用，爱好者使用与私人使用在某些层面还可能存在重合的情形。

大规模访问使用是指机构使用者希望向公众提供大量作品的情形，本书的大规模使用亦是指这种情形。往往这种类型的机构都是非营利性的组织或机构，包括图书馆、博物馆和档案馆等，尤其是在数字化藏品的过程中，往往涉及孤儿作品的大规模访问使用。

### （三）孤儿作品的复制性利用与演绎性利用

若是以对孤儿作品的利用效果为分类标准，可将孤儿作品利用的方式分为孤儿作品的复制性利用与演绎性利用两种类型。❶

孤儿作品的复制性利用往往不改变原作品的表达，仅仅是对作品进行复制和传播等使用行为，比如将文字作品数字化并进行网络传播，排除合理使用的情形，这类作品使用行为若是在未经著作权人授权许可的情况下，多半会侵害著作权人的复制权、信息网络传播权等财产性权利。

孤儿作品的演绎性利用，往往是后续使用者在现有作品的基础上进行创造性地表达，这种使用行为即是前述《美国孤儿作品报告（2006）》中提到的后续创作者的演绎性使用，值得进一步指出的是，一般演绎性使用往往是在现有作品的基础上加入后续创作者一定的独创性元素，比如将孤儿小说翻译成其他语种的作品或改编成电影、话剧等一般演绎性使用，这往往需要获得著作权人的授权许可，孤儿作品的此种使用行为往往需要孤儿作品利用制

❶ 也有学者从对孤儿作品使用行为进行分类，以“思想—表达二分法”为基础，将孤儿作品的使用分为表达性使用与非表达性使用（消费性使用和非消费性使用）两种类型。并指出基于著作权法所保护表达性使用，而非表达性使用通常构成合理使用，并不需要区分孤儿作品和非孤儿作品。该种分类可以细分孤儿作品利用的一些使用情形，该学者没有对表达性使用与非表达性使用进行概念界定，仅仅是列举了部分使用情形。参见：邵燕．孤儿作品著作权问题研究［M］．北京：法律出版社，2017：138-160.

度的有效衔接，以弥补授权许可缺失造成的使用不能的制度失灵情形。另外，孤儿作品的演绎性利用还包括例如滑稽模仿、同人作品创作等特殊的演绎性使用，这种使用往往是后续创作者将原作品的元素融入自己的作品，进行转化性表达的一种特殊演绎性使用。这种构成转化性表达的演绎性使用往往被纳入合理使用的范畴。从这个意义上而言，“合理使用是一个司法安全阀，它使法院能够原谅某些引用或复制受版权保护的作品，尽管《版权法》的字面条款禁止这样做”❶。

滑稽模仿（parody）是一种文学艺术表达形式，可以追溯到古希腊时期。《布莱克法律词典》将知识产权法范畴的“parody”定义为：“为了讽刺、嘲笑、批评或评论原作而转换性地使用一部知名作品，而不是仅仅滑稽模仿原作以引起对后来作品的注意。”《布莱克法律词典》对合理使用（fair use）所下定义时明确地列举了滑稽模仿作为典型情形，认为合理使用是“未经作者许可而合理而有限度地使用受版权保护的作品，如在书评中引用某本书的内容或将其中部分内容用于滑稽模仿”❷。滑稽模仿被视为宪法层面言论自由的延伸，在行为目的上是对原作品商业或艺术层面的批评或摧毁，但并不会产生版权法意义上的侵权损害。比如，周星驰主演的香港电影《大话西游》是对《西游记》的一种滑稽模仿；岳云鹏主唱的《五环之歌》是对蒋大为演唱的《牡丹之歌》的滑稽模仿；新冠疫情期间，一首改编《Sound of Silence》歌词后进行演唱的《Fight the Virus》歌曲的短视频获得广泛传播，改编者阿尔文·欧恩（Alvin Oon）在视频最后页面特别说明是对原唱的一种滑稽模仿。

同人作品（fan works）又称为粉丝作品，是源于文学、电影等作品的粉丝在原作基础上进行创作产生的衍生作品，主要包括同人小说（fan fiction）、同人漫画（fan cartoon）、同人电影（fan film）等类型，其中关于同人小说的学术讨论和司法纠纷最为突出。学者普遍认为同人小说是粉丝的一种非商业

---

❶ GOLDSTEIN P，McCarroll C. Copyright's Highway：from Gutenberg to the Celestial Jukebox［M］. Recording for the Blind & Dyslexic，2004：84.

❷ BRYAN A. Garner. Editorin Chief. Black's Law Dictionary（Ninth Edition）［M］. WEST：AThomson Reuters Business，2009：676，1226.

性创作，属于“真正的局外人艺术”❶。有学者认为同人小说的创作可以溯源至20世纪60年代电视剧《星际迷航》的粉丝杂志，随着数字网络技术的推进，同人作品的创作也开始出现商业性利用的情形，比如E.L.詹姆斯《五十度灰》系列小说的同人小说创作。❷ 就美国版权法而言，大多数的同人小说创作者可以在合理使用四要素的判定下获得侵权抗辩。孤儿作品的潜在利用者在美国版权法要素主义立法模式下，更容易在同人作品的创作中产生利用原作品进行二次创作的版权激励。

我国司法实践中比较典型的同人作品侵权诉讼是“金庸诉江南案”❸，法院在一审时引用了王迁教授的观点，“判断同人作品是否为侵权作品的关键，在于正确地划分思想与表达的界限。仅使用从具体情节中抽离的角色名称、简单的性格特征及角色之间的简单关系，更多的是起到识别符号的作用，难以构成与原作品的实质性相似”❹。法院认为，《此间的少年》并没有将情节建立在原告作品的基础上，基本没有提及、重述或以其他方式利用原告作品的具体情节，而是在不同的时代与空间背景下，围绕人物角色展开撰写故事的开端、发展、高潮、结局等全新的故事情节，创作出不同于原告作品的校园青春文学小说，且存在部分人物的性格特征缺失，部分人物的性格特征、人物关系及相应故事情节与原告作品截然不同，情节所展开的具体内容和表达的意义并不相同。不构成实质性相似的表达，因此不侵犯金庸的著作权。然而，法院认为此种同人小说的创作未经原告许可在其作品《此间的少年》中使用原告作品人物名称、人物关系等作品元素并予以出版发行，其行为构成不正当竞争，适用《反不正当竞争法》第2条。这一司法裁判的倾向表明，即使同人作品的创作不构成著作权侵权，也可能落入《反不正当竞争法》一般条款的范畴，对于潜在的同人作品创作的版权激励而言是一种消极信号。

---

❶ SCHWABACH A. Fan Works and the Law［J］. New Directions in Popular Fiction：Genre，Distribution，Reproduction，2016：405-424.

❷ DAWSON A. A short history of Fanfiction［J］. YA Hotline，2017（104）.

❸ 广州天河区人民法院（2016）粤0106民初12068号民事判决书；广州知识产权法院（2018）粤73民终3169号民事判决书。

❹ 王迁. 同人作品著作权侵权问题初探［J］. 中国版权，2017（3）：9-13.

## 第二节 孤儿作品利用的现实困境

### 一、大规模数字化所面临的孤儿作品利用的现实困境

同孤儿作品数量之巨对应的是，当今时代对孤儿作品利用的现实与潜在需求同样巨大。实际上，大规模的孤儿作品必然意味着利用的大规模。对孤儿作品有各种利用方式，包括将孤儿作品进行复制、发行、摄制、汇编，等等，即便是这些利用方式以单个的模式进行，无数个如此单个的利用行为亦可以成就浩瀚的巨量利用需求。更何况还有版权作品大规模数字化，其必然大规模地利用孤儿作品。自 20 世纪 90 年代以来，数字技术与互联网技术飞速发展与广泛运用，为了方便版权作品的保存、查询与阅读，版权作品的大规模数字化不可避免，例如 2004 年全球最大的搜索引擎公司谷歌公司试图将全球所有纸质图书进行数字化整合，构建谷歌数字图书馆以方便用户检索。然而，大规模数字化必然涉及对包括孤儿作品在内的所有纸质作品进行复制、传播等其他行为，大规模数字化必然需要对包括孤儿作品在内的所有纸质作品进行大规模的利用。因而，无论是孤儿作品本身的数量及其现实或潜在的单个使用行为，还是现实必然需求的大规模数字化，都反映出无论是现实的还是潜在的对孤儿作品的利用需求，都非常巨大。对于孤儿作品的利用，原本巨大的市场供应与巨大的需求，应该形成一个非常繁荣的孤儿作品的交易市场。然而，孤儿作品数量上的浩瀚与市场对其巨大的利用需求之间，却横亘着著作权，导致孤儿作品的利用陷入困境。

如前文所述，本书将孤儿作品界定为经过合理勤勉查找，仍无法找到著作权人并且仍在著作权保护期内的作品。也就是说，孤儿作品是依然受著作权保护的作品，对其利用必然应该遵循著作权法的现行规定，除非对其利用构成著作权法上的合理使用或法定许可，否则必须获取著作权人的授权方可使用，反之则必然构成著作权的侵权。谷歌公司数字图书馆计划案在美国遭遇的著作权侵权诉讼可谓旷日持久，2005 年美国作家协会（Authors Guilds，AG）与美国出版商协会（Association of American Publishers，AAP）对谷歌数

字化扫描问题提起诉讼，AG 与 AAP 认为，谷歌数字图书馆计划所涉及的版权作品并未获得其授权，从而构成对其管理或拥有图书的版权侵权。然而，谷歌公司却认为，其实施的数字图书馆计划符合美国版权法中的合理使用规则，其只不过是在创建一个大规模的图书卡片目录，不构成版权侵权，而且其采取诸如搜索功能通常只允许用户搜索出最多 3 页包含搜索关键词的片段，每个片段通常只是一页中的 1/8，即使不同的用户使用不同的电脑输入同样的搜索关键词，也只能阅读同样的 3 个片段内容。此外，从 2005 年开始，谷歌公司还根据版权人的在线申请，将整本书纳入不提供搜索的范围。但 AG 与 AAP 认为，谷歌公司在未获取版权授权的前提下，扫描整本仍在版权保护期限内的作品，并存储于谷歌公司的服务器内，其行为必然构成版权侵权，谷歌公司的行为明显具有商业性质，从中能获取丰厚的利润。

谷歌公司与 AG、AAP 之间的诉讼历时多年，在 2008 年一度达成和解协议，谷歌公司对不希望其图书被扫描的作者提供了选择退出机制（opt-outpolicy）。不过，被谷歌公司扫描图书的作者们坚持认为，谷歌公司扫描其版权作品之前应获得版权人的授权，其不同意谷歌公司所提供的方案——霸道的退出机制。因此，美国版权作品的作者或协会，不断地基于谷歌数字图书馆计划向谷歌公司提起著作权侵权之诉。2013 年 11 月，美国作家贝蒂·迈尔斯（Betty Miles）、吉姆·布顿（Jim Bouton）、约瑟夫·古尔登（Joseph Goulden）以谷歌公司未经其许可扫描其版权作品，并提供给网络用户进行搜索与浏览片段，构成对其作品版权之侵权将谷歌公司告上法庭。但区域法院依据《美国版权法》第 106~107 条规定的"合理使用"四要素逐一验证，最终以谷歌数字图书馆计划的行为构成《美国版权法》中的"合理使用"，判决驳回了原告的诉讼请求。2015 年 10 月 16 日，美国第二巡回上诉法庭维持了谷歌图书扫描不侵犯版权的判定。这次美国联邦最高法院不予受理上诉后，这一判定成为最终生效裁判。[1]

谷歌公司在中国同样遭遇著作权侵权诉讼，2011 年作家王某（笔名棉棉）以谷歌公司未经许可，扫描其受版权保护的作品并向公众提供这些作品，

---

[1] Author's Guild, Inc. V. Google Inc. 2015WL6079426C. A. 2 (N. Y.).

包括《盐酸情人》《九个目标的欲望》等10篇作品，侵犯其作品的信息网络传播权、复制权等权利向北京市第一中级人民法院提起诉讼。一审法院审理后认为谷歌公司对原告涉案作品进行全文电子化扫描的行为，侵犯了原告的复制权。谷歌公司向北京市高级人民法院提出上诉，二审法院认为该涉案信息网络传播行为以及全文扫描行为构成合理使用的主张因证据不足不予支持。同样是关于数字化扫描图书的“合理使用”抗辩，中国法院和美国法院的裁判却迥然不同，这也间接地显示了司法裁判受到著作权制度环境的影响而不同。

表面上看，谷歌数字图书馆计划在美国与在中国所遭遇的侵权诉讼与孤儿作品的利用无关，但谷歌公司这种对作品进行大规模数字化的行为，必然涉及大量的孤儿作品，其在进行大规模数字化利用时，难以查询到著作权人；一旦进入使用，必然招致著作权侵权。这必然导致大规模数字化的利用难以为继。因此，谷歌公司数字图书馆对作品进行大规模数字化利用在全球范围内所遭遇的侵权诉讼，至少说明著作权成为横亘在海量孤儿作品供给与巨大市场利用需求之间的障碍。处于孤儿状态的作品往往会基于作品权属信息缺失、作品权利主体无法确定等因素致使作品与权利主体的连接模糊甚至断裂，从而使著作权这一权利设定成为潜在使用人及公众利用作品的直接障碍；直接影响了作品作为产权要素参与市场交易的经济功能的实现。正如学者所言，市场所存在的不能获得实现的需求意味着存在市场缺失（missingmarket）的困境。❶ 如果长此以往，利用者慑于对著作权侵权的风险，便只能停止对包含孤儿作品在内的所有作品的利用，导致“市场缺失”的现象成为版权市场的一种常态。

从经济学层面分析，前述不被市场满足的作品使用需求的存在，表明存在缺少有效率市场的问题。一个有效率的市场存在于著作权人以及潜在的使用人之间，这个市场中接触与激励的价格是相当的。但是，因为缺乏著作权人相关权利信息以及过高的搜寻成本，导致著作权人及潜在使用人均无法发

❶ KHONG D W K. OrphanWorks, Abandonware and the Missing Market for Copyrighted Goods [J]. International Journal of Law and Information Technology, 2007, 15 (1): 54, 63.

现对方而协商出一个价格，以至于作品的获取、利用和传播的利用市场陷于无效率的一种状态。孤儿作品不可避免地导致无谓损失。无谓损失是作品生产者不愿意或没有能力向消费者提供好的产品，尽管消费者愿意支付等价或者高于产品边际成本的价格使用该作品。就孤儿作品而言，复制或下载一个过时软件或影印一本绝版书，其供给的边际成本很可能低于发行的成本。据推测，这个成本是非常低的，而且在这个级别收取的价格不会带来多大的利润。此外，如果有一部分利润的话，对于生产者或版权所有者来说，著作权人也可能不愿意或不能授权其版权谈判，因为办理版权许可的成本过高。❶ 值得注意的是，基于著作权及许可的传统的经济分析，造成无谓损失的原因是垄断定价。然而这个缺陷已经被看作激励作者创作新作品而付出的社会代价，作者创作新作品的行为一般被默认将从整体上改善社会福利。克服“市场缺失”之困境，可能性方案是可以通过重新分配财产权利向公众开放，把作品纳入公共领域；或者暂时让公众支付一定费用使用或传播作品。通过重新分配著作财产权利，使其他各方可以有效地利用这一财产权利，如向公众提供消失的孤儿作品和过时软件。

## 二、Web 3.0 时代的新技术能否消解孤儿作品利用困境

Web 3.0 时代，数字技术的发展突飞猛进，出现了以区块链技术为核心的 NFT、元宇宙等一系列的数字技术，这些技术对于著作权的制度影响也是非常明显的。2018 年，美国数字商务协会（CDC）在华盛顿区块链峰会上宣布正式成立区块链知识产权理事会（BIPC），旨在创建由行业主导的防御性区块链知识产权战略，这意味着区块链技术产品与知识产权制度的勾连在实践层面已经进一步拓展。就产业层面而言，中国信息通信研究院 2022 年的《区块链白皮书》显示，截至 2022 年 9 月，全球区块链相关企业累计 6914 家，受 NFT、元宇宙等数字技术的助推带动，2021 年全球区块链企业总量出

❶ KHONG D W K. OrphanWorks, Abandonware and the Missing Market for Copyrighted Goods [J]. International Journal of Law and Information Technology, 2007, 15 (1): 54, 64.

现了一次快速增长的势头。❶

### （一）区块链技术与孤儿作品利用

区块链（blockchain）使用技术协议创建一个安全而透明的账本，以向网络中的每一个人报告交易的情况，它是比特币、以太坊、瑞波币等数字加密货币的核心技术。❷ 从本质上而言，区块链是一种分布式数据技术，其基本原理是通过一系列加密算法，在网络中创建一个不可篡改、公开透明地由 N 个数据块形成的数据记录链。技术层面，从区块链的结构图（见图 2-1）可见，要在区块链上添加一条记录，首先要通过算法来创建一个独特的、加密的数据字符串，该数据字符串称为“哈希”（hush），这个哈希值具备唯一性及完整性，因为任何人都不可能改变哈希值而不破坏它，一旦一个记录被“哈希”，它就会与少量在同一时间被加密的其他记录的哈希值聚集在一起，这种哈希值的集合被称为“区块”。N 个区块不断链接在一起形成“区块链”，该区块链通过共识机制确保网络中的所有节点对数据的一致性，至于该数据块记录的是什么并不重要，它可以是一个文件、一段音乐、一笔交易、一件数字艺术品、一封电子邮件……只要这个数据能被编码并添加到区块链上，它就可以被检索出来，该记录的有效性因其在区块链上的客观存在得到确证，而不依赖于任何第三方。❸ 由此，区块链技术运作的特征主要表现在：（1）去中心化，区块链具备分布式结构，没有任何第三方及中心控制；（2）交易自动化，通过“智能合约”实现交易自动化；（3）透明性，参与到公共或私人区块链中的人都可以看到所有交易记录；（4）客观性，一旦区块链上的数据生成记录，就不可能被篡改；（5）秘密性，区块链使用一种加密算法来创建和保存数据，区块链的核心技术是一种公钥加密算法，类似于用于保障网络上信用卡交易的算法。

---

❶ 区块链白皮书（2022）[EB/OL].［2023-02-01］. http://dsj.guizhou.gov.cn/xwzx/gnyw/202212/t20221230_77769262.html.

❷ TRESISE A, HUNTER D, GOLDENFEIN J. What Blockchain Can and Can't Do for Copyright [J]. Australian Intellectual Property Journal, 2018, 28 (4): 144-157.

❸ GOLDENFEIN J, HUNTER D. Blockchains, Orphan works, and the Public Domain [J]. Colum. JL & Arts, 2017 (41): 1.

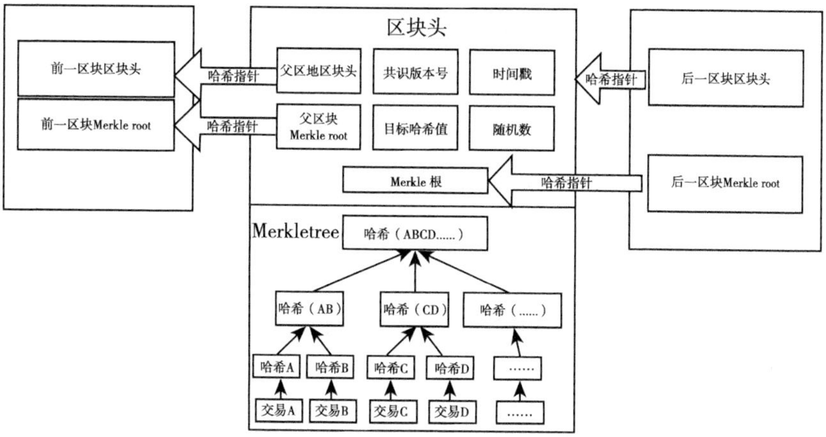


**图 2-1　区块链结构**

从前述区块链的基本技术原理及特征而言，这一数字技术变革具有深远的意义，任何依赖权威登记的法律体系都将被改变。当区块链应用于版权领域，尤其是孤儿作品的问题解决上，能起到一定的辅助作用，尤为明显的作用有二：其一，对孤儿作品的勤勉检索的环节，可以有效地验证该作品是否属于孤儿作品，并在区块链中有效地记录该作品的孤儿状态，而且该记录的客观、透明和持续性，能为后续的潜在使用者提供有效的检索记录，避免了重复检索；其二，在此基础上还可以尝试在区块链构建孤儿作品的自动授权机制，利用区块链中的“智能合约”技术打通孤儿作品的授权使用途径。

## （二）智能合约与孤儿作品利用

智能合约（smart contracts）是区块链技术中的一种特殊程序，它在区块链上运行，且具有自动执行特定条件的能力。它可以在区块链网络中的所有节点上运行，不受任何中心化机构的控制。智能合约概念最早是由美国计算机领域的科学家及法学家尼克·萨博（Nick Szabo）于 1994 年提出的，在区块链应用于比特币之初，为了实现交易的自动化，以确保所有交易方的利益，尼克·萨博提出了一种机制，他称之“智能合约”，即“执行合同条款的计算机化交易协议”。❶ 我国有学者亦认为“智能合约是一种无须中介、自我验证、自动执行合约条款的计算机交易协议”。❷ 尽管智能合约本身不一定代表法律合同，却可以以计算机代码的形式履行协议，自动售货机就是其最原始的交易模式。由此，学术界对“智能合约”的解读从技术维度和法律维度的解读不尽相同，基于区块链技术维度的解读，更多的是描述智能合约的运行、发展、技术漏洞等。智能合约本质上是计算机代码，如果说比特币开启了区块链的发展史，那么“智能合约被认为是区块链 2.0 的代名词之一”❸。

基于区块链的分布式架构和共识算法等技术，智能合约允许互不信任的用户在不需要任何第三方中介或权威的情况下完成交易，并且数字形式的智能合约可以灵活地嵌入各种有形或无形的资产、交易和数据，实现主动或被动的资产、信息管理和控制，从而逐步构建可编程的智能资产、系统和社会。由图 2-2、图 2-3 可以基本看到智能合约的运行机理，智能合约一般具有值和状态两个属性，分别用“If-Then”和“What-If”语言描述促发智能合约的合约条款和应用场景，分别由矿工利用自身算力交易并创建新的合同代码以加入新的区块中。❹ 由于区块链的种类和运行机制的差异，导致智能合约也存在平台间的差异性，目前以太坊（ethereum）❺ 是应用最广泛的智能合约开发平台之一，其旨在创建一个可以执行任意逻辑代码的智能合约平台，允许用户编写、部署和执行自定义智能合约，以实现分布式应用程序和创建自定义加密货币。智能合约的适用在技术层面也是有漏洞的，比如发生在 2016 年

❶ SZABO N. Formalizing and Securing Relationships on Public Networks [JB/OL]. [2023-02-01]. https://doi.org/10.5210/fm.v2i9.548.

❷ 欧阳丽炜，王帅，袁勇，等. 智能合约：架构及进展 [J]. 自动化学报，2019, 45 (3)：445-457.

❸ 周近，叶历平，倪艺洋，等. 智能合约研究综述 [J]. 中国新通信，2021, 23 (3)：37-39.

❹ 欧阳丽炜，王帅，袁勇，等. 智能合约：架构及进展 [J]. 自动化学报，2019, 45 (3)：446-448.

❺ WOOD G. Ethereum: A Secure Decentralised Generalised Transaction Ledger [J]. Ethereum project yellow paper, 2014, 151 (14): 1-32.

的“The DAO”事件❶就是一个典型事例，就是黑客利用了该智能合约的可重入性函数漏洞，窃取了大约 100 万的以太币。该事件之后，智能合约的安全性引起了更多的关注。虽然说后续该智能合约用“硬分叉”技术解决了该以太坊的脚本漏洞，但由于该以太坊区块链的匿名性，此次黑客攻击所产生的法律层面的问题一直悬而未决。

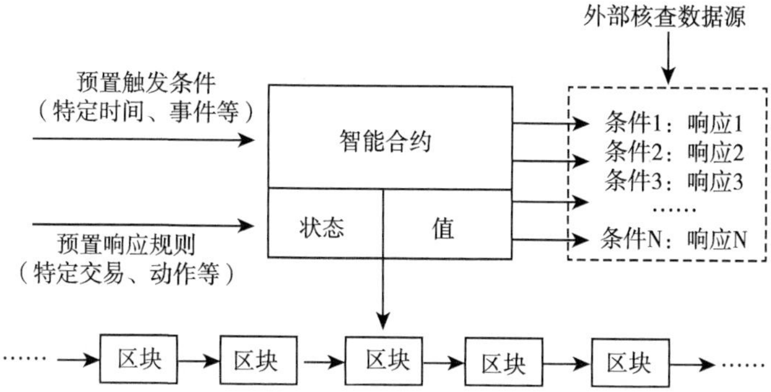


**图 2-2　智能合约的运行机理一**

智能合约技术层面的学术观点，由图 2-2❷ 与图 2-3❸ 可见，在数字技术层面均展现了其自动形成合同、履行合同、执行合同的无懈可击的程序技术特点，然而从法律的检视角度看则未必如此，学者菲诺卡罗与博普雷齐（Finocchiaro G & Bomprezzi C.）从合同法的角度论述，认为法律范畴的智能合约应当这样理解：“‘智能法律合同’这一表述是指在合同领域使用智能合同来执行已经存在的合同，或以计算机代码的形式来表达具有法律

❶ 去中心化自治组织（Decentralized Autonomous Organization，The DAO）实际是一个成立于 2016 年，以投资者为导向并借助以太坊智能合约发行代币的风险投资基金，2016 年累积了大约 360 万的以太币，当时的市值超过 7000 万美元。参阅：Decentralized Autonomous Organization [EB/OL]. [2023-02-01]. https：//en. wikipedia. org/wiki/Decentralized_autonomous_organization.

❷ 袁勇，王飞跃 . 区块链技术发展现状与展望 [J]. 自动化学报，2016，42（4）：481-494.

❸ 欧阳丽炜，王帅，袁勇，等 . 智能合约：架构及进展 [J]. 自动化学报，2019，45（3）：445-457.

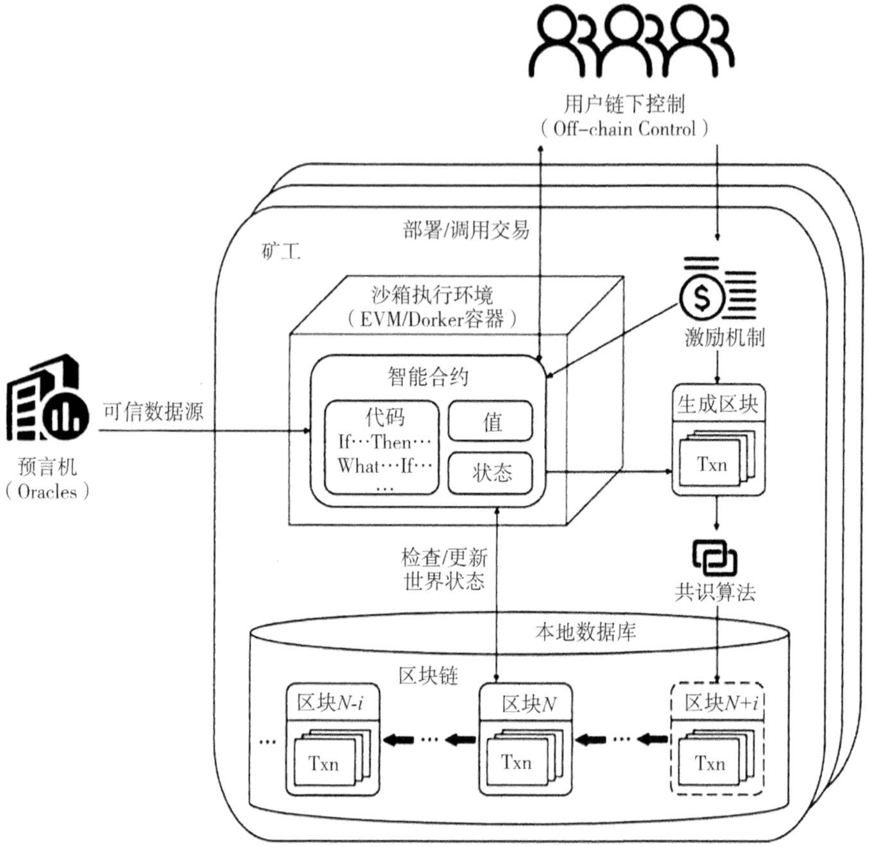


**图 2-3　智能合约的运行机理二**

约束力的协议。”❶ 甚至有学者提出了质疑和批判的观点，比如学者伊丽莎·米克（Eliza Mik）就认为，“智能合约很难被视为一种半神话式的技术，将签约方从传统法律和金融机构的桎梏中解放出来”❷。学者麦肯尼、兰迪、威尔卡（McKinney S A、Landy R、Wilka R.）认为，智能合约的执行也具有不确定性。❸

---

❶ FINOCCHIARO G，BOMPREZZI C. A Legal Analysis of the Use of Blockchain Technology for the Formation of Smart Legal Contracts [J]. MediaLaws，July，2020.

❷ MIK E. Smart Contracts：Terminology，Technical Limitations and Real World Complexity [J]. Law，Innovation and Technology，2017，9（2）：269-300.

❸ MCKINNEY S A，LANDY R，WILKA R. Smart Contracts，Blockchain，and the next Frontier of Transactional law [J]. Wash. JL Tech. & Arts，2017（13）：313.

另有学者罗德里格斯（Rodrigues U R.）认为："智能合约缺乏'法律干预点'。"❶ 虽然著作权的确是技术之子，数字技术的迭代可以为市场经济范畴的交易可能性扫清障碍，但是若没有著作权法律制度划定其权利边界，划定其权利的适用范围，保障其权利义务的实现，智能合约则是脱缰的野马，在毫无边际的旷野恣意驰骋，有可能造成严重的损害后果。在孤儿作品的强制许可模式下，由于著作权集体管理的低效率性而降低该模式的利用功能，在区块链智能合约的技术支持下，有可能提升许可效率。但是不得不正视的一点是，在现有的著作权体系下，该技术的应用虽然可以在一定程度上实现对孤儿作品利用的著作权制度功能的有效促进，但客观上并不能消除孤儿作品，在现有著作权法框架下探索建立高效的孤儿作品利用机制的构建仍然必要。

## 第三节　孤儿作品利用困境的制度原因

著作权作为私人财产权，是私法范畴的一种法律拟制，其权利实现通过将作品拟制为传统财产权之客体，❷ 然后对作品拟制性创设著作权一系列的权利束。一方面，财产权的逻辑路径是否与作品的本质属性相契合直接影响著作权的财产权利的实现。另一方面，对于著作权客体拟制创设的一系列权利，在作品复杂的利益关系层面，能否实现权益的有效平衡也是著作权功能能否实现的一大要素。因此，本节从作品的本质属性与著作权的权利配置两个层面，利用哲学与经济学的分析视角探讨导致孤儿作品利用困境的两个重要的制度原因。

### 一、制度原因之一：作品孤儿状态下著作权背离作品的本质属性

#### （一）著作权客体的界定：符号的有序表达

著作权的客体是作品，世界知识产权组织《著作权与邻接权法律术语汇

❶ RODRIGUES U R. Law and the Blockchain［J］. Iowa L. Rev.，2018（104）：679.

❷ 赵建良．论知识产权的法律拟制［J］．电子知识产权，2014（6）：54.

编》认为，符合著作权保护资格的作品通常是指所有以可复制形式表达的独立性的智力创造物（intellectual creations）。[1] 我国《著作权法实施条例》将作品界定为："文学、艺术和科学领域内具有独创性并能以某种有形形式复制的智力创造成果。"对于著作权客体的界定，应该放到知识产权客体中予以考虑，在学术界，我国学者在进行知识产权的学术研究时，对于知识产权及其客体的特殊性也给予了足够的重视。由于受到不同学术思潮的影响，对于知识产权客体基本属性的认识形成了三种代表性的观点。

1. 智力成果说

智力成果说在20世纪80年代起逐渐成为比较流行的一种学说。[2] 郑成思教授称知识产权最重要的特点是其无形性，这一特点把它们同一切有形财产以及人们就有形财产享有的权利区分开来。[3] 曾世雄则称著作权不产生有形无形之问题，其问题的关键点在于作品系智能产物，而非物质形态。[4] 由于其不能合理涵盖知识产权客体的所有范畴，学者们也一直对其有所诟病。还有学者在就著作权之客体的"智力成果"说如是论及，"智力成果"一词只是说明作品是智力活动的外在结果，可以说区分了产生作品的劳作性质，但作品作为一种成果本身的特质并没有得到揭示。[5]

2. 知识产品说

吴汉东教授认为，知识产权的客体，是人们在科学、技术、文化等领域中所创造的精神产品。这是与物质产品（民法意义上的有体物）相并存的一种民事权利客体。[6] "产品"强调了注入人类创造性的劳动，"知识产品"则

---

[1] 世界知识产权组织．著作权与邻接权法律术语汇编［M］．刘波林，译．北京：北京大学出版社，2007：262.

[2] 王作堂．民法教程［M］．北京：北京大学出版社，1983；佟柔．民法原理［M］．北京：法律出版社，1983；郑成思．知识产权法教程［M］．北京：法律出版社，1993：1；刘春田．知识产权法教程［M］．北京：中国人民大学出版社，1995：1.

[3] 郑成思．知识产权论［M］．3版．北京：法律出版社，2003：64.

[4] 曾世雄．民法总则之现在与未来［M］．台北：三民书局，1983：151.

[5] 李琛．论作品定义的立法表述［J］．华东政法大学学报，2015（2）：14.

[6] 吴汉东．关于知识产权本体、主体与客体的重新认识——以财产所有权为比较研究对象［J］．法学评论，2000（5）：10-11.

明显地强调了客体的非物质性特点。❶ 在上述的讨论基础上，一部分学者主张建立“知识产品”的理论范畴，将知识产权的客体概括为“知识产品”。❷ 亦有学者就此学说提出质疑，认为“知识”二字将知识产权的客体仅仅限定为知识，无法将知识产权的所有客体进行概括；此外，冠以“产品”二字还限定了“知识”的范围，排除了非产品的知识客体，这是不恰当的。❸

3. 信 息 说

信息说则认为知识产权的客体是信息。世界知识产权组织所编的《知识产权纵横谈》一书里如是陈述：智力劳动创造物之所以被称为“知识财产”，其原因在于该项财产与各种信息有关。美国学者保罗·格德斯坦（Paul Goldstein）认为，知识产权法的主要目标是鼓励私人对各种形式的信息进行投资，这些可投资的信息涵盖表达性信息、技术信息、标示性信息。❹ 日本学者中山信弘认为，如果彻底分析，知识产权法可称为信息的保护法。❺

我国学者指出，知识在本质上首先是一种信息，知识具有比信息更丰富的内涵，即知识是具有公共形式的信息，这种公共形式就是符号。❻ 还有学者主张知识产权的对象是与智力活动有关的非物质性信息。❼ 前述学者对于知识产权客体之界定都立足于希望将商标、专利、作品等知识产权客体进行大一统的范畴界定。比较起来，第三种学说更贴近于抽取了知识产权庞大客体的共性特征。从著作权法范畴而言，作品的实质就是信息，而信息的实质就是符号。从规范意义上讲，将作品的基本属性界定为一种符号表达更有利于著

---

❶ 吴汉东，等. 知识产权基本问题研究［M］. 北京：中国人民大学出版社，2005：34.

❷ 吴汉东，闵锋. 知识产权法概论［M］. 北京：中国政法大学出版社，1987：34；钱明星. 物权法原理［M］. 北京：北京大学出版社，1994：26；张和生. 知识经济学［M］. 沈阳：辽宁人民出版社，1992：294.

❸ 张勤. 知识产权客体之哲学基础［J］. 知识产权，2010（2）：3-15.

❹ GOLDSTEIN P. Copyright，Patent，Trademark and Related State Doctrines：Casesand Materialson the Law of Intellectual Property［M］. Westbury，NewYork：The Foundation Press，Inc.，1990：1.

❺ 中山信弘. 多媒体与著作权［M］. 张玉瑞，译. 北京：专利文献出版社，1997：3.

❻ 王太平. 知识产权客体的理论范畴［M］. 北京：知识产权出版社，2008：3.

❼ 张玉敏. 知识产权法学教程［M］. 重庆：西南政法大学出版社，2001：20.

作权体系的整体构建。正如英国学者斯特林（Sterling）所言，作品是“有序的思想表达”❶。

立法者借助“思想—表达二分法”与“法律客体拟制”两大法宝，顺利将作品纳入传统财产权体系，建立起以作品为客体的著作权体系。“思想—表达二分法”强调著作权法只保护表达，不保护思想。尽管如何区分思想与表达一直是一个难题，但这一理念已为各国立法、实践以及国际公约普遍接受。❷ 著作权法只保护表达不保护思想的这一基本权利预设与其说是对著作权法保护客体的选择设置了一个最低的准入条件，不如说是在立法技术上使作品突破传统财产权的逻辑藩篱成全其财产权的逻辑构建。大多数学者都是用“智力成果”来描述著作权的客体，有学者指出这种描述在判断作品时起不到实际的指导作用。❸ 学者斯特林用“表达”来表述作品之概念似乎更符合“思想—表达二分法”之旨趣，从概念界定上就清晰地排除了对思想的保护。我国 2014 年 6 月公布的《著作权法（修订草案送审稿）》将作品的界定修改为“本法所称的作品，是指文学、艺术和科学领域内具有独创性并能以某种形式固定的智力表达”。显然立法将“智力成果”替换成“智力表达”可以说是对此种学理解释的认同。但第三次修正的《著作权法》未采纳“智力表达”说，而仍沿用了“智力成果”的表达，将作品界定为“是指文学、艺术和科学领域内具有独创性并能以一定形式表现的智力成果”。

“法律客体拟制”是对传统财产法理论开疆拓土的一个有效工具。为了达到逻辑自足，同时又能将具有创造性之知识纳入财产权的逻辑框架，立法者将“智力成果”拟制为财产权之客体。有学者因此提出，知识产权观念的形成需经过两次法律拟制的环节：第一，在有体的物质载体上拟制知识产权客体；第二，在拟制的知识产权客体上拟制知识产权权利。❹ 知识产权作为著作权之上位概念，其基本观念的建立从根本上解决了著作权的逻辑合理性问题。

---

❶ STERLING J. World Copyright Law [M]. London: Sweet & Maxwell, 1998: 189.

❷ 王晓君．民间文学艺术的著作权规制——以刘雍系列工艺美术作品侵权案为视角[J]. 河北法学，2015（11）：112.

❸ 李琛．著作权基本理论批判 [M]. 北京：知识产权出版社，2013：113.

❹ 赵建良．论知识产权的法律拟制 [J]. 电子知识产权，2014（6）：54.

著作权不同于传统财产权的最大原因是其保护对象，也就是作品与物存在很大不同。传统财产权的客体是有体物，虽然从上述的论证中我们似乎寻求到了著作权制度的形式完美，但作品不可能仅仅是法律规则游戏里的角色，作品要参与市场交换，作为经济要素进行市场流通。作品的天然基因使其区别于传统的财产权客体。作品与物的最大区别在于作品本身的存在也是文化建构的一部分。但是除了文化的延续功能，作品与物一样具有较强的经济功能。作品作为产权要素参与市场生产的过程这一特性更为明显。文化发展繁荣离不开作品权益的充分实现。作品与其权利主体的连接性同物与其权利主体的连接性相比更为模糊。传统不动产的权利主体一般有明确的权属证书；动产一般能实现物理占有。而作品权利设定的二元性、作品外延的不稳定性以及表达方式的多样性等因素更使其与权利主体的连接处于不稳定状态。因此，在著作权变动的过程中，由于涉及著作权人、传播者、使用者、普通公众，一方面要考虑著作权人的利益实现，另一方面又要兼顾作品能最大限度地为公众所利用。处于孤儿状态的作品往往会基于作品权属信息缺失、作品权利主体无法确定等因素致使作品与权利主体的连接模糊甚至断裂，从而使著作权这一权利设定成为公众利用作品的直接障碍，直接影响了作品作为产权要素参与市场交易的经济功能的实现。

### （二）著作权背离作品哲学层面的本质属性

关于作品的基本属性，法学家们一直青睐于向哲学求解。德国古典哲学流派创始人康德在其法学名著《法的形而上学原理：权利的科学》一书中阐释了关于作品本质的初步看法，“书是人们写出来的，他包含了某人向公众所作的，通过可以看得见的语言符号来表达的讲话，这和书籍的实际外形无关”❶。这一表述初步论证了作品本质乃是作者语言符号的外在表达，尽管其所言的作品具体指“书籍”。黑格尔在《法哲学原理》里这样言说：“在作品中，我们仅仅是用一系列零星的抽象符号，而不是以具体的造型把思想表达

❶ 康德．法的形而上学原理：权利的科学［M］．沈叔平，译．北京：商务印书馆，1991：111.

出来，而在技术装置的发明中，全部思想都具有机械的内容。”❶ 很显然，黑格尔也认为作品乃是抽象符号的表达。澳大利亚法学家彼得·德霍斯（Peter Derhoe）利用西方传统哲学中的财产权理论对知识财产进行系统的考察。他在其《知识财产法哲学》一书的开始就论及“正像其他财产权利一样，知识财产权利也表现为一种人与人之间的关系”❷。与不动产法律有所区别的是有关知识财产的法律是设定在抽象物之上的。他认为，知识财产是在知识、文字信息或技术等一般社会定义形式的无形物——“抽象物”上创设权利。同时，德霍斯还这样描述抽象物的属性：“知识不因使用而耗尽，其遵循的是所谓不断丰富的规律，而不是逐渐耗尽的规律。”❸ 对于财产权的权利拟制，知识产权“人为地制造知识稀缺现象，从而削弱知识不断丰富这一规律”❹。德霍斯从财产权的角度界定了知识产权的客体是一种“抽象物”，而对于抽象物是什么，德霍斯意识到，作为形而上的观点，将抽象物给予一个更精确的定义是非常困难的。

通过假设抽象物，法律即可以简单地利用这一法律虚构，这一虚构正是许多法律权利的存在依据。❺ 基于以上认识，德霍斯得出一个重要观点：“知识财产法律保护是以核心结构形式表现出来的抽象物，而不是与其物质的对应物完全相同的抽象物。”罗森伯格（P. D. Rosenberg）进行了类似的论述：“对所有类型的知识产权来说，一个基本的原则是，仅仅是抽象的思想是不能获得专有权的。相反，它们的专有之处仅仅涉及具体的、有形的，或者抽象的有形体现。”❻ 著作权因此获得了“思想—表达两分法”的价值底线。德霍斯对作为知识财产客体的抽象物界定实现了从“智力思考”到“结构形式表

---

❶ 黑格尔．法哲学原理［M］．范扬，张企泰，译．北京：商务印书馆，1961：76.

❷ 彼得·德霍斯．知识财产法哲学［M］．周林，译．北京：商务印书馆，2008：11.

❸ 彼得·德霍斯．知识财产法哲学［M］．周林，译．北京：商务印书馆，2008：2-3.

❹ 彼得·德霍斯．知识财产法哲学［M］．周林，译．北京：商务印书馆，2008：2-3.

❺ 彼得·德霍斯．知识财产法哲学［M］．周林，译．北京：商务印书馆，2008：163.

❻ ROSENBERG PD. The Foundation of Patent Law. 1985（2DED）：1-3.

现”的推进。在此基础上，德霍斯指出抽象物是一种信息，它具有一个或然特征，即具有传播的自然倾向。“信息是需要交流的人类的日常生活的血液。”❶

在认识到知识信息本质的基础上，我国学者似乎努力沿着一种物化的逻辑进一步探索知识产权的客体之本质，“我们找不出信息所属物质中分离出来、传播出去的例证。被传递的始终是对信息的描述——信号”❷。“信息是不能独立存在的东西，它必须负载于载体即信号之上才能存在……有鉴于法律首要使命在于界定权利，因而作为权利客体的东西应当是而且也只能是信号，而不是信息。”❸ 一切可传递信息的载体都是信号。信号说似乎仍不能脱离物权客体的逻辑窠臼，反而隐去了知识的流动性，较之而言，信号说试图超越信息说的意图显然落空了。

德国哲学家恩斯特·卡西尔（Ernst Cassirer）建立起的符号哲学认识到客观信息与作为人之表达信息的区别，“信号是物理的存在世界的一部分，符号则是人类的意义世界之一部分……符号不可能被还原为单纯的信号，信号和符号分属于两个不同的论域”❹。在卡西尔看来，人区别于动物的根本一点在于动物生活在自然世界；而除此之外，人还需要通过自己创设的符号创造一个自己所能理解的人为世界。沿着“人—符号运用—创造文化”的逻辑路径，卡西尔进一步演绎了其文化哲学。他回答了“真正意义上的人类创造物究竟是什么”，从而得出结论，“人类知识按其本性而言就是符号化的知识”❺。我国知识产权学者李琛教授沿着这一路径，找到了知识产权客体的本质描述的最佳理据，在其《论知识产权法的体系化》一书中，系统地分析了符号哲学对于论证知识产权客体本质的合理性，并在比较知识产品说、信息说与信号说的基础上，提出知识产权客体的本质是一种符号表达。她认为知识产权客

---

❶ 彼得·德霍斯．知识财产法哲学．［M］．周林，译．北京：商务印书馆，2008：171.

❷ 刘春田．知识财产权辨析［J］．中国社会科学，2003（4）.

❸ 张俊浩．民法学原理［M］．北京：中国政法大学出版社，1997：459.

❹ 恩斯特·卡西尔．人论．［M］．甘阳，译．上海：上海译文出版社，1985：41.

❺ 恩斯特·卡西尔．人论．［M］．甘阳，译．上海：上海译文出版社，1985：72.

体的形态是“符号组合”，知识产权是符号财产权。对于作品的理解，她认为，作品是独立于自然世界的一种存在，无形思想或情感借助于有形的符号才得以表达。作品的创作表现为一种符号组合的过程，当其具有独创性时，新的符号表达组合即成为著作权之对象。❶ 持类似观点的还有学者卢海君，在其《版权客体论》里他这样认为，“作品的本质是一系列符号的排列组合，以及由这些排列组合所直接限定的要素”❷。莎士比亚在《仲夏夜之梦》中写道：“诗人的生花妙笔赋予它们以形式，从而虚无缥缈之物，也有了它们的居所与名字。”❸ 由此可见，作品的价值不在于它所反映的真实的事实或思想，而在于它构建的不同于真实世界的一种有序的符号世界。

综上，在对于知识产权客体的本质的探索过程中，经历了智力成果说、知识产品说、信息说、信号说、符号表达说的演进。从规范学及哲学的双重考据标准来看，“符号表达”更符合“知识”之于“产权”的旨趣，也是本书努力寻求的论证理据。从哲学范畴而言，作品的基本属性是一种有序的符号表达。作为符号表达的作品，后来者必然利用这种符号的表达演绎或创作新的作品。但是著作权的垄断性赋予权利人对该种符号表达进行独占，在作品孤儿状态下，由于著作权人与作品的链接模糊或断裂，导致后续表达可能受阻，潜在使用人无法实际接触或正当使用孤儿作品。因此著作权之设定在这种情形下背离哲学层面作品的本质属性，导致著作权人、传播者、使用者与社会公众之间孤儿作品利用的利益冲突。

### （三）著作权背离作品经济学层面的本质属性

知识产权的经济分析可以追溯到古典经济学家亚当·斯密（Adam Smith）、边沁（Jeremy Bentham）、密尔（John Stuart Mill）等的讨论，之后庇古（A. C. Pigou）、陶西格（Taussig）、阿诺德·普兰特（Arnold Plant）、哈耶克（Friedrich August Von Hayek）、理查德·波斯纳（Richard Allen Posner）、肯尼思·J. 阿罗（Kenneth Joseph Arrow）、马克·A. 莱姆利（Mark

---

❶ 李琛．论知识产权法的体系化［M］．北京：北京大学出版社，2005：133.

❷ 卢海君．版权客体论［M］．2 版．北京：知识产权出版社，2014：自序 3.

❸ 威廉·莎士比亚．仲夏夜之梦［M］．朱生豪，译．南京：译林出版社，2018：83.

A. Lemley）等大量的学者对知识产权的经济分析也作了不同程度的贡献。

美国才华横溢的经济学家肯尼思·J. 阿罗在讨论信息经济学时论述了作品等信息产品的公共物品属性，阿罗指出："信息很难被独占使用，一个人拥有某些信息，他永远不会因为传输这些信息而失去它们。"❶ 美国学者保罗·戈斯汀（Paul Goldstein）运用吃苹果的比喻，❷ 形象地解释了阿罗的这一描述，即作品的公共物品属性。最早对私人物品和公共物品进行区分的是当代凯恩斯主义的集大成者保罗·萨缪尔森（Paul A. Samuelson），他在《公共支出理论的图解》（1955）中利用两个图表，❸ 对私人物品与公共物品的经济含义进行了说明。"公共物品是每个人都可以同时消费，并且不能把任何一个人排除在外的物品与劳动。公共物品的首要特点是非竞争性，如果一个人的消费并没有成为另一个人的消费，那么这种物品就是非竞争的。"❹ 公共选择学派代表詹姆斯·布坎南（James M. Buchanan）承续萨缪尔森、马斯格雷夫（Richard Abel Musgrave）传统公共部门规范理论的基础上进一步丰富了公共物品理论。布坎南认为，许多经济学家未能充分认识到，在对市场活动的分析中，他们几乎跳过了市场制度的理论化这一环节。之所以这样做而无大碍，是因为由竞争性制度假定而得出的关于市场结果的推测与观测到的市场结果基本吻合，从而验证了这些假定和条件假说。❺ 尽管对这些假定的现实性还存有争论，但对于经济学家来说仍具有范式意义。

在经济学家们的讨论基础上，关于作品的公共物品属性至少具备两个基本特性。第一，作品具有非竞争性和非排他性；从消费角度而言，作品具有非竞争性。比如，一本小说可以一个人阅读，也可以 1000 万人阅读。一个人的阅读并不影响其他任何人阅读的机会。从供给方面而言，作品具有非排他

---

❶ 肯尼思·J. 阿罗. 信息经济学 [M]. 何宝玉，姜忠孝，刘永强，等译. 北京：北京经济学院出版社，1989：164.

❷ 保罗·戈斯汀. 著作权之道：从谷登堡到数字点播机 [M]. 金海军，译. 北京：北京大学出版社，2008：145.

❸ 刘茂林. 知识产权法的经济分析 [M]. 北京：法律出版社，1996：63-65.

❹ 迈克尔·帕金. 经济学 [M]. 梁小民，译. 北京：人民邮电出版社，2003：355.

❺ 詹姆斯·M. 布坎南. 公共物品的需求与供给 [M]. 马珺，译. 上海：上海人民出版社，2009：5.

性。也就是说，若要排除任何人对作品的分享，需要耗费巨大成本。❶ 第二，作品具有巨大的正外部性。“外部性体现的是外在于经济社会价格制度的经济主体间的一种联系……由于外部性的大小不是由价格直接控制的，所以关于市场均衡的标准效率定理是不能适用的。”❷ 对待外部性的通常方法是促使外部性的内在化，从而使私人成本与社会成本相同。❸ 由于公共物品属性，就造成了大量的“搭便车”的现象，即只享受利益而不付费的企业或个人。因此，公共物品一般只能由政府提供。❹ “知识产权法所采用的，正是将符合经济规律的体系嵌入市场的做法，可以说是利用市场机能的巧妙体系。”❺ 作品的公共物品属性尤其在数字网络环境下更为凸显。不同的是作品还依赖于私人的提供，因此，法律创设了著作权以赋予作品相对的垄断以达到激励创作的目的。

知识的最大属性是自由传播。知识产权制度是建立在财产私有观念上的、人为地制造知识垄断性的一种制度。哈耶克称知识产权为一种“强制性稀缺”❻，饶有趣味的是莱姆利教授在其《非稀缺世界的知识产权》一文中从后稀缺时代的视角对知识产权予以了论述：“知识产权让想法变得稀缺，然后将其带入经济领域，为其计价，而市场知道如何对待稀缺物品。”同时，莱姆利强调，在技术的推动下，由于多数调整对象的稀缺性大为降低，基于稀缺性而存在的知识产权的正当性正由一般变为特殊。❼ 阿诺德·普兰特（Arnold

---

❶ 斯蒂格利茨．经济学（上）［M］．姚开建，等译．北京：中国人民大学出版社，1997：147.

❷ 加雷斯·D. 迈尔斯．公共经济学［M］．匡小平，译．郭庆旺，校．北京：中国人民大学出版社，2001：293.

❸ 加雷斯·D. 迈尔斯．公共经济学［M］．匡小平，译．郭庆旺，校．北京：中国人民大学出版社，2001：323.

❹ 保罗·萨缪尔森，威廉·诺德豪斯．经济学［M］．17 版．萧琛，主译．北京：人民邮电出版社，2004：29.

❺ 中山信弘．多媒体与著作权［M］．张玉瑞，译．北京：专利文献出版社，1997：4.

❻ F·A. 哈耶克．致命的自负［M］．胡晋华，冯克利，译．北京：中国社会科学出版社，2000：37.

❼ LEMLEY M A. IP in A World without Scarcity［J］. New York University Law Review, 2015（5）：90.

Plant）则强调了著作权的垄断性特征。亚当·斯密则指出尽管通常人们指责著作权的垄断性，但这样的垄断非但没有损害，甚至还会带来一些好处，因此不应该绝对地受到指责。[1]“如果没有合法的垄断则不会有足够的信息被生产出来，然而，有了合法的垄断又不会有太多的信息被使用。”[2]也正因为作品的公共物品属性与著作权的垄断性这一天然的悖论，使得尼尔教授（Nell Weinstock Netanel）发出这样的感慨：著作权法之永恒困境在于决定著作权人专有权的止境与公众获取作品自由的起点。[3]

经济活动以稀缺性为基础，丰足即意味着便宜，而商品的市场属性是基于该商品的稀缺性程度决定的。比如目前空气、阳光的稀缺性程度很低，因此市场化就低。如果有一天地球的污染急剧恶劣，某商家研发出前沿技术过滤生产出清新空气并将其装瓶如现在的饮用水装瓶一样进驻超市售卖，也是不无可能。经济活动的稀缺性对于符号商品而言则显示出不同于传统财产权客体的特性。商品的自由市场与思想的自由市场是紧密联系的，即便不说它们是完全链接在一起的，从历史的角度看，著作权的确在这两者之间起着媒介作用。[4]然而，知识产权学术过于专业化有可能造成的危险在于，如果抛弃了物质财产与知识财产之间具有某种连贯性的观点，从而无法通过运用经济学对前者的理解来帮助分析后者之效用。[5]

事实上，随着不断变革的技术，我们所知的大量种类的物品变得不再稀缺。信息网络技术让信息内容的生产和传播成本大为降低，甚至几乎为零。

---

[1] HADFIELD G K. The Economics of Copyright：A Historical Perspective［C］. Copyright Law Symposium（ASCAP），1992：38. 参见：王素玉．版权法的经济分析［M］. 北京：经济科学出版社，2016：17.

[2] 罗伯特·考特，托马斯·尤伦．法和经济学［M］. 张军，等译．上海：上海三联书店，1994：185.

[3] NETANEL N W. Copyright and a Democratic Civil Society.［J］. Yale Law Review，1996（106）：286.

[4] 保罗·戈斯汀．著作权之道：从谷登堡到数字点播机［M］. 金海军，译．北京：北京大学出版社，2008：211.

[5] 威廉·M. 兰德斯，理查德·A. 波斯纳．知识产权法的经济结构［M］. 金海军，译．北京：北京大学出版社，2005：14.

在这种情况下，利用著作权去封锁互联网的努力并未阻止未授权信息的传播。但与激励理论的预测相反，这种失败的结果并未导致创造力的降低。相反，尽管缺乏有效的知识产权执行力，创造力在互联网上前所未有地繁荣。“知识产权不再是一个创造、复制和发行成本极为便宜的世界里主要的创造力驱动。”❶ 这使我们不得不反思著作权制度的根本性问题。著作权得以推行的正当性受到质疑。

在孤儿作品的保护与利用问题上，基于作品天然具有易传播性和公共物品属性，著作权的天然缺陷表露无遗。当作品的权利人无法被发现，潜在的使用人即无法确认使用该作品是否会陷入侵权风险。因为潜在使用人无法判断权利人是抛弃了该作品，或是不同意他人使用，或是权利人的确不存在的事实。这种未知风险对于作品的潜在使用人的使用行为的影响其实是存在的。正是基于这种寒蝉效应，潜在的使用人往往会基于担忧于侵权风险的卷入而放弃对孤儿作品的利用。这就有可能产生两种后果：其一，大多数的潜在使用者丧失了对孤儿作品利用的选择权；其二，也间接使社会公众丧失了接触基于孤儿作品产生的演绎作品的可能性，是社会整体福利的损失。这种寒蝉效应对于小规模的使用人及机构比如图书馆、档案馆、资料库影响特别深远，他们可能无法搜寻孤儿作品之著作权人，也无能力承担可能面临的诉讼风险。❷

较之于逻辑自足，作品的利用规则更应追求规范的经济实效，也就是在市场环境下检验规则是否有效地实现权利的配置。作品权利设定的二元性、作品外延的不稳定性以及表达方式的多样性等因素更使其与权利主体的连接处于不稳定状态。因此，在著作权变动的过程中，处于孤儿状态的作品往往会基于作品权属信息缺失、作品权利主体无法确定等因素致使作品与权利主体的连接模糊甚至断裂，从而使著作权这一权利设定成为潜在使用人及公众利用作品的直接障碍，直接影响了作品作为产权要素参与市场交易的经济功能的实现。在莱姆利教授看来，经济活动以稀缺性为基础。在稀缺降低以致

---

❶ LEMLEY M A. IP in A World without Scarcity [J]. New York University Law Review, 2015 (5): 90.

❷ MOUSNER, JOSHUA O. CopyrightOrphanWorks: AMulti - Pronged Solutionto Solvea Harmful Market Inefficiency [J]. Tech. L. & Pol'y, 2007 (10): 398-399.

消失而导致制度与现实脱节的情况下，有两种路径：一种是通过政府干预强化本来趋弱的稀缺性，以便在新的经济情况下维持旧制度的运作；另一种是尊重市场的自发安排，即逐步调整社会制度，更好地适应新的经济现实。❶ 虽然著作权法为矫正著作权与作品之背离现象，通过合理使用制度、法定许可制度以充分保护后来的创作者与演绎者对作品的利用，但未能充分考虑孤儿作品这种无法查询到作品著作权人或者无法联系著作权人之情形，从而使孤儿作品在利用上无法获得著作权法制度上的矫正。

## 二、制度原因之二：作品孤儿状态凸显著作权内生性制度障碍

### （一）著作权的权利配置

著作权是私权，基于“围绕对知识的利用而发生的利益关系属于平等主体之间的财产关系……知识产权的私权本质，不以对该权利的法律保护手段不同而改变”❷。“知识产权的私权化，是对封建特许权制度的一场法律革命。”❸ 私权领域的基本原则为意思自治，即通过私法的社会控制而非公权的法律秩序。❹ 对于著作权的私权属性，其效力渊源早在 TRIPs 协议就有所体现。据学者的相关统计，对于 TRIPs 协议的正式文本进行中文翻译的版本有多种，“private rights” 译为 “私权” 的有 3 种，译为 “私有权利” 的有 3 种，译为 “私有权” 的有 2 种。❺ 知识产权的 “特权论” 与 “公权论” 或 “公私混合论” 的论断也不时地混淆著作权的私权论，“私权论” 似乎并非盖然性定

---

❶ LEMLEY M A. IP in A World without Scarcity [J]. New York University Law Review, 2015 (5): 90.

❷ 刘春田. 知识财产权辨析 [J]. 中国社会科学, 2003 (4): 118.

❸ 吴汉东. 关于知识产权本体、主体与客体的重新认识——以财产所有权为比较研究对象 [J]. 法学评论, 2000 (5): 58.

❹ 罗斯科·庞德. 通过法律的社会控制 [M]. 沈宗灵, 译. 北京: 商务印书馆, 2008: 20.

❺ “private rights” 的翻译，持 “私权” 对译观的有：郑成思、汤宗舜、对外经贸合作部国际经贸关系司；持 “私有权利” 对译观的有：索必成、胡盈之、对外经济合作部国际贸易关系司、关贸总协定上海研究中心等；持 “私有权” 对译观的有张汉林、黄玮等。参见：金海军. 知识产权私权论 [M]. 北京: 中国人民大学出版社, 2004: 5.

论。有学者认为，Trips 协议宣称知识产权为私权，过分强调了对其私有保护。然而，发达国家正好利用此种弊端强化对本国知识财产之私权保护，从而忽视发展中国家及全人类的公共政策目标，由此可能造成成员方间的利益不平衡之后果。❶ 还有学者从翻译学角度指出，Trips 协议并没有正式中文文本，“private rights” 可能的对译词不仅限于“私权”，将“private rights” 翻译为“私权”是一种我国学者有意识的自主学术选择，❷ 并进一步称，若过于强调著作权是私权，有可能在实践中出现“信息封建主义”❸。

关于知识产权权利属性的争论在学术界形成一种互相批判的景象。❹ 这一方面反映出我国的知识产权法学研究的繁荣景象，另一方面也反映出知识产权基础理论研究的分歧还非常大。然而，权利属性的定性模糊直接影响立法的价值选择，对著作权属性的定性在一定程度上影响著作权的权利配置。很显然，对于孤儿作品的著作权配置一样产生影响，对于孤儿作品的保护与利用暗藏制度障碍。上述关于知识产权的权利属性的论争是在“私权—公权”二元结构的场域中进行的，虽然此种划分可能仍然存在诸多争议，也不乏学者诟病，为免于过度偏离本书的主旨，笔者无意再重复探讨此二元划分的合理性与必要性，只是从学术史的角度而言，“私权—公权”、“私法—公法”的划分已然占据一段不可磨灭的历史印记，基于彰显自由与彰显秩序的不同价值追求，“私权—公权” 理论在私法史上对私法的体系化研究起到了重要的作用。

---

❶ 李永明，吕益林．论知识产权之公权性质——对“知识产权属于私权”的补充［J］．浙江大学学报（人文社会科学版），2004（4）：61-68.

❷ 唐艳．知识产权私权话语表达之探讨——以对《TRIPs 协议》“privaterights” 的翻译为切入点［J］．知识产权，2013（4）：41.

❸ 唐艳．知识产权私权话语表达之探讨——以对《TRIPs 协议》“privaterights” 的翻译为切入点［J］．知识产权，2013（4）：52.

❹ 李永明，吕益林．论知识产权之公权性质——对“知识产权属于私权”的补充［J］．浙江大学学报（人文社会科学版），2004（4）；王莹．知识产权私权化批判与超越［J］．理论导刊，2010（12）；衣庆云．知识产权公权化理论之批判［J］．电子知识产权，2007（7）；冯晓青．试论知识产权的私权属性及其公权化趋向［J］．中国法学，2004（1）；孙海龙，董倚铭．知识产权公权化理论的解读和反思［J］．法律科学，2007（5）；彭礼堂．知识产权属性的法理探析［J］．知识产权研究，2005（3）.

“私法—公法”的二元体系也已对各国的立法实践产生深远的影响，甚至被称为“现代国法的基本原则”“法的秩序之基础”。❶ 马克斯·韦伯曾言，法律理论和法律实践最重要的区分之一是“公法”与“私法”之区分。❷ 从某种程度而言，“知识产权作为私权得以出现，是各个国家、各个时期社会结构变迁的结果”❸。

如前文述及，著作权得以纳入财产权体系以法律的两个拟制为前提。抽象物所有权基础之上的威胁权力是从属于法律的一种权力形式。较之于物权的“占有、使用、收益、处分”的清晰权能界限而言，著作权的行使更多地依赖规则的创设，由于抽象物既是资本的一种形式，又是获得其他种类资本的一种手段。当一个社会确立了抽象物之财产权，就可能面临着某种广泛的威胁权力被过度集中于少数人手中的危险。抽象物是资本的一种形式的观点以及抽象物与威胁权力的形成和行使相联系的主张，引出了关于这种资本的分配问题。由于这种形式的资本是通过法律形成的，国家及其立法者在这种资本的分配中发挥着至关重要的作用。❹ 从文化禀赋到制度禀赋到价值取向到立法技术，无不揉碎于这一复杂的规则演进的历程，透过著作权的权利配置可见一斑。作品权益的资本分配最直接的方式是著作权权利配置，具体分析著作权权利配置导致的内生性制度障碍，可以从著作权的权利主体与权利体系两个维度展开。

### （二）权利主体维度的著作权内生性制度障碍

克服孤儿作品利用困境的关键节点还表现于从权利主体的维度分析著作权内生性制度障碍。著作权的权利配置涉及多方主体，著作权人、传播者、使用人、社会公众。如前文所述，作品作为符号表达的本质属性与公共物品属性使其天生具有易于传播属性及开放性。也就是说，作品一旦创作出来，

---

❶ 美浓部达吉．公法与私法［M］．黄冯明，译．北京：中国政法大学出版社，2003：3.

❷ 马克斯·韦伯．经济与社会：下卷［M］．林荣远，译．北京：商务印书馆，1997：1.

❸ 金海军．知识产权私权论［M］．北京：中国人民大学出版社，2004：213.

❹ 彼得·德霍斯．知识财产法哲学．［M］．周林，译．北京：商务印书馆，2008：175.

不可能处于作者的绝对控制下的静止状态，作品是需要传播的。著作权始终是一个动态的权利。那么对于作者抑或著作权人赋予多大的权利则直接影响到其相关权益人——传播者、使用人、社会公众的权益。从终极目的来说，则影响到科学和艺术的进步、文化繁荣与经济的发展。

从著作权制度的整个演进历史来看，著作权呈现出随着复制传播技术的不断演进，著作权客体不断扩大的镜像。“知识财产不仅是一种主权机制，它还在社会制度中具有一种能够支配一切的影响。”❶ 我们不禁疑惑，知识财产如何在个体行为者之间制造权利的不平衡？其内推力来源于何处？从主体的维度考察，“作者权主义”与“Copyright 主义”的不同理念可能是寻求答案的一条线索。❷ 这两种理念于立法者而言，直接影响到著作权权利的配置，进而影响到不同著作权体系的形成样态。可以说，除了经济和技术的客观原因，“作者权主义”与“Copyright 主义”可能是著作权的主体间利益失衡的一种内推因素，是影响著作权利益格局的主观原因，这种立法观念直接影响立法者的价值取向。“所谓的法律主体不过是特定社会的主流话语未来自身的利益，而以法律之名建构起来的产物。”❸

“作者权主义”也可以称为“作者中心主义”，普遍的观点认为，是欧洲大陆浪漫主义文学观念及德国古典哲学观念塑就了“作者权主义”，“作者权主义”立法理念坚持以作者利益为权利设定的圆心，围绕作者权利的确认及保护为立法的初始价值判断。“作者中心主义”将作者置于著作权权利结构的中心，并赋予作者神圣的精神权利。其哲学基础是浪漫主义、康德与黑格尔

---

❶ 彼得·德霍斯．知识财产法哲学［M］．周林，译．北京：商务印书馆，2008：168.

❷ 费安玲教授所称的“Copyright 主义”与“作者权主义”，是从权利的角度描述不同著作权体系的基础理念，费教授早在 1987 年就关注到了作者在著作权体系研究中的相关议题［费安玲．论作者在著作权法中的地位［J］．政法论坛，1987（4）］。之后，费教授在其博士论文中重点讨论了“作者权主义”与“Copyright 主义”，提出洛克财产哲学对二者有巨大影响，并且对二者的立法表现及特征进行了概览性描绘［费安玲．著作权权利体系之研究——以原始性利益人为主线的理论探讨［M］．武汉：华中科技大学出版社，2011：38-48.］。

❸ 斯蒂芬·M. 菲尔德曼．从前现代主义到后现代主义的美国法律思想：一次思想航行［M］．李国庆，译．北京：中国政法大学出版社，2005：322.

的人格权理论、近代主体性哲学和传统解释学，这也是作者中心主义得以源远流长的内在原因。[1] 黑格尔认为艺术作品表现作者个人的独特人格性；[2] 丹尼尔·博奇特（Daniel Burkitt）将作品视为作者个性的镜子；莫瑞洛特（Morillot）认为，作品可以不具备创造性，但必须具备“个性特征”。作者权乃根植于纯粹的人类个性的道德尊严。[3] 康德认为，作者权是一种与生俱来的权利，是作者自身所固有的，[4] 康德曾言：“那个以他自己的名义通过书向公众说话的人是作者。”[5] 英国作家爱德华·杨格（Edward Young）在其1759年发表的《试论独创性作品》直接阐述了作品是作者人格的自然生成物，作品之价值直接来源于作者的独特个性。[6] 在20世纪50年代的德国联邦法院Lerserbrief一案的判决书里甚至有这样的陈述：“任何一次言论都是对某一思维的固定，都是言论者人格的流露，即便言论固定之形式不具备著作权保护的形式要件。”[7]

具体而言，“作者权主义”认为，作品是作者“将其人格投入到世界的一部分，而遭受公众使用的检视”[8]，其基本的立法理念表现为：第一，将作者预设为弱势一方主体，当然建立起立法上的强保护逻辑；第二，作者权利置于本位，其他主体的权利被自然边缘化；第三，以作者利益为中心，进行著作权权利的配置。事实上，作者的弱势地位预设基于强保护的逻辑变得并不

---

1. 林秀芹，刘文献．作者中心主义及其合法性危机——基于作者权体系的哲学考察［J］．云南师范大学学报（哲学社会科学版），2015（2）：85.
2. 黑格尔．法哲学原理［M］．范扬，张企泰，译．北京：商务印书馆，1961：76.
3. DANIEL B. Copyrighting Culture－The History and Cultural Specificity of the Western Model of Copyright［J］. Intellectual Property Quarterly，2001：146-186.
4. 彼得·德霍斯．知识财产法哲学．［M］．周林，译．北京：商务印书馆，2008：91.
5. 康德．法的形而上学原理——权利的科学［M］．沈叔平，译．北京：商务印书馆，1991：112.
6. 爱德华·杨格．试论独创性作品［M］．袁可嘉，译．北京：人民文学出版社，1998：88-135.
7. 张红．20世纪德国人格权法的演进［J］．清华法律评论，2009（1）：16.
8. ROEDER A M. The Doctrine of Moral Right：A Studyin the Law of Artists，Authors and Creators［J］．Harv. L. Rev.，1940（53）：557.

弱势，中山信弘谈及著作权期限延长趋势时指出，这种趋势的原因之一是：“主张延长权利的著作权人之团结，形成了强大的政治力量；与此对应的是反对者方面，即作品的各个使用者，未达成有效的组织化而发挥政治作用。”❶

我国学者刘春茂认为，作者在著作权法中的权利是第一位的，其他著作权主体的著作权是通过转继承而来的，是第二位的。作为最直接、最基本的著作权主体，作者应享有原始而完整的著作权。❷ 费安玲教授认为，作者是著作权法的第一主体，从宏观角度看，著作权呈现出层次性及放射状的特点。❸ 吴汉东教授认为，知识产权权利体系以创造者权利为中心，创造者权利为对知识财产全面支配之本权；传播者、使用者对知识财产有限支配的权利则为他权。❹ 可以说，我国知识产权学术研究或多或少受到了“作者权主义”的影响。但由于著作权的不断扩张与制度失灵等原因，学者们也开始反思著作权制度的正当性，并且开始质疑“作者权主义”的合理性。❺ “版权主要是作者之法的传统观点被事实证明是错误的，版权法所赋予的权利不是给作者而是给版权人——创作者或受让人。”❻

值得玩味的是，同样采“作者中心主义”的立法例，虽然都将作者置于立法的价值取向之中心地位，但也存在明显的分歧。法国将其著作权法定位为“作者权利”（droitd’auteur），认为著作权系两个相互独立的作者人格权和作者财产权所构成的“一体两权”，此谓著作权的“二元论”见解。一向以逻辑严谨著称的德国法则认为著作权系作者人格权和作者财产权的有机复合

❶ 中山信弘．多媒体与著作权［M］．张玉瑞，译．北京：专利文献出版社，1997：25.

❷ 刘春茂．论我国著作权的主体［J］．中国法学，1990（5）：46-52.

❸ 费安玲．论作者在著作权法中的地位［J］．政法论坛，1987（4）：47.

❹ 吴汉东．关于知识产权本体、主体与客体的重新认识——以财产所有权为比较研究对象［J］．法学评论，2000（5）：64.

❺ NOCELLA，LAURIANE. Copyright and Moral Rights Versus Author's Right and Droit Moral：Convergence Or Divergence?［J］．UCLA School of Law，2008.

❻ 林德伯格，帕特森．版权的本质：保护使用者权利的法律［M］．郑重，译．北京：法律出版社，2015：132.

体，坚持著作权“一元论”见解。❶《奥地利著作权法》（1936）与《德国著作权法》（1965）都秉持了著作权一元论。此类观念上的分歧直接导致著作权规则的差异化表现，法国允许人格权与财产权分开转让，而德国则不允许人格权与财产权分开转让，只能向他人发放许可，许可他人用一种或者几种方式使用其作品。❷ 此外，对于作品的独创性的认定标准而言，法国所采取的标准为“独立完成+作者个性”，《法国知识产权法典》（1992）规定了独创性要求，后被法国最高法院司法解释为“表现于作品上的作者的个性化标记”❸；而德国的标准是“独立完成+具有智力内涵+作者个性+一定创作高度”，源于学者对《德国著作权法》第 2 条第 2 款规定的解读，认为“作品必须在形式、内容或形式与内容相结合的某方面体现出某些确定性的新东西”❹。

“Copyright 主义”也可称为功利主义，其几乎没有受到法国的浪漫主义文学观念及德国古典哲学观念的影响，关注的是著作权作为财产权之本质属性，“最为根本的是，版权是一种财产权利形式”❺。“Copyrigh 主义”的立法观念从最初的特权观念逐渐蜕变而成，其中没有“天赋人权”精神的影响，对作者的人格利益基本上没有予以关注，其发展轨迹从最初强调出版商的复制权到开始关注作者的出版权，再往后，Copyright 被视为作者对其创作的文学、艺术、科技等作品的专有财产权利。❻ 作者权体系与版权体系尽管存在诸多差异，甚至作者权体系诸国也存在上述细微的差别，但是，它们有一个共同的

---

❶ 费安玲．著作权权利体系之研究——以原始性利益人为主线的理论探讨［M］．武汉：华中科技大学出版社，2011：45.

❷ SIMON N. The Development of Copyright and Moral Right in the European Legal Systems［J］. European Intellectual Property Review，2011，33（11）：677-689.

❸ STERLING A J. World Copyright Law. ［M］ London：Sweet & Maxwell，1998：255.

❹ 林秀芹，曾斯平．论民间文学艺术衍生作品独创性的认定——以赵梦林京剧脸谱系列案为例［J］．湖南社会科学，2013（6）：60-63.

❺ 罗林·布伦南．视听作品的使用（三）：习惯法传统国家的理论和方法［C］．国家版权局．著作权的管理和行使论文集．上海：上海译文出版社，1995：228.

❻ 费安玲．著作权权利体系之研究——以原始性利益人为主线的理论探讨［M］．武汉：华中科技大学出版社，2011：44.

特点——著作权的扩张。作品的财产权逻辑表明，“人们能够在哪里获得文学艺术作品的享受与价值，就会把财产权扩张到哪里……只要作品谈判成本不高，著作权就应当扩张至经济价值的每一个角落”❶。著作权的不断扩张并伴随不断的负效应表明，“有价值便有权利”的著作权观念随着数字技术与网络技术的发展也越演越烈，有学者认为，“Copyright 主义”已走入市场利益至上的极端主义路线，逐渐偏离早期著作权法效用主义之公共目的。❷ 可以说，真正意义上的著作权法公共目的并非仅限于实现作品作为商品的经济价值，而是基于作品的有效流通，充分实现普通公众对作品这一商品的接触权，实现“最大多数人最大幸福”的社会福利最大化，从而可以在文化的互动与参与过程中产生创造力。

关于著作权主体的立法规定，基于立法观念是“作者权主义”还是“Copyright 主义”的不同，导致各国法律规定各有千秋。《法国知识产权法典》(2006) 直接规定作者享有无形财产权，该产权包括精神权利与财产权利。❸《德国著作权法》(2009) 第 1 条规定，文学、科学、艺术作品的著作人对其作品依本法享有保护。第 7 条规定著作人即创作人。❹《英国版权、设计及专利法案》(1988) 第一编规定，作品相关之“作者”，是创作作品的人，❺ 并且针对不同种类的作品详细规定了创作者的类型，比如，在作品为电影的情况下，制片者与总导演为作者。《美国版权法》第 101 条对“版权所有人”定义为，就版权中所含之任何专有权利而言，“版权所有人”指该项特定

---

❶ 保罗·戈斯汀．著作权之道：从谷登堡到数字点播机［M］．金海军，译．北京：北京大学出版社，2008：147-148.

❷ 李杨．著作权个人使用问题研究——以数字环境为中心［M］．北京：社会科学文献出版社，2014：85.

❸ 十二国著作权法［Z］．十二国著作权法翻译组，译．北京：清华大学出版社，2011：63.

❹ 十二国著作权法［Z］．十二国著作权法翻译组，译．北京：清华大学出版社，2011：147-148.

❺ 十二国著作权法［Z］．十二国著作权法翻译组，译．北京：清华大学出版社，2011：571.

权利的所有人。[1] 基于前述的德法与英美的关于作者之立法规定的引述可以看到，最显而易见的一点是前者特别强调作者的精神权利，后者则没有体现作者的精神权利之规定，更多的是强调作者对作品的财产性控制权。我国《著作权法》规定，[2] 除了作者可以享有著作权之外，法人或非法人组织也同样享有著作权，并详细规定了著作权包括人身权与财产权的具体内容。由此可见，我国在立法观念上似乎依循了“作者权主义”，严格地在《著作权法》里清晰地规定了著作人身权与著作财产权，但是并没有严格受限于“自然人方能享有著作人格权”之作者权精神品格，受版权体系的影响，同时规定法人或非法人组织也享有著作权。

孤儿作品的利益关系涉及多方主体，孤儿作品的著作权制度设计一方面涉及对著作权人的著作权保护问题，另一方面涉及潜在利用人或社会公众对孤儿作品的利用问题。上述两种立法模式的分野，有一点值得指出的是，当以“作者中心主义”为价值判断，而不是以“作品”作为财产参与市场交易的流动规律为基本判断的取向时，对其他著作权相关权益人的利益的忽略，更容易致使使用人或社会公众对于作品的接触权的实现的制度障碍加大。虽然版权体系国家没有受到“作者中心主义”的影响，但是并不能就此推断其有效地实现了著作权利益关系主体间的平衡。两大体系一个共同的问题是对使用者权益的忽略，也就是对作品潜在利用人之“接触权”的轻视。美国学者林德伯格和帕特森这样描述美国版权法的发展：

> 随着版权法的发展，作者和使用者的权利较之于传播者的出版商的权利而言都处于次要地位——主要是因为出版商控制着版权作品的销售，因而把持着经济大权。不言而喻，法律权利常常打着使权利持有人以外

---

[1] 十二国著作权法 [Z]. 十二国著作权法翻译组，译 . 北京：清华大学出版社，2011：718.

[2] 《著作权法》第 9 条：“著作权人包括：（一）作者；（二）其他依照本法享有著作权的自然人、法人或者非法人组织。”

的人受益的幌子，而倾向于追逐经济权利，版权正是如此。[1]

以上描述正好印证了为什么美国没有侧重于作者人格权之立法保护之观念，在法律上坚持功利主义观念，除了考虑人格权之保护的道义责任，不妨说是政策考量的一种选择。或许这也是美国的版权经济得以释放更大的能量的原因之一。

另外，就著作权的主体而言，各国对法人等非自然人主体的著作权赋予所导致的体系矛盾，于孤儿作品而言还产生一个很大的问题，即法人或其他非法人组织的分立、合并、消灭等较之于自然人更为频繁，也就是说，法人或其他非法人团体的生命周期较之自然人来说很不稳定，更容易致使作为著作权主体的身份信息的缺失问题的发生，加大了孤儿作品的潜在利用人在勤勉查找阶段锁定著作权人的障碍，从而无法获得有效授权，失去对孤儿作品的利用机会。值得注意的是，2010 年 4 月，欧盟 Wittem 项目组正式公开发表的《欧洲版权法典》，在充分考虑《伯尔尼公约》《TRIPs 协议》以及欧盟之前在版权领域之七个指令的基础上，对作品、作者身份与权利归属、精神权利、经济权利以及限制这五个方面的问题作了统一规定[2]，力图在欧盟范围内实现对著作权的国际统一协调适用问题。由于在数字网络时代，作品的传播和流通的跨界性已是常态，欧盟此举可以说在一定程度上对作品的跨国利用是一个利好的趋势，对于孤儿作品的跨国利用问题，这样的国际协调性立法是有益的条件。

### （三）权利体系维度的著作权内生性制度障碍

从著作权的权利体系的维度探讨著作权内生性制度障碍，可以从权利内容的体系设定与权利结构两方面考察，如西塞罗（Marcus Tullius Cicero）所言，动物只能在感觉驱使的范围内活动，人却凭借理性认识事件的规律。[3] 求

---

[1] 林德伯格，帕特森．版权的本质：保护使用者权利的法律［M］．郑重，译．北京：法律出版社，2015：137-138.

[2] 万勇．《欧洲版权法典》评述［J］．知识产权，2012（9）.

[3] 西塞罗．论义务［M］．王焕生，译．北京：中国政法大学出版社，1999：15.

索的精神人类自古有之，多伊奇（David Deutsch）认为，科学的目的不是语言，恰是理解。❶ 在法学逐渐形成一门科学的过程中，体系化研究范式功不可没，体系化思维为我们寻求纷繁杂芜的法律关系之间的内在联系提供了最好的帮助，这不仅是法学科学化路径中的方法选择，也是人类理性观察世界的最好体现之一。

1. 著作权权利内容的体系设定

从著作权权利内容层面看，著作权的权利配置涉及“人格—财产”二元模式或是财产权一元模式。著作人格权或称为作者人身权（droitmoral）是法国法和德国法上的概念，可以被视为普通法中作者自然权利在大陆法系的对应。曼斯菲尔德法官在 1769 年 Millar v. Taylor 案中主张版权是作者经济权利和人格权利的混合物，他对作者人格权所下的定义是“保护作品完整和与作者亲子关系的权利”❷。葡萄牙在 1927 年成为世界上第一个用著作权法保护著作人格权的国家，随后，1928 年《伯尔尼公约》（罗马文本）增加了著作人格权的相关内容。❸ 作者权体系的国家，均因采“作者中心主义”，对于著作权的权利配置坚持“人格—财产”二元模式。俄罗斯、意大利、西班牙、阿根廷、智利、墨西哥等国家均相继受到法国的影响，将著作权法定位为“作者权利法”并强调作者享有人格权。❹ 正如前文论及的情形，在“人格—财产”的格局下，也存在视人格与财产不可分离的一元论与人格财产可以分离的二元论。奉行“作者中心主义”的德国一贯坚守著作权的人格财产一元论，仅允许在著作权上以许可的方式进行作品的利用，这毫无疑问会降低作品利用的机会，从而使著作权贸易缺乏灵活性。❺ 有学者评价德国这种“两权一

---

❶ 戴维·多伊奇．真实世界的脉络［M］．梁焰，黄雄，译．桂林：广西师范大学出版社，2002：6.

❷ 林德伯格，帕特森．版权的本质：保护使用者权利的法律［M］．郑重，译．北京：法律出版社，2015：132.

❸ STRAUSS W. The Moral Right of the Author［J］. The American Journal of Law，1954（4）：508.

❹ 费安玲．著作权权利体系之研究——以原始性利益人为主线的理论探讨［M］．武汉：华中科技大学出版社，2011：45.

❺ 刘有东．著作人格权制度研究［D］．重庆：西南政法大学，2010：9.

体”是不符合逻辑的，其以观念上的“一元”强行统一两种本质不同的利益，难免生出制度尴尬。❶

版权体系国家则采取一元模式，认为作品仅仅是个人的财产，版权是财产权的一种。采取一元模式的主要代表国家是英国和美国。虽然英国早在1769年的司法判例里就关注到了著作人格权，然而英美法系大部分版权历史说明了曼斯菲尔德的作者人格权理论最终是一个胎死腹中的概念，因为相对于同情作者权利而言，英国上议院更关注出版商的权利。“财产权利是普通法所宠爱的孩子，而人身权利则像个继子。当二者发生冲突时，财产权利总是占上风。”❷ 将《英国版权、设计及专利法案》与《美国版权法》同作者权体系国家的著作权法的体例进行比对，可以发现一个明显的差异：作者权体系国家以“著作权人”及“作者的权利”专门设定著作权法的章节，特别规定著作权人之主体范围以及明确规定作者的精神权利及财产权利；版权体系国家则是财产权思路，多以“版权”“版权客体及范围”“版权的所有权与版权转让”“版权期限”等围绕版权的财产权利内容来设定章节。这样的制度安排正好反映了作者权体系与版权体系对于著作权的不同的价值认同，即作者精神性权利的延伸与财产权之一种的不同选择。作者权体系将著作人格权单列，法律特设了与作品有关的人格利益，源自“作品体现人格”的前提。版权体系中，作者的人格利益源自“作者是人”这一前提，法律没有为作者专设特别的人格权。❸ 对作者人格利益之保护另寻他途，“在特别的成文法上进行确认实属无必要，因为精神权利可以受民法上之合同或禁止诽谤等相关制度的保护”❹。由于受到《伯尔尼公约》的影响，《英国版权法》（1988）规定了精神权利，《美国视觉艺术法》（1990）也承认了作者的若干精神权利。但是，条约义务的推行不能证明法律观念的胜利，在英美法上，精神权利受到

---

❶ 李琛．质疑知识产权之“人格财产一体性”［J］．中国社会科学，2004（2）：74.

❷ 林德伯格，帕特森．版权的本质：保护使用者权利的法律［M］．郑重，译．北京：法律出版社，2015：132-133.

❸ 李琛．质疑知识产权之“人格财产一体性”［J］．中国社会科学，2004（2）：75.

❹ STERLING A L. World Copyright Law. ［M］. London：Sweet & Maxwell，1998：280.

诸多的限制，并且可以放弃。❶ 比如，在英国法上，作者人格权可以书面方式放弃，也可依合同或禁止反言之规定而推定其放弃。❷ 根据我国《著作权法》之规定，我国著作权立法在形式上基本沿袭了作者权体系的“人格—财产”二元论，从我国现行《著作权法》之规定可见一斑，其中除了发表权之保护期与其他著作财产权之保护期基本相同外，其余的人格权保护期不受限制。❸

人格权从诞生之初也不是保持一成不变的，德国民法自20世纪中期以来就一直关注人格权具体人格利益之保护问题，并在实务及学说上都投入了巨大心力，走的是典型的法教义学发展路径。传统德国法上的人格权理论并不承认人格权具有财产价值内容，《德国民法典》无人格财产价值的保护规定，德国联邦法院一直回避人格权能否被让与的司法问题。❹ 为适应逐渐普遍的人格特征商业化的经济现实，德国联邦法院渐续革新原先的陈旧观念，承认人格特征具有一定财产价值并可转让，这一改变是从1956年的保尔·达尔克（Paul Dahlke）案引出的肖像权开始的，并且呈逐渐扩张的发展路径。❺ 德国对于人格权的态度显然并没有一味受困于其严密的逻辑桎梏，而是因应客观实际作出相应调适。同是作者权体系国家，瑞士同样坚守作品乃作者人格之外化的观念，在立法上却是依照民法典一般人格权的规定而给予作者相关利

---

❶ 李琛．质疑知识产权之“人格财产一体性”［J］．中国社会科学，2004（2）：78.

❷ 梁志文．著作人格权保护制度的误解与真相［J］．华南师范大学学报（社会科学版），2011（4）：103.

❸ 《著作权法实施条例》第17条　作者生前未发表的作品，如果作者未明确表示不发表，作者死亡后50年内，其发表权可由继承人或者受遗赠人行使；没有继承人又无人受遗赠的，由作品原件的所有人行使。

❹ 1968年的魔菲斯特（Mephisto）案中，德国联邦法院表示：“人格权，除了财产价值成分外，为人身专属的权利而不得转让且不得继承。”在1987年的NENA案中，人格权能否让与又清楚地摆上了德国联邦法院的桌面，但该法院透过不当得利制度暧昧地回避了这一问题。张红．20世纪德国人格权法的演进［J］．清华法律评论，2009（1）：26-30.

❺ 张红．20世纪德国人格权法的演进［J］．清华法律评论，2009（1）：26-30.

益的保护，比如诽谤侵权制度保护了作品完整权，隐私权制度保护了作者发表权。❶ 法国著作权法之著作人格权亦呈现弱化和软化处理立法状态，尤其是在诸如电影作品、计算机作品等特殊作品的立法规则上有所让步，并有着著作人格权可转让之立法理念的趋变。“作品的投资人希望确保利用作品的确定性，而不用担心作者可能以作者人格权加以干预其随后的作品利用过程。”❷ 在《伯尔尼公约》的压力之下，美国国会在起草1976年《美国版权法草案》的过程中并非有意忽略著作人格权，在版权办公室指导下的一项题为“作者的人身权利”的国会研究报告中，作者威廉·施特劳斯（William Strauss）在研究结论部分如此评价：

> 弗兰克法官在 Granz v. Harris 一案中得出这样的结论：普通法有充足的理由限制分配一个扭曲的版本，因此没有必要求助于人身权利这样的原则。我们相信这通常适用于作者人身权利的各个方面，如果正确适用的话，普通法原则也为保护这些权利提供了充分的基础。我们认为，作者人身权利在美国未被充分保护的观点，以及欧洲与美国在保护作者人身权利观念之间不可调和裂痕的信念，似乎都被国内外对法院判决的密切关注所驱散。❸

也许正是因为这一研究报告，影响了《美国版权法》（1976）对著作人格权的立法排除的决定。施特劳斯将其结论建立于明确的区分作品与版权的基础上，认为人格权是版权法的补充法律，但又独立于版权法。正如施特劳斯所言：“作者可以阻止对其人格的诽谤，通过诸如污蔑、诋毁或不正当竞争

---

❶ RIGAMONIT C P. The Conceptual Transformation of Moral Rights［J］. Am.J.Comp.L., 2007（55）：73.

❷ CAROLYN M. Limitationson Moral Rightsin French Droitd'auteur［M］. Copyright Law Symposium ASCAPed.，1997：434.

❸ STRAUSS W. The Moral Right of the Author［J］. The American Journal of Law, 1954（4）：508. Studies Prepared for the Subcommittee on Patents, Trademarks, and Copyrights of the Committeeon the Judiciary［M］. U. S. Sen. Cong.，Sess.，1960：142.

等侵权行为（之请求权）阻止对作品进行的不合理使用或滥用。”❶ 这为著作人格权的司法发展提供了理论基础。典型的案件是 Salinger v. Random House 案，该案就是一个人身权案件被视为版权侵权操作的司法判例。❷ 虽然该案的正当性值得商榷，但毫无疑问，该案作为一个版权案件而非著作人格权案件，对美国版权保护产生了深远的影响。“Salinger 案使得版权成为一把装有子弹的枪，瞄准了学者（作品潜在利用人），判决最大的危险在于其恐吓效果，因为鲜有出版商愿意为了学习之公益甘冒诉讼成本的风险。”❸

如今，在数字网络技术的激烈冲击下，著作人格权的正当性基础已然受到挑战，对于著作人格权之立法安排，学者们提出质疑，正如日本学者中山信弘断言，大部分的精神权利本质上是不符合数字网络时代要求的，终将在数字网络技术的不断冲击下失去继续存在的理由。❹ 我国学者张今亦认为，著作权之经济价值在社会经济生活中越发凸显，著作权交易的安全便利对文化产业的繁荣发展意义越显重要。作者人格权之不可转让、不可放弃的相关理论和规定，显然不符合著作权的经济本质。著作人格权的制度设计在现实中

---

❶ STRAUSS W. The Moral Right of the Author [J]. The American Journal of Law, 1954 (4): 508. Studies Prepared for the Subcommitteeon Patents, Trademarks, and Copyrights of the Committeeon the Judiciary [J]. U. S. Sen. 86thCong., 1stSess., 1960: 142.

❷ 811F. 2d90 (2dCir. 1987). 该案中，被告打算出版原告塞林格的传记作品，(J. D. Salinger, 1919—2010，他的小说《麦田里的守望者》被认为是 20 世纪美国文学的经典作品之一。该书在全球以各种版本发行了 6000 万册。) 在准备写传记的过程中，被告使用了从各大学图书馆的档案馆中获得的塞林格未发表的书信摘录，塞林格起诉版权侵权，在上诉中合理使用抗辩败诉，该传记作品被禁止出版。上诉法院的判决认为未发表作品的合理使用范围比已发表作品要窄，在适用合理使用的四个法定要素时认定被告使用书信属于不合理使用。法院在一定程度上依赖于第四个合理使用要素——对作品市场产生的影响，作出了判决。也就是即使作者否认任何出版其信件的意图，他仍然“有权保护出售其信件的机会”。据估计这一机会的价值超过 50 万美元。林德伯格，帕特森．版权的本质：保护使用者权利的法律 [M]. 郑重，译．北京：法律出版社，2015: 138-139.

❸ 林德伯格，帕特森．版权的本质：保护使用者权利的法律 [M]. 郑重，译．北京：法律出版社，2015: 140.

❹ 中山信弘．多媒体与著作权 [M]. 张玉瑞，译．北京：专利文献出版社，1997: 23.

作用不大，其司法价值也十分有限，于多变的社会现实显得缺乏灵活性。❶ 有学者直接指出，“著作人格权不可转让之特性可能干预作者和作品使用者之间的合同自由”❷。著作人格权的问题越发凸显，学者们在质疑的同时也提出自己的解决方案，比如学者刘有东认为，可以在著作权性质的二元论基础上，将著作权人格权或作者精神权类型化，与一般人格权、身份权并列成为一种独立的人身权，形成人身权体系的开放性格局。❸ 学者李琛认为，著作人格权遭遇两层障碍：第一层障碍是可能丧失作为文化信仰的社会认同之基础；第二层障碍则是可能缺失作为法律工具对利益调整的有效性。人格权之渗入纯系偶然，应当还原其财产权本性。❹ 美国学者林德伯格及帕特森则认为，应当清楚地知道人身权原则不应当被杂乱地用作隐私法和诽谤法的替代物，其目的不是保护作者的情感，而是保护作品的真实来源及作品完整性的法律权利。人身权原则应服务于公共利益而非作者。通过保护作者身份权，可以使公众识别作品的作者；通过保护作品的完整性，可以使公众从作者的努力结果中受益。这一点微妙但重要。❺ 还有学者认为，著作人格权也会体现出作品利益关系的成本分配，越是偏向于作者人格权的保护，作品使用者所负担的成本就会越大。❻ 在数字网络环境下，孤儿作品问题面临全球爆发的现实局面，著作人格权制度的固有缺陷也是暴露无遗，基于人格权的上述问题也是孤儿作品有效利用的一大障碍，尤其是在孤儿作品涵括未发表作品的立法选择层面而言，基于著作人格权之发表权及其他人格权之束缚，导致增加接触和使用孤儿作品的成本，产生有效利用孤儿作品的制度障碍是显而易见的。

---

❶ 张今．著作人格权制度的合理性质疑［J］．社会科学辑刊，2011（4）：69.

❷ RIGAMONTI，CYRILL P. Deconstructing Moral Rights［J］. Harv. Int'l L. J.，2006（47）：361.

❸ 刘有东．著作人格权制度研究［D］．重庆：西南政法大学，2010.

❹ 李琛．质疑知识产权之“人格财产一体性”［J］．中国社会科学，2004（2）：78.

❺ 林德伯格，帕特森．版权的本质：保护使用者权利的法律［M］．郑重，译．北京：法律出版社，2015：141.

❻ DINE J M. Authors' Moral Rightsin Non-European Nations：International Agreements，Economics，Mannu Bhandari，and the Dead Sea Scrolls［J］. Mich. J. Int'l L，1995（16）：545，579-580.

2. 著作权权利体系的结构设定

从著作权权利体系的结构层面，同样存在“著作权—邻接权”的二元结构体系与著作权一元结构体系。作品的财产权逻辑在作者权体系下与版权体系下演绎不同的规则创设路径与精神特质。“著作权—邻接权”的二元结构体系与著作权一元结构体系的立法选择也许是作者权体系与版权体系在著作权权利配置方面的差异体现。在著作权法理论界，邻接权被认为是“作品的传播者对其传播作品所付出的创造性劳动和投资所享有的权利。其中，作品的传播者包括表演者、录音录像制作者、广播组织”❶。从录音录像制品开始，邻接权的每一次扩张总是伴随着新技术产生带来的利益博弈与调和。在因应技术发展的同时，似乎邻接权与著作权之间的逻辑关系也往往被忽略，一贯坚持逻辑严谨的德国尚且如此，其他国家的著作权制度发展更表现出较强的功利性特质。版权体系国家由于没有受到“作品是作者人格的外化”这样的作者中心主义的逻辑限制，版权法强调对作品的经济利益的实现，目的是防止材料未经授权的复制而不是保护自然人的创造，❷ 因此，对于录音录像作品、广播作品等自然而然地就直接纳入其版权保护体系，没有单独创设与著作权相关的权利。不容忽视的一个问题是，作者权体系国家对于“著作权—邻接权”的权利配置，在著作权体系范畴内的确形成了著作权的等级划分，其隐含的是只有具备独创性的作品才能取得著作权，而没有创造性的与著作权相关的权利则属于邻接权。对这一立法逻辑推波助澜的是《保护表演者、音像制品制作者和广播组织罗马公约》(Rome Convention for the Protection of Performers, Producers of Phonograms and Broadcasting Organizations，以下简称《罗马公约》)，该公约首次确立了传统邻接权的范畴，❸ 1974 年，《罗马公约》的政府间委员会还起草了一部《邻接权示范法》，进一步增强了公约对各内国法的影响。❹《罗马公约》所确立的著作权与邻接权之间的等级关系立

❶ 李明德，许超. 著作权法［M］. 北京：法律出版社，2003：177.

❷ 德利娅·利普希克. 著作权与邻接权［M］. 联合国教科文组织，译. 北京：中国对外翻译出版公司，2000：306-307.

❸ 刘洁. 邻接权归宿论［M］. 北京：知识产权出版社，2013：26.

❹ 李琛. 论知识产权法的体系化［M］. 北京：北京大学出版社，2005：94.

场，随同该公约对各国邻接权制度建立的推动作用一并渗透到某些国家的国内立法和其后的国际条约之中。法国、墨西哥、中国、日本、韩国、巴西、哥伦比亚等国在其著作权法里都采取了“著作权—邻接权”的权利配置模式。❶

对于为何作者权体系要采“著作权—邻接权”的二元结构，学界普遍的观点是，在英美版权法中，对原创性的要求较低，而大陆法系的著作权法对原创性的要求较高。因此，作者权体系国家对于那些不具备作品独创性要求而又与著作权相关的利益都可以将其纳入邻接权制度范畴。版权体系国家则没有固守作品苛刻的独创性要件，将邻接权之主要对象纳入作品体系范畴加以规制。有学者认为，“可能合理的解释是：著作权的保护要件严格，范围宽泛；邻接权的保护要件宽容，范围狭窄”❷。然而，作者权体系选择“著作权—邻接权”的二元结构并非仅仅是如此简单的逻辑。有学者指出，著作权与邻接权分立格局的形成过程中，利益争斗的作用多于理性分析。❸ 有学者对此进一步进行分析：“著作权—邻接权”之立法结构系受《罗马公约》所确立的著作权与邻接权之间的等级关系立场的影响，并且呈现出各国著作权立法与国际著作权法条约在权利配置方面多采取偏重著作权而歧视邻接权的现象。❹ 可以说，著作权与邻接权的划分是历史偶然的选择，不是逻辑必然的结果。也可以说是“天赋人权”思想在著作权法域变异之害；是“蛋糕理论”❺不当利用的“作者权中心主义”的规范现象；是著作权各利益阵营在著作权扩张过程中的权利博弈的结果。邻接权相对于著作权而言，不是基于智力创造而取得法律的专有权利，而是凭借行为人参与了作品的传播——作品的价

❶ 刘铁光．著作权与邻接权之间的等级关系——《罗马公约》的“前因后果”［J］．贵州社会科学，2011（5）：133.

❷ 卢海君．版权客体论［M］．2版．北京：知识产权出版社，2014：自序3.

❸ 李琛．论知识产权法的体系化［M］．北京：北京大学出版社，2005：92.

❹ 刘铁光．著作权与邻接权之间的等级关系——《罗马公约》的“前因后果”［J］．贵州社会科学，2011（5）：132-136.

❺ “蛋糕理论”是指作品的使用者只准备支付一定数量的报酬，参与分配的主体越多，作者得到的份额越少。德利娅·利普希克．著作权与邻接权［M］．联合国教科文组织，译．北京：中国对外翻译出版公司，2000：645.

值是为人们所获取，一旦某类传播主体具备了足够影响（甚至控制）这种价值的实现过程的力量，便获得谋求法定专有权利的条件。❶

随着数字网络技术的发展，邻接权在来不及证明其正当性的情势下也与著作权一并跨入不断扩张的新媒体时代。国际层面，为了应对互联网环境下的著作权与邻接权问题，1996 年 12 月，日内瓦外交会议上通过了《世界知识产权组织表演和录音制品条约》（WPPT）和《世界知识产权组织版权条约》（WCT）。WPPT 针对数字技术的发展，将《罗马公约》中对表演者和录音制品制作者的保护提升到专有性权利，尤其增加了适用于网络传播的新权利——“提供已固定表演权”“提供录音制品权”，明确以数字形式使用表演和录音制品也构成复制。❷ 由于受到“著作权—邻接权”之立法结构的路径依赖，邻接权的扩张也不再显现出作者权体系国家所坚守的逻辑精美，而寻求经济实效。最为典型的是德国创设出的“报刊出版者邻接权”（ancillary copyright for presspublishers），❸ 这项权利是德国于 2009 年就启动的著作权法修法的直接结果，《德国著作权法（第八修正案）》于 2013 年 8 月 1 日生效。新法增设了这一项专属于报纸杂志的新邻接权。“报刊出版者邻接权”得以产生的背后驱动因素是，以谷歌公司为代表的搜索引擎及新闻聚合器服务公司在互联网上大量使用报刊作品，以致损害报纸杂志等出版商利益的行为。《德国著作权法（第八修正案）》规定，在报刊产品出版后一年内，报刊出版者

---

❶ 董皓，张樊．论邻接权制度的正当性基础——兼论“信息网络传播者权”的虚无［J］. 科技与法律，2007（6）：42.

❷ 刘洁．邻接权归宿论［M］. 北京：知识产权出版社，2013：33-35.

❸ 德文“Leistungss chutzrechtfür Presseverleger”直译为“报刊出版者邻接权”。有学者即直接采取这一翻译，（李陶．媒体融合背景下报刊出版者权利保护——以德国报刊出版者邻接权立法为考察对象［J］. 法学，2016（4）：99-110.）；还有译为“新闻出版者权”（范长军．新闻出版者权——德国著作权法的新修改［J］. 知识产权，2015（1）：86-93.）。有学者将其译为“报刊出版者权”。（颜晶晶．报刊出版者权作为邻接权的正当性探析——基于德国《著作权法》第八修正案的思考［J］. 比较法研究，2015（1）：62.）。此外，需注意的是，与我国《著作权法》中的报刊出版者权不同，《德国著作权法》中的这项报刊出版者邻接权是法律赋予报刊出版者的一种仅限于对抗搜索引擎和新闻聚合器的有限的网络传播权，确切而言，可称为“报刊出版者网络传播权”。

对其享有以商业目的进行网络传播的专有权。❶ 在技术的冲击下，新旧媒体的利益之争越演越烈，我国 2014 年 6 月的“今日头条”案也正是这种利益之争的典型。❷ 德国则是提前将这种权益之争演绎为立法博弈，从而形成了新的著作邻接权利益格局。德国创设“报刊出版者邻接权”背后的真正原因是受“作者中心主义”与“人格—财产”一体化之掣肘，在权利的原始取得与继受取得两个层面，报刊出版者都没有制度特权，报刊出版者只能基于合同约定取得对作品的普通使用权，并无排除妨碍及停止侵害等防御性请求权，在维权的过程中，往往受困于就原告主体资格适格性之证明。❸ 一项新的权利的创设，必然牵涉新的义务产生。“报刊出版者邻接权”在实际推行过程中就遭遇很大障碍。谷歌等公司作为“报刊出版者邻接权”著作权规则的义务主体，直接拒绝接受该规则的约束，不愿意支付所谓“谷歌税”。❹ 这一现象类似哈特（H. L. A. Hart）所描述的法体系的病理，这种制度失灵的情况表明“法体系中复杂而彼此环环相扣的实践开始崩溃”，也就是说，“当我们从某个特定法体系内部角度表达法律的内部陈述（internalstate mentoflaw）时，这些内部陈述所预设的事实已经不复存在”❺。引发这种“崩溃现象”有可能肇因于不同的干扰因素，孤儿作品现象又何尝不是哈特言说的崩溃之一种呢？

---

❶ 颜晶晶．报刊出版者权作为邻接权的正当性探析——基于德国《著作权法》第八修正案的思考［J］．比较法研究，2015（1）：61.

❷ 该案中，利用大数据技术进行新闻集成的“今日头条”网站及移动客户端通过网络向公众提供传统媒体的新闻作品及相关图片内容的集成、聚合、搜索、浏览和评论等服务，被传统媒体以版权侵权或不正当竞争投诉并起诉。

❸ 李陶．媒体融合背景下报刊出版者权利保护——以德国报刊出版者邻接权立法为考察对象［J］．法学，2016（4）：105.

❹ 德国媒体著作权集体管理协会在联邦司法部公报上公布费率标准，要求相关主体最高支付基于使用报刊产品而产生的营业额的 11% 作为许可费。谷歌等公司拒缴使用费，德国媒体著作权集体管理协会遂起诉谷歌、雅虎和“1&1”这三家在德国市场占有率最大的提供新闻聚合服务的公司。被告方一方面积极应诉，另一方面利用各种途径抵制该项邻接权。2014 年 8 月 1 日，雅虎向德国联邦宪法法院就“报刊出版者邻接权”的合宪性提出违宪审查之诉。谷歌则获得了德国阿克塞尔-施普林格集团（Axsel Springer）外所有大型报业集团都同意给予谷歌“可撤回的免费使用权”。李陶．媒体融合背景下报刊出版者权利保护——以德国报刊出版者邻接权立法为考察对象［J］．法学，2016（4）：106.

❺ 哈特．法律的概念［M］．许家馨，李冠宜，译．北京：法律出版社，2011：118.

关于邻接权与著作权之关系的逻辑思考，有学者认为，邻接权依赖于著作权，是由著作权派生的一种权利，脱离了著作权则不存在邻接权问题。❶ 有学者认为，如果说作品的创作是一种商品生产行为，那么作品的传播便是一种商品流通行为，传播是达到创作目的必不可少的手段，因为“作品不是为创作而创作，而是为表达作者的思想而创作”❷。“邻接权人既是作品的传播者，又是新作品的创作者”，作品可以因为演绎创作而获得新的表达。❸ 有学者认为，如果对邻接权和著作权的地位的高低不能确定，就无法排除争议，当然，“只能肯定著作权凌驾于邻接权之上”❹。作品的本质是符号表达，表达是作品得以传播的关键环节，一首“绿岛小夜曲”（GreenIsland Serenade）的乐谱，不同的表演者呈现给听众的是不一样的表达。尽管传达作者的本意是表达的最高追求，然而“一千个人眼里有一千个哈姆雷特”，一本传世经典的《红楼梦》，不一样的演绎方式给观众传达的总是不一样的表达，更多的人是从 1987 年电视剧版《红楼梦》的表达感受到曹雪芹的这一作品，而不是一本小说。

不管学者们如何探究著作权的“著作权—邻接权”的二元结构体系，不可否认的是这种二元结构的权利配置在著作权与邻接权之间进行等级的划分与隔离，当不同主体的权利共存于不同表现形式的同一客体时，权利行使人之间的冲突就会真实存在。❺ 若一个作品的著作权人与邻接权人对作品的利用产生分歧，那么必然会阻碍作品的市场流通。如果跳出作品的主体创造性逻辑，从作品利益的分配角度思考著作权的体系化问题，平衡基于作品的创作、传播与利用的不同主体间的利益关系，就会有一个更为客观的价值取向，同时也更便于处理主体间的实际利益冲突。TRIPs 协议被视为打破著作权与邻接

---

❶ 蔡永民．论正确处理邻接权与版权的关系［J］．科学·经济·社会，1994（4）：69.

❷ 梁锐．著作邻接权人经济权利法律保护思考［J］．经济问题探索，2000（8）：69.

❸ 金海军．论著作邻接权［D］．北京：中国人民大学，1998.

❹ 克洛德·科隆贝．世界各国著作权和邻接权的基本原则——比较法研究［M］．高凌翰，译．上海：联合国科教文组织，上海外语教育出版社，1995：188.

❺ 刘铁光．著作权与邻接权之间的等级关系——《罗马公约》的“前因后果”［J］．贵州社会科学，2011（5）：135.

权的等级划分的国际条约，在国际贸易中，邻接权与著作权同样受到了重视，协议明确要求成员方不仅要按照《伯尔尼公约》之规定给予文学和艺术作品的保护，对录音制品制作者和表演者也应赋予同样的保护，这意味着邻接权与著作权的地位趋于平等。保罗·戈尔斯坦（Paul Goldstein）曾言："TRIPs协议所体现的加强一国之司法实施的效力，是以往任何一个单一的著作权和邻接权条约所无法具备的。"[1] 从这个意义上来说，TRIPs协议对各国在著作权领域规则配置的影响力是不容小觑的。在孤儿作品的利用问题上，"著作权—邻接权"之立法格局并不存在"鹬蚌相争，渔翁得利"的美好图景，若是出现著作权人与邻接权人的权利冲突，将会导致孤儿作品的潜在利用人丧失利用孤儿作品的可能性，其后果就是基于制度失灵致使作品的有效利用无法实现，作品的后续创作自然受阻，社会的文化传承和产业经济发展困局重重。

## 本章小结

在各国的客观统计数据的事实上，可以判断现存孤儿作品规模庞大，难以估量，并存在一方面孤儿作品的利用人或社会公众有使用孤儿作品的积极需求；而另一方面大量的孤儿作品又无法被接触或有效利用的现实困境。Web 3.0时代的数字技术日新月异，区块链、智能合约、NFT、ChatGPT等带来了机遇与挑战，尤其是区块链及智能合约技术为孤儿作品的利用困境似乎提供了技术可能，但并不能消解著作权法范畴的孤儿作品利用问题，基于制度层面思考这一现实困境，本章侧重于论述影响著作权的功能性实现的两个基本要素：著作权与其客体的契合性以及著作权权利配置的有效性，以进一步寻求克服孤儿作品利用的现实困境的有效途径。

一方面，从著作权与作品的关系角度来看，首先，从哲学层面论证著作权客体——作品的本质属性，认为作品是有序的符号表达，著作权之设定应

[1] 保罗·戈尔斯坦. 国际版权原则、法律与惯例［M］. 王文娟，译. 北京：中国劳动社会保障出版社，2003：40.

当与该本质属性相契合，不影响作品的被接触和被利用的后续表达的可能性，才能使著作权发挥应有的制度功能，实现著作权的有效激励。反之，如果基于某种因素致使著作权与作品之契合性被破坏，相应的制度障碍便形成。作品在孤儿化状态下，这种契合性便被破坏，导致孤儿作品的接触和正当使用受阻，因此产生了孤儿作品利用困境。其次，从经济学层面论证作品的经济属性，认为作品具备公共物品属性。当作品处于孤儿化状态下，著作权之制度设定无法弥补孤儿作品与著作权之间的罅隙，直接影响了作品作为产权要素参与市场交易的经济功能的实现，因此产生了孤儿作品利用的制度困境。

另一方面，从著作权权利配置的有效性角度分析。基于对权利内容与权利体系维度的考察，论证基于权利配置的不恰当，致使著作权内生性制度障碍的产生，从而阻碍孤儿作品的有效利用。受到不同立法价值观念的影响，导致作者权体系与版权体系的分野，同时也产生了著作权制度从主体设定到权利配置的内在格局等诸多内生性困局，在著作权遭遇新的问题时，这些既有的制度困境是无法绕开的，孤儿作品现象凸显了这一制度困境，对于孤儿作品问题的规则创设亦然，对于孤儿作品利用的制度困境是俨然存在的。在孤儿作品利用规则的创设过程中，我们不能忽略制度层面所造成的路径依赖问题，因此，如何才能塑造一个规则体系与既有的著作权制度有机契合，则值得审慎笃思。

# 第三章　孤儿作品利用制度的价值取向

从某种意义上而言，社会科学也不外乎是关于价值世界的科学，“一切哲学问题中最高的问题是存在对于价值以及价值对于存在的关系问题”❶。在卡尔·马克思（Karl Marx）看来，“法的关系，是一种反映着经济关系的意志关系”。❷ 卡尔·拉伦茨（Karl Larenz）曾言：“整个法秩序（或其大部分）都受特定指导性法律思想、原则或一般价值标准的支配。”❸ 著作权制度呈现什么样的精神品格，很大程度上有赖于一国立法者所加诸其的“意志”或“价值”。在处理孤儿作品问题时，不可避免地存在一个矛盾关系，如果将孤儿作品全部纳入公共领域，潜在利用人和社会公众可以随意使用孤儿作品，那么就会对著作权人的权利造成损害；如果完全按照传统著作权法的授权机制才能使用孤儿作品，那么就会基于孤儿作品之授权实现困难而导致市场失灵的无效率利用。这一矛盾的两端实质是著作权人的利益优先与公共利益优先的问题。基于著作权混乱的权利束、数字技术之冲击，以及历史形成的两种著作权文化及权利观的影响，❹ 在处理孤儿作品利用的这一矛盾问题时，就存在不同的价值取舍。此外，孤儿作品利用制度设计的价值取向从根本上而言又受限于著作权制度的价值定位。

---

❶ 丁晓金．现代西方哲学辞典［Z］．上海：上海辞书出版社，2007：54-55.

❷ 马克思恩格斯全集：第二十三卷［Z］．中共中央马克思恩格斯列宁斯大林著作编译局，编译．北京：人民出版社，1972：102.

❸ 卡尔·拉伦茨．法学方法论［M］．陈爱娥，译．北京：商务印书馆，2003：255.

❹ 北川善太郎．著作权交易市场：信息社会的法律基础［M］．郭慧琴，译．渠涛审，校．武汉：华中科技大学出版社，2011：72.

## 第一节　孤儿作品利用的道德困境

权利自创设之初，必然要伴生相应的义务，这就为他人的自由划定了一定的边界。基于此，任何权利往往需要寻求正当性存在的基础，以此证明基于这一权利建构起来的规则秩序是合乎正义的，“这种秩序把人们的行为调整得使所有人都感到满意，同时，所有人都能在这个秩序中找到属于他们的幸福”❶，在凯尔森看来，正义的价值要从不可靠的主观价值判断的领域撤回，转而将其建立在一定社会秩序的可靠基础上，这一意义上的“正义”即指合法性（legality），权利所承载的正义价值追求，只有与之相适应的实在法之秩序发挥应有的规范作用时，才具备正当性。❷ 著作权的诞生，一方面受到当时哲学思潮的影响；另一方面也一直为其正当性向哲学求解，尤其是传媒技术的不断更迭，著作权的正当性追问更是成为著作权理论界不可回避的基本问题。孤儿作品利用的正当性同样需要以著作权正当性追问为基本前提。因此，本节内容的讨论中心围绕著作权之正当性与孤儿作品利用的正当性两个论题展开。

### 一、著作权正当性论争

“规范学意义上的财产理论主要在于考察私有财产权的正当合法性。”❸作为私有财产权范畴的著作权，尤其作为区别于有形财产权之著作权，在其“正当合法性”的探求之路上更是荆棘遍野。有的理论在这一过程中的确起到了答疑释惑、指明方向的作用，有的理论在解释与说明正当性的问题上却使问题本身越来越模糊。有一点基本的概念需要点明，本书所论述之著作权，

---

❶ 凯尔森．法与国家的一般理论［M］．沈宗灵，译．北京：商务印书馆，2013：33.

❷ 规范法学派认为，国家权力才是权利的正当性根据，法律的有效性则来源于国家意志的强制性；自然法学派则认为，正义的价值观念及其道德基础才是权利的正当性根据，法律的有效性来源于法律与社会通行的伦理道德价值之间的一致性。胡朝阳．知识产权的正当性分析——法理和人权法的视角［M］．北京：人民出版社，2007：绪言3.

❸ 彼得·德霍斯．知识财产法哲学［M］．周林，译．北京：商务印书馆，2008：13.

又称为“版权”，二者皆对应于英文的“copyright”，即作者或其他权利人对于作品产生的所有利益所享有的权利。著作权从诞生之初的对于书籍出版特权之分配，早已从“copy”之原初权益扩展到了多元著作权之权利束。我国对著作权一词之最初采用可以追溯到1910年《大清著作权律》，系清朝政府立法时直接援引了日本著作权之立法概念，“著作权”一词被日本相关立法作为正式用语使用，《大清著作权律》几乎全文翻译了《日本著作权法》(1899)，❶ 由于我国著作权法的学术观点与立法沿革均受大陆法系（作者权体系）与英美法系（版权体系）之影响，在使用过程中并未有实质区分。我国《著作权法》第62条明确规定，“本法所称的著作权即版权”。因此，在无特别语境的情况下，著作权与版权应当理解为同一内涵。

### （一）杨格的独创性理论与洛克的劳动财产权理论

作品基于独创性（original）而取得著作权，通常的观点认为，作品“独创性”的理论基础最初来源于杨格的“独创性理论”与洛克的“劳动财产权理论”。

这样的逻辑结果伴有历史的偶然性因素，其偶合性原因来源于1761年的汤森诉柯林斯案（Tonson v. Collins），❷ 起因是伦敦书商汤森（Tonson）因为同是书商公会成员的柯林斯（Collins）未经授权擅自重印了1711年首次出版的《旁观者》（*The Spectator*）一书而将其诉至法院。这也是伦敦书商在普通法法院提起的第一例著作权纠纷案件。庭审过程中，当时盛行的文学思想与哲学观念被用来说明著作权的正当性。当时的英国文学受到个人主义思潮与浪漫主义的影响，这其中最为典型的就是杨格开创的独创性理论与洛克的劳动财产权理论。

18世纪中叶英国著名诗人爱德华·杨格（Edward Young）早年于牛津大学获得法学学位，其于1759年发表的《试论独创性作品》阐述了独创性作品是作者人格的自然生成物，是天才获胜的光荣果实。他这样描述：

---

❶ 李琛. 知识产权法关键词［M］. 北京：法律出版社，2006：4.

❷ 保罗·戈斯汀. 著作权之道：从谷登堡到数字点播机［M］. 金海军，译. 北京：北京大学出版社，2008：37.

那个春天里，独创性作品是最美丽的花朵。模仿之作成长迅速，而花色黯淡。模仿有两种，模仿自然和模仿作家；我们称前者为独创，而将模仿一词限于后者……

在对模仿的批驳基础上，杨格进一步强调作品的独创性，认为作品和作者人格融合在一起，“独创性成为作品的价值所在，而这一价值直接来源于作者的独特个性”❶。当时的约瑟夫·华登（Joseph Warton）在《论浦伯》的文章中强调“诗人必须具有想象力”❷。杨格的《试论独创性作品》出版后一年内就有了两种德文译本，可以说，杨格开创的作品独创性理论，对当时欧洲文学思潮产生了重要的开创性意义。“original”从“最初就已存在”转化为“无来源的、独立的、第一手的”❸，在一定意义上标志着作品创作观念的转变。

与杨格同一时期的自然法理论倡导者约翰·洛克（John Locke）创立了劳动财产权理论，虽然洛克确立劳动财产观念的最初用意是反对君王不经独立的司法听证和审判就攫取财产，❹ 但这并不影响劳动财产权理论之形成。他在《政府论》（下篇）中重点阐述了其核心观点：自然状态下的人对自己的身体享有所有权，也就基于自己的劳动获取的成果同样享有合法的所有权。❺ 从“每一个人都拥有对其自己人身的财产”到“劳动所得归个人”；然后成立“因而使它成为他的财产的劳动财产说”。之间的逻辑关系得以成立，公认的是须有两个前提条件，洛克在论证其财产权理论之时，创设了这两个前提。其一，如果劳动使一种物品的财产权成为可能，那么他必须要给其他人留有

❶ 爱德华·杨格．试论独创性作品［M］．袁可嘉，译．北京：人民文学出版社，1963：4-5.

❷ 爱德华·杨格．试论独创性作品［M］．袁可嘉，译．北京：人民文学出版社，1963：58.

❸ 伊恩·P. 瓦特．小说的兴起［M］．高原，董红钧，译．上海：上海三联书店，1992：7.

❹ 约翰·康芒斯．制度经济学［M］．赵睿，译．北京：华夏出版社，2013：14.

❺ 洛克．政府论（下篇）［M］．叶启芳，瞿菊农，译．北京：商务印书馆，1964：16-19.

“足够多的同样好的东西”。这一条件设定可以使财产权免受“会导致不道德的不平等”之攻击。[1] 其二，劳动财产权是有限度的。“谁能在一件东西败坏之前尽量用它供给生活所需，谁就可以在那个限度内以他的劳动在这种东西里确定财产权。”[2]

有学者在讨论洛克劳动财产权理论时指出，既然劳动是与自然权利相符合且唯一占有财产的资格，其逻辑结果则可能会使那些暂时没有劳动能力的人难以自保。[3] 显然这一论断是在传统财产权进路思考的结果，在著作权范畴则不成立，一个缺乏劳动能力的人在思想创作上很可能能力非凡，如霍金、余秀华。这两个人一个患有严重的肌肉萎缩症，一个是脑瘫患者；然而，一个又是享誉世界的物理学家，一个又是著名的新锐诗人。问题由此产生，智力劳动与体力劳动之间的关系如何？如何在现代性的智力劳动与洛克论域下的体力劳动之间建立起内在的逻辑关系，是用该劳动财产权理论论证著作权的一个前提条件。对于智力劳动的非物质性特征，著作权的支持者最初是在作品的物质载体上寻求某种链接。正如阿斯顿法官在 1769 年审理 Millar V. Taylor 一案时所说：“情感和原理可被称作是观念性的，但当同样的东西通过某种媒介而传播给每一个人观看和理解时，该作品就变成了一个可予区别的财产对象。”[4] 此种移花接木的论证方式在逻辑上显然难以自足，于是在进一步努力寻求智力劳动与体力劳动之间的内在共性上，马克思的劳动价值理论对这一努力给予了一定回应。在马克思看来，体力劳动与作品的创作过程的共同点在于都花费了人类的时间，“把价值看作是劳动时间的凝结，只是物

---

[1] JUSTIN H. The Philosophy of Intellectual Property [J]. the Georgetown Law Journal, 1988 (77): 297.

[2] 洛克. 政府论（下篇）[M]. 叶启芳，瞿菊农，译. 北京：商务印书馆，1964: 23.

[3] 李雨峰. 版权的正当性——从洛克的财产权思想谈起 [J]. 暨南学报（哲学社会科学版），2006 (2): 74.

[4] 布拉德·谢尔曼，莱昂内尔·本特利. 现代知识产权法的演进：英国的历程（1760—1911）[M]. 金海军，译. 北京：北京大学出版社，2006: 31.

化劳动，这对于认识价值本身具有决定性的意义”❶。作品的形成过程中，作者的脑力劳动显然也创造了相应的价值。这一点可以说是为洛克的劳动财产权理论进行了一定的修正。虽然洛克的劳动财产权理论受到的争议不断，以其为基础建立起来的自然权利论却影响深远，持自然权利论的代表者包括18世纪英国著名的法官曼斯菲尔德和布莱克斯。

或许劳动财产权理论可以为著作权的正当性勾画出最基本的轮廓，在一定程度上使作者对其创造之作品具有财产权得以合法化。但是质疑的声音一样纷至沓来，诺齐克（Robert Nozick）诘问道：“为什么一个人的劳动与某物连接就使这个人成为这一物品的所有人呢……如果我有一罐番茄汁，我将它倒入大海，使其分子均匀地溶入整个大海，我就能因此而拥有这片海洋吗？或者我只是愚蠢地浪费了我的番茄汁”？❷ 黑汀格（Edwin C. Hettinger）就此对洛克劳动财产权理论批评道：“假如劳动成果是有价值的，并且基于此赋予劳动者财产权；那么它就只能赋予该劳动者对于他所增加的那部分创作的财产权，而不是对该成果的全部价值。”❸ 对于劳动之于对象的这种区分，显然是洛克所没有注意到的，德霍斯直接揣测洛克在撰写关于财产的论著时，也许根本就没有想到知识财产，他所有的重心都是在有形物而非抽象物的所有权，“劳动根本不能成为一个决定性的或完整地论证财产合理性的基点”❹。这样的区分在客观上也是难以做到的，很显然这种劳动不同于在荒地上种上一棵苹果树，也绝不是在羊皮卷上写上一首诗、画上一幅画那么简单。对于这种精神的劳动创造物，天然的就与实在物之间有质的区别，区分模仿还是创造，仅凭“额头出汗”的劳动显然是不行的。“如果一种关于财产的劳动理论在说明有形物的边界时存在问题，那么涉及抽象物时，这些问题将被放

❶ 马克思恩格斯全集：第二十三卷［Z］. 中共中央马克思恩格斯列宁斯大林著作编译局，编译. 北京：人民出版社，1972：243，556.

❷ 罗伯特·诺齐克. 无政府、国家与乌托邦［M］. 何怀宏，译. 北京：中国社会科学出版社，1991：179.

❸ HETTINGER E C. Justifying Intellectual Property［J］. Phil. & Pub. Aff.，1989（18）：37.

❹ 彼得·德霍斯. 知识财产法哲学［M］. 周林，译. 北京：商务印书馆，2008：59.

大。”❶ 这种将价值的正当性来源归因于劳动的观念在经济学上同样遭到质疑，法国经济学家萨伊则直接指出，“只有人的劳动才能创造价值”的古典经济学派的观念是错误的，他认为，“生产出来的价值，都是归因于自然力、劳动、资本这三者的作用和协力”❷。然而，德霍斯又从另一个侧面声援了洛克，他提出，洛克的劳动财产权理论虽然已被作为一个理论图腾适用于知识产权领域以论证其正当性，但是洛克财产权理论适用于知识产权领域的意义并非因为他主张以“劳动”来证实知识产权的合理性，其真正价值在于洛克与其他信奉自然法的思想家们把财产与积极共有与消极共有的理念联系在一起。❸

正是基于“劳动”无法划分知识共有与个人私有之间的界限，“思想—表达两分法”才在恰当的时间节点登上历史的舞台，为知识产权之合理边界创设又一条底线，同时也为知识产权之正当性理据提供了看似可行的方向。“思想”与“表达”作为对立的范畴在判例里加以使用是 19 世纪末才得以完成的，美国 1879 年的 Baker v. Selden 一案中，塞尔登在其著作中介绍了一种新的记账方法，贝克利用该方法设计出一种账簿。法院审理认为，作品中介绍的簿记方法不是著作权法保护的对象，对簿记法的表达才是权利的对象，因此，贝克的行为不构成侵权。❹ 该案虽然提出了“思想”与“表达”的对立使用，但是并没有明确二者的区别。明确界定“思想—表达二分法”并将之对应于版权保护范围的是英国 1894 年的一个判例，在该案审理过程中，法庭直截了当地指出“……著作权不延及思想、方案、原则和方法，它只限于表达；如果没有复制表达，就没有侵害著作权”❺。“思想—表达两分法”将著作权的权利边界限定于表达，而不是属于知识共有领域的思想。在某种程度

---

❶ 彼得·德霍斯．知识财产法哲学［M］．周林，译．北京：商务印书馆，2008：63.

❷ 萨伊．政治经济学概论［M］．陈福生，陈振骅，译．北京：商务印书馆，1963：39、75.

❸ 德霍斯所谓的积极共有是指共有财产由全体成员所共有；消极共有系指全体成员都能拥有共有财产的共有。彼得·德霍斯．知识财产法哲学［M］．周林，译．北京：商务印书馆，2008：18.

❹ 李琛．知识产权法关键词［M］．北京：法律出版社，2006：25.

❺ 李雨峰．思想/表达二分法的检讨［J］．北大法律评论，2007（2）：438.

上，“反映了私法上的机会平等，它给所有的人提供了独立创作的机会”❶。时至今日，人们在谈及“思想—表达两分法”时，仍然感觉像在和幽灵对话，❷ 但是，毋庸置疑，理论界与成文法领域同样都对之青睐有加。TRIPs 协议第 9 条明确地将其作为原则性规定。❸ 很多国家也将该原则加以成文化，我国也在第三次《著作权法》修正时将这一原则体现在了《草案送审稿》中，然而最终还是没有将“思想—表达两分法”立法化。❹ 不得不承认的是，“独创性”与“思想—表达两分法”共同划定了著作权与公共领域之间的界限，暂时缓解了著作权与信息自由的紧张关系。

### （二）康德与黑格尔的著作人格权理论

著作人格权理论的基本轮廓是由康德与黑格尔促就的。康德和黑格尔人格权理论的核心观点是：作品是作者人格向外的延伸。1785 年，康德在《论假冒书籍的非法性》一书中论述了这样的观点：人格权是不可转让的，出版社的出版权是源自作者授权的“第二等”权利。❺ 很显然，在康德看来，作者享有的权利才是第一等的权利，出版商享有的权利属于第二等的权利。这种等级化的权利观催生了“作者权主义”的思想萌芽，也可以说是后续“著作权—邻接权”著作权权利体系发展的一种思想源头。很显然，康德的哲学观念里隐含了作品的本质乃是语言符号的表达。他认为，“书是人们写出来

---

❶ 李雨峰．思想/表达二分法的检讨［J］．北大法律评论，2007（2）：433.

❷ KURTZ L A. Speaking to the Ghost：Idea and Expression in Copyright［J］. U. Miami L. Rev.，1992（47）：1221.

❸ 《与贸易有关的知识产权协议》9.2：著作权保护应延伸到表达方式，但不得延伸到思想、程序、操作方法或数学概念本身。

❹ 《著作权法》（草案送审稿）第九条：“著作权保护延及表达，不延及思想、过程、原理、数学概念、操作方法等。

本法不适用于：

（一）法律、法规，国家机关的决议、决定、命令和其他具有立法、行政、司法性质的文件，及其官方正式译文；

（二）通过报纸、期刊、广播电台、电视台、网络等媒体报道的单纯事实消息；

（三）历法、通用数表、通用表格和公式。”

❺ DAVID S. Authorship and Copyright［M］. London，New York：Routledge，1992：113.

的，它包含了某人向公众所作出的，通过可以看得见的语言符号表达的讲话，这和书籍的实际外形无关”❶。同时，康德又认为，“一本书，从一个角度看，是一种外在（或有形）的工艺产品……从另一个角度看，一本书并不仅仅是外在物，而且是出版人对公众的讲话。他受该书作者的委托，是唯一有资格公开这样做的人，这就构成一种对人权”❷。作品在康德的语境中是作者通过作品的语言向公众讲话。将作品视为作者人格的延伸，实际是奠定了德国人格权理论的精神品格。

黑格尔说，“哲学是探究理性的”❸，他从“无财产即无人格”与“作品乃作者精神之外化”两个维度展开论证其人格权理论。黑格尔认为，“人唯有在所有权中才是作为理性而存在的”❹，而对于作品而言，“它们不是自始就是直接的东西，只是通过精神的中介把内在的东西降格为直接性和外在物，才成为直接的东西”❺。这一论述的财产问题范围远远超过了洛克的范畴，也是属于晦涩的形而上学体系的组成部分。❻ 在信奉神学的洛克看来，财产服务于人格；但对黑格尔而言，财产即人格的体现。黑格尔认为艺术作品乃是思想加工外界材料的形式，这种形式完全体现作者独特的人格特性。❼ 黑格尔坚信那些构成其人格及自我意识的本质的实在物或者说实质性特征是不可让渡的，同时，享受这一福利的人格权也永远不会失效。❽ 在现代论者贾斯汀（Justin Hughes）看来，著作权法里有关著作权之人身权的内容大部分是与黑格尔的人格权理论兼容的。❾ 进一步而言，康德与黑格尔的人格权观念共通的

❶ 康德．法的形而上学原理：权利的科学［M］．沈叔平，译．北京：商务印书馆，1991：112.

❷ 康德．法的形而上学原理：权利的科学［M］．沈叔平，译．北京：商务印书馆，1991：112-113.

❸ 黑格尔．法哲学原理［M］．范扬，张企泰，译．北京：商务印书馆，1961：85.

❹ 黑格尔．法哲学原理［M］．范扬，张企泰，译．北京：商务印书馆，1961：50.

❺ 黑格尔．法哲学原理［M］．范扬，张企泰，译．北京：商务印书馆，1961：52.

❻ 彼得·德霍斯．知识财产法哲学［M］．周林，译．北京：商务印书馆，2008：84.

❼ 黑格尔．法哲学原理［M］．范扬，张企泰，译．北京：商务印书馆，1961：76.

❽ 黑格尔．法哲学原理［M］．范扬，张企泰，译．北京：商务印书馆，1961：73.

❾ JUSTIN H. The Philosophy of Intellectual Property［J］. Georgetown Law Journal，1988：77.

一点是均对作者权利与著作物之所有人的权利进行区分，认为作者保有复制作品的权利，而著作物的所有人仅仅对物之样品具有完全的权利。❶ 康德在其经典著作《法的形而上学原理：权利的科学》中有这样的一段描述，很好地印证了这一点："那个以他自己名义通过书向公众讲话的人是作者；那个把这部作品以作者名义向公众介绍的人是出版者。"❷ 就此而言，费希特与康德秉持了类似的看法：作者对思想形式享有独占性权利，而思想形式之载体上的权利归书籍的购买者享有。❸

由此，以康德与黑格尔为标杆的德国古典哲学思潮，与欧洲大陆的浪漫主义文学观念一起偶然性地铸就了著作权制度上的作者权体系的哲学基础。之后的拥趸者一路开荒拓土，将"作品是作者人格之外化"的观念与著作财产权相结合，以作者的权利为圆心，建构起"作者中心主义"的作者权体系。正如黑格尔言说之概念包含它的现实性，"某种概念只有与其所在现实社会中既定的表述合二为一时，才适用于哲学"❹。

作者权体系发源之时的"现实社会"正值法国大革命时期,❺ 基于拿破仑发起的诸多战争的"现实社会"极大地伤及德国的民族自尊，法国大革命催生了德国浪漫主义，德国浪漫主义反过来哺育法国的浪漫主义，浪漫主义文学观念在欧洲盛极一时，"浪漫主义文学观"将作品视为承载着作者自身的人格魅力之创造，而进行该创造行为的作者是"天才"（genius）。"只要作品

❶ 黑格尔．法哲学原理［M］．范扬，张企泰，译．北京：商务印书馆，1961：76-77.

❷ 康德．法的形而上学原理：权利的科学［M］．沈叔平，译．北京：商务印书馆，1991：111.

❸ DAVID S. Authorship and Copyright［M］. London，NewYork：Routledge，1992：109.

❹ 彼得·德霍斯．知识财产法哲学［M］．周林，译．北京：商务印书馆，2008：85.

❺ 毕业于法国巴黎军官学校的拿破仑（Napoléon Bonaparte，1769—1821），对内多次镇压反动势力的叛乱，颁布了《拿破仑法典》，完善了世界法律体系；对外率军五破英、普、奥、俄等国组成的反法联盟，打赢五十余场大型战役，沉重地打击了欧洲各国的封建制度。

具有某种独创性或个性、表达作者所特有的思想、具有作者的人格就足够了。”❶ 这与康德和黑格尔所言说的人格权理论便有了某种内在的契合。康德的哲学核心概念是“意志自由”，而“意志自由”则体现了一种极端的“个人主义”，它将个人置于终极目标的位置。在斐迪南·布吕内蒂埃看来：“文学浪漫主义是以自我为中心，是自我超越的对立面，是一种纯粹的自我断言。”❷ 这种精神来源于拿破仑战争所激发的强调个人精神生活的德国虔诚派运动，虔诚派的情绪已经渗透德国的各个方面，受伤的民族情感和可怕的民族屈辱是德国浪漫主义运动的根源所在。❸

法国的浪漫主义文学观念中的作品是承载了作者特殊人格的创作；而德国著作人格权理论则秉持了“作品乃作者人格外化”的精神特质。正是这样的哲学观念印证了黑格尔言说的“概念的现实性”，这两种“貌合神离”的观念虽然一起投射到著作权制度上，建构了欧陆法系的作者权体系，但是，也使这种细微的差别体现于著作权的权利设定上。德国著作权法坚守人格权设定的一元论，认为著作权系作者人格权和作者财产权的有机复合体；而法国著作权法之“二元论”则认为著作权是由两个相互独立的作者人格权和作者财产权所构成。❹ 正是基于这样的“现实”使欧陆法系的作者权体系与普通法的版权体系之间在著作权制度设计上走上了完全不同的道路，也正是基于这样的“现实”，使著作权这个概念下的实质内涵在德国法和法国法之间又具备了不同的精神内涵和现实规范。

著作权伴随着技术和经济的不断发展也在不断地扩张中，这种扩张对于作者权体系而言，则是“作者中心主义”的扩张，人们在质疑著作权扩张的正当性之时，必然对著作人格权理论发起攻击。❺ 同时，作者权体系国家随着

---

❶ 德利娅·利普希克．著作权与邻接权［M］．联合国教科文组织，译．北京：中国对外翻译出版公司，2000：43.

❷ 以赛亚·伯林．浪漫主义的根源［M］．吕梁，等译．南京：译林出版社，2011：21-22.

❸ 刘文献．著作权作者中心主义哲学批判——以文学作品为主线［D］．厦门：厦门大学，2015：47-50.

❹ 参见本书第二章著作权权利配置部分的论述。

❺ 对于著作人格权的质疑请参看本书第二章之论述，此处不赘。

著作权之“现实社会”的不断变化，也在针对著作人格权权利配置而产生的内生性制度障碍作出某些修正，这些修正解决了实际的著作权扩张带来的制度失灵问题，但是其坚守的严谨的著作权逻辑已不复当初。可以说，著作权的功利主义也在一定程度上影响了作者权体系的制度设定。

### （三）著作权激励理论

相对于洛克的劳动财产权理论与康德、黑格尔的人格权理论而言，著作权激励理论（incentive theory）[1] 是著作权正当性论争中，占据主流的一种理论流派。其理论背景是19世纪基于资本主义工业革命的历史性完结，自然权利理论的式微，以边沁为代表并得到了密尔、耶林、赫克、詹姆斯等学者的承继和发展的功利主义理论的勃兴。激励理论认为，著作权法是一种通过作品权利的有效配置来达到激励信息生产和传播目的的制度工具。[2] 在激励论者看来，“没有收获的预期，就无人劳力播种”[3]。著作权制度的意义就在于使著作权人获得足以使其创作满足的收益预期。边沁认为，法律的制定和形成都是人们有意识地活动的结果，立法应遵循的根本原则就是功利，就是为最大多数人谋求最大量的幸福。此外，边沁还持这样的观念：财产权是财产在法律上的表现，法律的任务就是保护财产权。激励理论采取一种工具主义——实用主义的进路，通过比较是否赋予作品以产权之间的结果而不是从逻辑前提来论证著作权的正当性。[4]

由于激励理论需要建立在传统经济分析的基础之上，基于理性人的假设以及外部性原理，认为通过“成本—效益”模型，赋予著作权人排他性的财产权，著作权人便可以基于理性人的特性最大化地追求知识产品的利益，从而能够激励著作权人以最有效率的行为方式和途径实现对著作权相关资源的

---

[1] 激励理论也被称为功利论、功利主义或工具主义理论。

[2] MERGES R P, PETER M S, LEMLEY M A. Intellectual Property in the New Technological Age [M]. 4th edition. Aspen Publishers, 2006: 13.

[3] GOLDSTEIN P. Casesand Materials on the Law of Intellectual Property [M]. 5th edition. Foundation Press, 2002: 6.

[4] 理查德·A. 波斯纳. 法律学问题 [M]. 苏力, 译. 北京: 中国政法大学出版社, 2002: 567-584.

利用，最终以著作权人利益的实现推动社会福利最大化。德蒙茨教授认为，“财产权是用以应对资源共有问题的一种法律产物，边界清晰的财产权具有严格的排他性特征。为了实现激励权利人最大效用地利用客体，社会趋向于在客体上赋予权利主体相应的财产权，以将该客体的成本与收益‘内部化’”❶。实现更多的正外部性，即创作出更多的作品。而作品的本质属性是信息表达，具备天然的公共物品属性，使得界定其权利边界非常困难；同时权利人在实际上无法实现事实上的占有，其排他性的实现完全依赖于法律的拟制，以此克服作品的公共物品属性。因为，虽然信息不具备稀缺性，几乎不会导致“公地悲剧”的可能，但是，如果不赋予作品以财产权保护，由于作品的公共物品属性，将会产生更多的“搭便车”现象，外部性不能有效内部化，将不会有太多的人愿意对作品的生产投入相应的资金和劳动，也就不可能产生更多的有别于公共领域的具有经济价值的信息。正是基于激励理论是以追求经济效益为最大目标，对于公共利益的照顾不足，将激励理论用于著作权的正当性一直不断遭受来自外部的质疑，其中也不乏来自自然权利理论及人格权理论的拥趸者。

激励论者们也基于著作权公共物品属性与垄断性这一天然的悖论而分野为乐观主义与悲观主义两大阵营。❷ 对于激励理论持绝对信念的学者们认为，著作权与其他财产权在排他性上是没有区别的。他们在处理著作权的问题上表现为无限激励的态度，认为著作权并非当然可以追溯至“自然权利”或“自然法”，而是以产业组织为代表的投资者与其他利益集团之间的博弈结果。将《安妮女王法》视为第一部保护作者权的法律是一种误读；在著作权发源的最初，出版商的利益需求决定了激励机制是左右其游说立法的原始动力，其华美的伪装是具有浓厚人文主义的，以及符合那个时代大众情绪的劳动财产权理论和人格权理论。可以断言，《安妮女王法》产生的初衷是维护出版商的垄断利益而不是保护作者的作品权益。著作权激励论者的乐观派还主张对

---

❶ DEMSETZ H. Towarda Theory of Property Rights［J］. Am. Econ. Rev.，1967（57）：350-354.

❷ GOLDSTEIN P. Copyright's Highway：From Gutenberg to the Celestial Jukebox［M］. Stamford：Stanford University Press，2003：141.

技术变化引起的著作权的类型及范围的相应扩张，并且认为著作权不仅要激励作者的创作行为，更应当激励对信息生产与传播的投资。❶ 从另一个角度思考，虽然说激励理论更符合私法规则的人性设定，但是也不能片面地抹杀基于自然权利理论与人格权理论在特权阶层垄断的特殊历史时期，推动了著作权由“特权”向“私权”的演变这一历史事实。

相对而言，著作权激励理论悲观主义者没有那么盲目地乐观，而是相对理性。他们认为著作权的激励应当是有限度的，著作权是具有垄断性质的一种特殊的财产权，其不过是为了解决公共物品稀缺问题的一种不完美的手段而已，著作权的目的仅在于维持激励信息生产所需的最低保护标准，著作权人的收益应当维持在保证收回投入成本的基础之上，而不应占有信息的全部社会价值。❷ 因此，在创设著作权规则时，应当考虑“激励”与“接触”的有效平衡。

诚然，正如洛克的劳动财产权论及黑格尔的人格权论在用作著作权正当性遭遇诸多质疑一样，虽然激励理论已然是当下的主流学说，以其为道德基础构建促进作品生产与传播的著作权制度一样引起了不少质疑。格林伦尼（Glynn S. Lunney）教授基于激励机制的角度指出，在“激励—接触模式”（incentive-access paradigm）中，以财产扩张的模式构建著作权激励机制，本身就与保证公众接触作品的原则相矛盾。❸ 兰德斯（Landes）与波斯纳（Posner）则从法经济学的成本—效益分析角度指出，我们始终需要权衡财产权的激励作用与限制接触的成本，这是知识产权所必须克服的内在冲突。罗斯洛夫（Genevieve P. Rosloff）指出，著作权的激励机制不应掩盖著作权法的最终目的，即以促进有益于社会福祉的作品创作。❹ 正如利特曼（Jessica

❶ 熊琦．著作权激励机制的法律构造［M］．北京：中国人民大学出版社，2011：18.

❷ LEMLEY M A. Property, Intellectual Property, and Free Riding［J］. Tex. L. Rev., 2005（83）：1032.

❸ LUNNEY Jr G S. Reexamining Copyright's Incentives - Access Paradigm［J］. Vand. L. Rev., 1996（49）：483.

❹ ROSLOFF, GENEVIEVE P. Some Rights Reserved: Finding the Space Between All Rights Reserved and the Public Domain［J］. Columbia Journal of Law and the Arts, 2009, 33（1）：53.

Litman）所解释的，著作权激励的是原创（authorship），而非作者（authors）。“当我们具体化这样的激励以赋予作者财产权时，我们可能忽略了二者至关重要的一个区别：培育原创（authorship）并不必然地等同于培育作者（authors）。”❶

（四）财产工具论

德霍斯指出，“独占论的观点隐藏在知识财产权扩张的背后，这种扩张威胁到消极自由的核心价值”❷。这种言说表明了一种对应关系，即知识产权的扩张背后的理论基础是“独占论”。德霍斯主张关于知识财产的确立、构建、扩张、实施等问题的讨论，应当采取“工具论”的立场而非“独占论”立场。从这个意义上来说，德霍斯实际上是处于著作权激励理论的悲观主义立场。

所谓的“独占论”，实际上是“作者权主义”的另一种表达，独占论能够成立，至少要考虑三个核心的观念构成：第一，财产权对其他权利和利益的道德优越性的观念；第二，最初联系的观念；第三，以消极共有为前提的观念。❸ 独占论在著作权范畴内的表现就是，作者权高于其他权益，著作权随着网络数字技术的发展而扩张至其所有可能的领域。美国版权法史上的“额头出汗”学说被视为版权领域利用独占论思考的典型实例。❹ 法官在审理版权争议案件时的论证逻辑一度是，某人在编写一本书时只要耗费了劳动，该书之版权权利不依赖于他收集的材料是否属于公共领域，也不考虑该材料是否显示出文学技巧或原创性。美国联邦最高法院尝试从版权的宪法维度思考版权的基本目标，竭力将这一影响从版权法上逐步消除。然而，数据库的著

---

❶ JESSICA L. The Public Domain［J］. Emory Law Journal，1990，39（4）：969.

❷ 彼得·德霍斯．知识财产法哲学［M］．周林，译．北京：商务印书馆，2008：219.

❸ 彼得·德霍斯．知识财产法哲学［M］．周林，译．北京：商务印书馆，2008：210-211.

❹ 1922年珠宝商圆形旅店公司诉拱顶石旅店公司一案，原告编辑了一本珠宝贸易商标名录，被告也制作了一个类似的篇幅为原告两倍的名录。原告声称，被告的名录是以自己的名录为基础的，主张被告侵权。最后，美国联邦法院第二巡回法庭判令原告胜诉。彼得·德霍斯．知识财产法哲学［M］．周林，译．北京：商务印书馆，2008：214-216.

作权保护表明，“额头出汗”学说似乎还有市场。德霍斯所指的消极自由是基于洛克所捍卫的包括生命权、自由权和财产权在内的自然权利所赋予的，德霍斯将这些权利视为“消极权利”。对于作者而言，其消极的权利就是阻止他人对其作品的非正当的复制、传播、演绎等行为。“个人容忍其他人消极权利的存在，是因为这些权利通过互惠使共存变得可能。”❶

德霍斯主张的“工具论”立场，将工具论作为解决财产问题的基础，是一种更多地关注于观察财产行为方面的财产工具论。该工具论是在批驳和反对“独占论”之基础上得出的，对于这样一种财产工具论的内涵形塑，德霍斯采取了一种开放性的以及怀疑的态度，他从以下几个方面予以阐释。❷

第一，该财产工具论与哲学层面的形而上学的、伦理学的或认识论层面的观察相区别，其更多地关注于财产的行为方面。该财产工具论的立场是不主张探究知识财产的深层结构或其基本性质，对知识财产的分析止于一种制度性机制的结论。“法是人的行为的一种秩序。”❸ 对于知识财产权而言，要更透彻地了解知识财产法所营造的秩序，毫无疑问需要更多地关注知识产权行为事实。比如，知识财产与个人行为与选择之关系，知识财产与群体和集团的形成之关系，知识财产与权力之关系，知识财产与经济增长和发展模式之关系等都可能是财产工具论所观察的层面。德霍斯所列举的这些关系，对于孤儿作品的研究提出了一个最为有效的层面，从著作权的相关行为关系展开研究，才能揪出孤儿作品问题的症结。

第二，财产工具论对任何建立在财产是一种主观权利上的财产理论持怀疑态度。这里的主观权利吸纳了凯尔森的观点，“主观权利是指私有财产权超越客观法的范畴，它是一种不可避免地限制法律制度内容形成的制度”❹。德

---

❶ 彼得·德霍斯．知识财产法哲学［M］．周林，译．北京：商务印书馆，2008：220.

❷ 彼得·德霍斯．知识财产法哲学［M］．周林，译．北京：商务印书馆，2008：218-227.

❸ 凯尔森．法与国家的一般理论［M］．沈宗灵，译．北京：商务印书馆，2013：3.

❹ KELSEN H. Introduction to the Problem of Legal Theory［M］. Oxford，1992：28.

霍斯指出，当主观的权利观念与知识财产相勾连时，极有可能放大权利人的特权，从而产生不正义之结果。因为“知识财产权的显著特征与它们所带来的威胁被私有财产的措辞所掩盖”❶。从财产工具的立场观察著作权问题时，首先就对著作权的正当性、著作权的本质保持怀疑的态度。比如，财产是物还是权利关系？作品的本质属性是一种人格产品吗？毫无疑问，这种怀疑的态度可以帮助检讨著作权制度设立的科学性，有益于帮助实现制度设立的最初目的。

第三，该财产工具论支持计算知识财产保护的社会成本，但是，德霍斯指出，该法经济学方法的运用仍然要受制于道德而不是单纯技术性的成本效益分析。著作权由于其固有的特性，其本身就是市场的有效生产要素，因此，经济分析的方法可以让我们从较为客观的视角了解著作权在市场中的具体实效状况，从而更有利于推动著作权运行机制的有效变革。德霍斯强调在对知识财产进行经济分析的时候也不能是纯工具性的，这一过程也要受到道德的约束。这正是德霍斯基于追求信息公平而赋予的一种主观理想。这种理想可以说是建立在罗尔斯的理想理论基础上的。

第四，该财产工具论必须服务于道德价值。“没有哪种理论不存在自相矛盾的现象。”❷ 德霍斯提出了一个矛盾的观点，“工具论立场认为，财产服务于道德价值，但并非道德价值的基础”❸。为此，德霍斯换了另一种表达，“财产工具论不会使财产所有人受任何具体的道德理论或价值的约束”❹。其潜台词实际上是指知识财产具有一定的价值取向，这种价值取向是处于一种变动中的道德价值，正如“宪法仅仅是实证的道德”❺ 一样，知识产权法何

❶ 彼得·德霍斯．知识财产法哲学［M］．周林，译．北京：商务印书馆，2008：225.

❷ 斯坦因·U．拉森尔．社会科学理论与方法［M］．任晓，译．上海：上海人民出版社，2002：49.

❸ 彼得·德霍斯．知识财产法哲学．［M］．周林，译．北京：商务印书馆，2008：222.

❹ 彼得·德霍斯．知识财产法哲学．［M］．周林，译．北京：商务印书馆，2008：222.

❺ 哈特．法律的概念［M］．许家馨，李冠宜，译．北京：法律出版社，2011：2.

尝不是道德的另一种实证。对于此，财产工具论具有人本主义倾向，他认为，对知识财产的解释、分析和正当性论证将以某些可以归结于对人类体验的理解或改善的方式进行。❶ 可以说，德霍斯的“财产工具论”立场在某种程度上与激励理论的悲观主义暗合，在认识到激励的有限性基础上，主张对著作权的工具性定位，以著作权的有效配置实现资源的效益最大化，在权利配置过程中更关注人的财产行为、社会成本，以及道德价值的开放性及多元性。

综上，如若摊开著作权制度的历史卷轴，则可以清晰地看到著作权正当性的前述理论无不有其独特的演绎背景或推动因素。其中最为关键的是技术的变革；占据当时社会主流的哲学思潮或文化观念；对著作权制度的变革起主要作用的利益主体的推动力量。洛克的劳动财产权论、黑格尔的人格权论以及激励理论逐步浸润入著作权制度的价值形塑过程中，激励理论最终与著作权达到最佳契合，取得了主流地位。诚然，从历史的角度而言，任何理论都有其局限性，而法律的变革往往也是演进式的。这主要因为人类的行为习惯具有路径依赖效应，著作权制度的演进过程也体现出这一特质，尤其是每一次重大技术变革冲击既有制度时，正当性的争论往往是贯穿其中的焦点问题。对于著作权制度设计秉持不同的正当性道德立场，最终形成了作者权体系与版权体系之不同的精神品格。

## 二、孤儿作品利用的正当性

孤儿作品问题是在著作权扩张的大背景下产生的，关于孤儿作品利用的正当性思考也是循着这一线索得以展开。孤儿作品应当属于公共领域还是仍旧在著作权的专有权控制之下？对孤儿作品利用何为正当值得探讨。正如前文所述，著作权的制度演进过程也体现出路径依赖的特质，当著作权的孤儿作品问题再一次引出关于孤儿作品利用的正当性问题时，对于该问题的论争无疑受到了著作权正当性理论的影响。

---

❶ 彼得·德霍斯．知识财产法哲学［M］．周林，译．北京：商务印书馆，2008：222.

### （一）公共领域说：孤儿作品应属于公共领域

对著作权持消极否定态度的学者一致认为所谓孤儿作品当然也是属于公共领域（public domain）[1]的一部分，任何人都可以免费使用。在巴泽尔（Y. Barzel）教授看来，产权（财产权）具有不稳定性，受到其他人行为的影响而一直处于不断变化的状态，“个人对资产的产权由消费这些资产、从这些资产中取得收入和让渡这些资产的权利构成”[2]，因此，世界上不存在“绝对权利”，基于交易成本的存在，财产权不可能对资源作清晰的界定，没有界定的那部分有价值的资源就留在公共领域里。著作权领域的“公共领域”一词的使用，通说是始于19世纪中期的法国，并通过《伯尔尼公约》传播到英国、美国及其他国家。[3]“公共领域说”拥趸者坚持认为孤儿作品应当属于公共领域，其主要理由有以下两点。

首先，学者们认为著作权的扩张使公共领域渐趋贫瘠，从而影响了新作品的创作。在关于著作权保护的讨论过程中，有学者称，“我们正处于一种‘版权战争’中，这场战争的两大阵营是作品的控制人与使用人”[4]。这场战争促使人们不得不反思著作权制度。每一个人的创作都要基于前人的作品之上，“作者在任何媒介的每一个创作行为更像是对已有材料的翻译和重组，并非似爱琴海里掀起的泡沫便可以诞生阿芙罗狄蒂”[5]。因此，公共领域是创作的源泉，著作权应当保护公共领域，以确保著作权的范围不至于妨碍其他人

---

[1] 这里的公共领域概念，是基于产权经济学在知识产权领域的运用而提出的，区别于阿伦特及哈贝马斯在公共权力语境下的公共领域［也有学者称为“公共空间”（public-sphere）］概念。产权理论语境中的公共领域，是指当获取交易信息的成本高于所获得的收益，或者界定产权的成本高于产权自身时，某些财产或者特定财产的某些属性的产权就处于未被界定的状态中，这就形成了公共领域。董皓．多元视角下的著作权公共领域问题研究［D］．北京：中国政法大学，2008：14.

[2] Y. 巴泽尔．产权的经济分析［M］．费方域，段毅才，译．上海：上海人民出版社，1997：2.

[3] 李雨峰．版权法上公共领域的概念［J］．知识产权，2007（5）：4.

[4] JESSICA L. Warand Peace［J］. Journal of the Copyright Society of U. S.，2006（53）：103.

[5] JESSICA L. The Public Domain［J］. Emory Law Journal，1990，39（4）：966.

的创作行为。[1] 一部分学者认为，公共领域的范围远不止权利保护期届满的那些作品，与著作权的保护不足相比，他们更担心著作权的过度保护，他们关心公众对人类心智产品的接触、使用和改进。[2] 从公共领域的环保主义论辩的角度看，公共领域好比自然界的空气，[3] 是一种公共财产，其主体是社会公众中的每一个成员，而并非所有人。[4] 环保主义的视角在某种程度上揭示了每一个人在公共领域中的命运相关性，[5] 从这一意义上而言，作品的创作与公共领域的维护是同呼吸，共命运，是涓涓细流汇入海。著作权制度不能放任著作权的扩张和滥用而有损于公共领域，孤儿作品之现象即著作权滥用造成的“环境破坏”，因为，“一个健康的公共领域是版权制度的重要支柱，没有公共领域，我们根本无法容忍版权制度”[6]。对于孤儿作品的有效利用某种意义上是促进公共领域生态保护的一种积极应对。

其次，著作权权利界定的困难与模糊，致使著作权与公共领域的边界不清，我们不得不更多地依赖公共领域。[7] 有美国学者直接指出，那些看似孤儿状态的作品实际上应当进入公共领域让普通民众得以利用，比如那些绝版的或者对作者而言已经没有商业利用价值的作品；那些若非版权法保护期限的延长，原本已经过了著作权保护期的作品。批评者甚至指出美国现行的版权法体系违反了《美国宪法第一修正案》以及《美国版权法》“促进进步”（promote progress）之根本目的。[8] 孤儿作品的潜在利用人没有办法判断孤儿化的作品究

---

[1] ROSLOFF, GENEVIEVE P. Some Rights Reserved: Finding the Space Between All Rights Reserved and the Public Domain [J]. Columbia Journal of Law and the Arts, 2009, 33 (1): 54.

[2] BENJAMIN K. An Unhurried View of Copyright: Proposals and Prospects [J]. Columbia Law Review, 1966 (66): 854.

[3] JAMES B. A Politics of Intellectual Property: Environmentalism for the Net [J]. Duke Law Journal, 1997 (47): 108.

[4] TYLER O T. Origins and meanings of Public Domain [J]. University of Dayton Law Review, 2002 (28): 260.

[5] 李雨峰. 版权法上公共领域的概念 [J]. 知识产权，2007 (5): 6.

[6] JESSICA L. The Public Domain [J]. Emory Law Journal, 1990, 39 (4): 977.

[7] JESSICA L. The Public Domain [J]. Emory Law Journal, 1990, 39 (4): 975.

[8] KAHLE A V. Orphan Works Belongin Public Domain, Complaint Asserts [J]. Andrews E-business Law Bulletin April14, 2004.

竟是属于公共领域还是有确定的著作权人，一个潜在利用人要么假设该孤儿作品是有著作权人的，为此，他将承担寻找著作权人的高额成本；要么假设该作品属于公共领域，他可能为此承担侵权的风险。很显然，基于孤儿作品的存在，对公共领域的范围产生很大的影响。还有学者认为，公共领域的范围实际上包括三个部分：（1）著作权保护期届满以及著作权不予保护的作品；（2）著作权保护的作品中不能获得保护的部分，如思想、方法、系统等；（3）对著作权保护的作品的特权性使用（privileged uses），如合理使用等。❶这种观念突破了传统公共领域的界定，在一定程度上说，是对著作权不断扩张的一种理论对抗。因此，著作权制度不能一味地强调作者的著作权而忽略著作权赖以生存的公共领域。如果从作品创作的循环关系来看，维护好公共领域与著作权之互动关系，最终才能有益于著作权基本目的的实现。

### （二）利益平衡说：孤儿作品的利用是对著作权的限制

利益平衡说承认孤儿作品仍旧是著作权专有权控制下的作品，基于以著作权的承认为前提，孤儿作品的利用是对著作权的一种限制。作为技术的“法律”总是以追求正义、公平为圭臬❷，而著作权范畴的利益平衡是公平、正义的价值实现的具体体现和技术手段。对于著作权法律制度而言，基于著作权所涉及作者、传播者、使用者、社会公众等诸多法律关系主体，在赋予作者以法定专有权利时，势必要考量这一权利的范围与限度，以及因此对其他关系主体及社会公共利益的影响。

在著作权不断扩张的数字网络时代，如果一味追逐功利主义理论所青睐的经济利益，而忽略使用者、社会公众以及社会整体福祉，那么著作权制度将丧失利益平衡的基本功能，沦为少数既得利益者的垄断工具。孤儿作品现象即数字网络时代著作权制度失灵的一种典型例证。由于缺乏著作权人的基本授权而导致不能使用孤儿作品，这极大地影响了传播者、使用者以及社会

---

❶ YOCHAI B. Freeas the Airto Common Use：First Amendment Constrainson Enclosure of the Public Domain［J］. New York University Law Review，1999（74）：361-362 .

❷ 周赟 . 法理学［M］. 北京：清华大学出版社，2013：24.

公众的利益，使社会文化的发展和提高受到很大的阻碍。❶ 正如前文所述，激励理论制度化为著作权激励制度之时，激励理论的乐观主义者倾向于无限制地扩张著作权的权利，而悲观主义者则认为著作权的激励应当是有限度的，超出激励必然有害于著作权人、传播者、使用者、社会公众的利益平衡，从而难以实现著作权法之根本目的。因此，有必要针对孤儿作品设计相应的利用机制，从权利再分配的角度限制著作权之扩张，以此弥合基于著作权扩张等因素造成的作品资源的浪费；弥合潜在利用人及社会公众对作品接触权的缺失，实现著作权法律关系的利益平衡。相对于“公共领域说”而言，“利益平衡说”更有说服力。

## 第二节　著作权制度价值的二元化与孤儿作品利用的两面性

在财产工具论的立场，认为单纯地将财产视为物的观念是荒谬而毫无益处的，财产所有权不仅包含人与物之间的关系，还包含人与人之间的关系。在更多地观察知识产权的行为关系的角度得出这样的结论：“知识财产的各项权利是特殊的侵犯他人自由的特权。”❷ 从这个意义上说，正如卢梭所强调的私有权的核心要素是——社会公认，“人们尊重这种权利，更多的是并不属于自己所有的东西，而是属于别人所有的东西”❸。著作权的讨论毫无疑问需要更多地关注基于作品利益纠葛到一起的著作权人、传播者、使用者及社会公众之间的冲突关系层面的问题。孤儿作品之利用正是这些问题的焦点体现。孤儿作品的利用一方面涉及对著作权之保护的价值维度，另一方面又关涉作品的传播与利用之价值维度。基于著作权制度价值多元化的考量，则利于进一步探讨孤儿作品利用的两面性。

---

❶ 半田正夫，纹谷畅男．著作权法 50 讲［M］．魏启学，译．北京：法律出版社，1990：216.

❷ 彼得·德霍斯．知识财产法哲学［M］．周林，译．北京：商务印书馆，2008：14-15.

❸ 卢梭．社会契约论［M］．何兆武，译．北京：商务印书馆，1980：31.

## 一、著作权制度价值的二元化

著作权制度范畴下的作品关涉多方利益关系，由于著作权的专有性，著作权人、传播者、使用者与社会公众对于作品的利益需求在一定程度上是存在冲突的。因为利益的多元与主次性使作品利益关系的冲突不可避免。基于著作权利益的多元性，著作权制度的价值维度天然具备多元化的特点。从这个意义上而言，一方面，作品的“利益是权利的存在形式”❶；另一方面，著作权制度又是利益选择的结果，“法律必须对社会所有典型的生活事件和利益冲突进行调整”❷。作为“版权体系”典型代表的美国在《〈伯尔尼公约〉的实行法》（Berne Convention Implementation Act of 1988）的国会报告中指出：“除了作品被创作、独占权只在有限期间内受保护以外，健全的版权立法有必要考虑其他方面。国会必须权衡保护一项特别利益，公众所付出的成本和得到的收益。”❸ 著作权的最终目标是扩大公众的知识和理解，旨在通过授予潜在创作者对其作品的专有权利来实现这一目标，从而为他们提供经济激励，为公众消费创作信息丰富、智力丰富的作品。因此，基于以利益平衡为基本原则的价值多元化表现是著作权制度所体现的基本特征。这一特征仅从各国的著作权法立法目的即可见一斑。

### （一）著作权制度的价值维度之一：保护著作权以激励作品的创作

著作权制度以保护著作权为创设初衷，在于希望赋予著作权人有限的垄断权，其最终的目的是激励作品的创作。《伯尔尼公约》（1886）与《世界著作权公约》（1952）均表明：著作权法是保护作者权利的法律。❹ 世界范围内

---

❶ 唐代兴．利益伦理［M］．北京：北京大学出版社，2002：194.

❷ 魏德士．法理学［M］．丁晓春，吴越，译．北京：法律出版社，2005：21.

❸ 林德伯格，帕特森．版权的本质：保护使用者权利的法律［M］．郑重，译．北京：法律出版社，2015：43.

❹ 《伯尔尼公约》第1条规定：“适用本公约的国家为保护作者对其文学和艺术作品所享权利结成一个同盟。”《世界著作权公约》第1条规定：“缔约各国承允对文学、科学、艺术作品——包括文字、音乐、戏剧和电影作品，以及绘画、雕刻和雕塑——的作者及其他版权所有者的权利，提供充分有效的保护。”

绝大多数国家的著作权法中均在第 1 条明确地将著作权的保护作为立法目的加以规定。[1] 美国是在宪法知识产权条款规定其版权法的立法目的，该条款授予国会制定版权法，既明确了国会的权力，又规定了版权的立法目的，“国会应当有权……促进科学和艺术的发展，通过在有限期间保护作者和发明人对其作品和发明创造的独占权”[2]。有学者指出这一立法目的阐明了版权的三大政策：促进学习、保持公有领域以及保护作者。因为所有作品在保护期届满后应当进入公有领域，同时为了实现科学艺术发展的更大目标而赋予作者独占权。[3]

作品的创作依赖于公共领域，赋予作品以著作权本就是对公共领域之“侵蚀”。[4] 如前文对于著作权之获取的正当性论争中，著作权激励理论的悲观主义者就认为，著作权不过是具有垄断性质的一种特殊的财产权，只是为了解决公共物品稀缺问题的一种不完美的手段而已。著作权制度应仅在于维持著作权人收回最低的投入成本，而不是作品创作的全部社会价值。[5] 故此，要获得这种垄断性的权利，要有交换条件，即作者必须创作新的作品，同时也在范围和时间上受到限制。第一个条件意味着著作权不能被用于主张对思想或已经处于公共领域的作品；第二个条件意味着作者创作的作品最终将进

---

[1] 《巴西著作权法》第 1 条：本法是有关著作权的法律，在本法中，著作权是指作者权和邻接权。

《德国著作权法》第 1 条：文学、科学、艺术著作的著作权人对其著作依本法享有保护。

《日本著作权法》第 1 条：本法目的在于通过规定有关作品以及表演、录音制品、播放和有线播放的作者权利以及邻接权，在注意这些文化财产公正利用的同时，保护作者等的权利，以促进文化的发展。

[2] U. S. Const. art. 1，§ 8. 林德伯格，帕特森．版权的本质：保护使用者权利的法律［M］. 郑重，译．北京：法律出版社，2015：41.

[3] 林德伯格，帕特森．版权的本质：保护使用者权利的法律［M］. 郑重，译．北京：法律出版社，2015：41.

[4] 林德伯格，帕特森．版权的本质：保护使用者权利的法律［M］. 郑重，译．北京：法律出版社，2015：42-43.

[5] LEMLEY M A. Property，Intellectual Property，and Free Riding［J］. Tex. L. Rev.，2005（83）：1032.

入公共领域。综述之，著作权制度的基本价值维度是保护著作权以激励作品的创作。

### （二）著作权制度的价值维度之二：促进作品的利用与传播以保障公共利益

著作权制度的价值维度不是单一的激励，除了激励作品之创作之外，著作权制度的另一基本价值维度是：促进作品的利用与传播以保障公共利益。有学者认为，著作权制度的基点纯粹在于促进独创性作品创作，❶ 或著作权法的主要目标在于反盗用以保护智力创作成果，而忽略了促进作品的利用与传播的著作权制度的另一基本价值。正如本书第二章论及作品的本质属性，作品的公共物品属性致使著作权的取得只能是一种强制性垄断，而这种垄断应当是有限度的，在数字网络环境下，这种垄断的激励效应甚至是被高度怀疑的，基于作品天然具有易传播性和公共物品属性，著作权的天然缺陷表露无遗。

著作权的权利边界是不能影响作品的公共利益功能，也就是为使用人和社会公众所接触。按照科斯定理，权利的清晰界定，是有助于实现著作权对作品权益的有效配置，因为与著作权之权利配置，不仅涉及作品的创作，并且关乎作品的投资、利用与增值。❷ 赋予知识产品以产权之目的是减少交易成本以增强效率。作品具有公共产品的属性，如果没有特别法律加以保护，则难以阻止其他人的不法利用。❸ 然而，对作品之著作权法保护的同时，还应当兼顾作品的利用与传播。这对保障公共利益有积极的意义。美国版权法在这一价值维度上强调保持公共领域的政策目标，认为著作权的获取既要保障公共领域不被侵害，又要使公共领域得以丰富，作品最终应当归入公共领域。❹

---

❶ STERKSTEWART E. Rehtoric and Realityin Copyright Law [J]. Michigan Law Review., 1995 (94): 1205, 1209.

❷ SMITHHENRY E. Intellectual Propertyas Property: Delineating Entitlementsin Information [J]. Yale L. J., 2006, 116 (8): 1747.

❸ 李雨峰. 著作权的宪法之维 [M]. 北京: 法律出版社, 2012: 190.

❹ 林德伯格, 帕特森. 版权的本质: 保护使用者权利的法律 [M]. 郑重, 译. 北京: 法律出版社, 2015: 42-43.

此外，美国版权法还体现了促进公众接触作品的价值维度。从社会公众的角度考虑，这种作品的使用行为对于增进知识和学习是很重要的，而著作权人的专有权所控制的作品应当受制于能使该作品为公众所接触的价值维度。❶ 美国联邦最高法院指出："创造性作品是要受到鼓励的，但是私人创造作品的动机必须最终服务于促进公众广泛获得文学、音乐以及其他艺术作品。"❷ 简言之，著作权是一个功能性概念：它的功能是鼓励作者发行其创作的作品；它的目的是增进知识和学习。功能的实现是通过激励而不是威胁，宪法并不赋予立法者强制让作者出版作品或接受著作权之利益。❸

当著作权制度的保护著作权以激励作品的创作之价值维度与促进作品的利用与传播以保障公共利益之价值维度发生冲突时，立法如何权衡则是一个很重要的问题。孤儿作品利用法律问题即面临这样的价值选择。

## 二、孤儿作品利用的两面性

孤儿作品利用关系问题从不同的主体角度考察，其权利镜像是完全不同的，至少我们可以看到孤儿作品的两面性。对于孤儿作品的潜在利用人即社会公众而言，孤儿作品的利用更多的正当性依据或权利体现为基于接触权。从另一角度而言，对于著作权人——孤儿作品的真正财产权人，没有获得著作权人许可的孤儿作品的利用则是对其权利的一种限制抑或侵扰。从有益于孤儿作品之利用的角度定性而言，则是著作权人基于其权利正当性来源应当承受的容忍性义务。

### （一）孤儿作品利用的正面：接触权（access right）

1. 接触权基本内涵界定

接触权的演绎背景在著作权之前一直是作为人权的范畴而进行的。接触权

---

❶ 冯晓青．知识产权法利益平衡理论［M］．北京：中国政法大学出版社，2006：102.

❷ Twentieth Century Music Corp. v. Aiken，422 U. S. 151，at 156. 王迁．知识产权法教程［M］7 版．北京：中国人民大学出版社，2007：284.

❸ 林德伯格，帕特森．版权的本质：保护使用者权利的法律［M］．郑重，译．北京：法律出版社，2015：42-46.

最初被视为公众接触政府信息的权利（public access to government information）。❶ 在数字网络时代，基于传播技术的飞速变革，对于著作权的复制和传播变得轻而易举，因此，著作权人对于作品的财产控制权似乎在技术面前被严重淡化，为了避免数字网络环境下作品被非正当地复制和传播，各种网络环境下的著作权技术保护措施应运而生，以控制作品潜在利用人对作品的接触、复制、传播行为。基于此的正当性的讨论也随之展开，学者们因此提出了构建著作权人的“接触权”之主张，认为“接触权”是著作权人控制利用人接触作品的权利。❷ 学者们还将《世界知识产权组织版权条约》《世界知识产权组织表演与录音制品公约》以及各国立法中的反规避条款视为间接创设“接触权”的法源。❸ 还有观点认为接触权是著作人身权衍生的权项，又称“著作物接触权”，是指作品原件或稀有复制件转让以后，作者为行使著作权，有权接触作品并予以复制的权利。❹ 显而易见，这些权利创设的价值取向仍然是“作者权中心主义”的价值观，在关于作品的接触与否的主动权之设定上仍然以著作权人之利益保护为基本考量，是对“接触”之实质内涵的价值曲解，这样的价值偏向从表象上看似有利于著作权的目的实现，但实质上是对著作权问题只考虑填堵而不考虑疏导的一种错误的思维逻辑。从作品与相关利益主体之间的互动关系来看，潜在作品利用人与著作权人、传播者与社会公众之间的有效利益平衡，才是实现著作权法基本目的的唯一途径。针对著作权的扩张，平衡的手段无疑是选取强化传播者与潜在作品利用人的权益保护，即实现对著作权的合理限制。在这样的价值基础上，本书所主张的“接触权”其内涵应当是指潜在作品利用人对作品的接触和正当使用的一种基本权利，这里的作品除了公共领域的作品之外，尤其指处于作者权利控

---

❶ PERRITT J R, HENRY H. , and CHRISTOPHER J. Lhulier. Focus on Cyber law: Information Access Rights Based on International Human Rights Law [J]. Buffalo L. Rev. 1997 (45): 899-901.

❷ 熊琦．论“接触权”——著作财产权类型化的不足与克服［J］．法律科学，2008（5）：88.

❸ GINSBURG J C. From Having Copiesto Experiencing Works: The Developmentofan Access Rightin U. S. Copyrightlaw [J]. Copyright Soc'y USA, 2002 (50): 122.

❹ 周晓冰．接触权的性质及行使条件研究［J］．电子知识产权，2014（3）：49.

制下被束之高阁的孤儿化作品。

2. 接触权的实质讨论是确定孤儿作品利用之正当性的根本

在德霍斯看来，并不仅仅只需要这些，公民追求平等权利需要接触到信息，从而能做出计划和正确的决定。❶ 德霍斯在注意到知识财产的垄断性时，提出了“信息公平”，他在《知识财产法哲学》一书中泼墨整整一章来讨论这一主题。“信息在经济学语境下描述为是具有非竞争性消费的财产。”❷ 林德伯格与帕特森在《版权的本质：保护使用者权利的法律》一书中指出，法律由三个层次构成，这三个层次分别是：政策（policies）、原则（principles）和规则（rules）。“政策不是自动执行的，规则也不是不解自明的，形成按照政策来解释规则的若干原则，因此塑造美国版权的概念，成为19世纪法院的职责。”❸ 美国作为判例法国家，其版权价值之形塑更多依赖于法官创设的版权原则，这些原则包括有限保护原则（limited-protection）、合理使用原则（fair-useprinciple）、个人使用原则（personal-useprinciple）、接触权原则（right-of-accessprinciple）、公共利益原则（public-interestprinciple）等。其中，接触权原则是版权的宪法性原则，版权的宪法性目的——促进学习，有赖于接触权原则其实质是版权确保公众接触作品的权利成为版权人通过法律赋予的垄断权获利的交换条件。❹ 孤儿作品问题的产生，正是作品潜在利用人无法实质接触和合理使用作品的著作权失灵的现象。尤其是那些有利用价值，但是基于种种原因未发表的孤儿作品，便是基于著作权之权利垄断而蒙尘。基于激励理论制度化所建构的激励机制应当是一种“平衡”的著作权制度，著作权排他性权利的取得不能以损害公众接触作品的机会为代价，反而

---

❶ 彼得·德霍斯．知识财产法哲学［M］．周林，译．北京：商务印书馆，2008：185.

❷ 彼得·德霍斯．知识财产法哲学［M］．周林，译．北京：商务印书馆，2008：171.

❸ 林德伯格，帕特森．版权的本质：保护使用者权利的法律［M］．郑重，译．北京：法律出版社，2015：47-48.

❹ 林德伯格，帕特森．版权的本质：保护使用者权利的法律［M］．郑重，译．北京：法律出版社，2015：49-60.

应以保障使用人的接触权为获取专有权的容忍义务。❶

3. 接触权在著作权法里的功能定位

正如学者李琛所言，“知识产权法的基本功能是分配基于符号表达产生的市场利益”❷。这种符号表达的利益分配，如果从罗尔斯的分配正义实现的角度而言，创造者、投资者、传播者、使用者，都是参与知识利益分配的主体。对于孤儿作品的接触和利用就是亟待破解的难题，从著作权的权利体系化角度而言，作品潜在利用人的接触权实际上是对于作者的著作权的一种限制，因此，这种权利的行使有严格的限制。从适用的情境到适用的条件，到对著作权人的权益补偿，都是针对孤儿作品的潜在利用人的接触权之设定的关键因素。因此，接触权在著作权法范畴内的功能定位，是基于对著作权扩张和滥用的一种控制阀，促使作品最大化地流通和利用，从而有效实现作品权益的平衡，实现著作权的有效激励。

激励作品的创作应当仍然是著作权制度的内在价值要求，只是这样应然层面的价值设定，总要通过实然层面的价值分配，才能实现著作权制度的基本目的。著作权法的完整性应当包括使用者权利的法，这对于自由社会具有极为重要的意义。❸ 著作权是一个功能性的概念，其功能在于鼓励作者传播所创作的作品，其根本目的在于促进学习。法律授予作者以著作权的条件是保障读者的接触和使用作品的正当权利，首先，无论天赋如何，任何作者都是占用了公共领域的素材进行创作；其次，促进学习和保护公共领域的政策应当优于保护作者利益。❹ 很显然，立法者应当努力在著作权法的字里行间展现对于公共利益的尊重。因为只有在立法层面上对公共利益予以肯定，才能够

---

❶ WILLIAM M L, RICHARD A P. An Economic Analysis of Copyright Law [J]. J.Legal Stud, 1989: 326.

❷ 李琛．知识产权法基本功能之重解 [J]. 知识产权, 2014 (7): 3.

❸ 林德伯格，帕特森．版权的本质：保护使用者权利的法律 [M]. 郑重，译．北京：法律出版社，2015：192.

❹ 林德伯格，帕特森．版权的本质：保护使用者权利的法律 [M]. 郑重，译．北京：法律出版社，2015：52.

有力地保障著作权法在具体的施行过程中真正兼顾公共利益。[1] 加拿大最高法院已经在这一作者中心的运动中意识到，从早期“以作者为中心的观点”到强调使用者权利（userright）是敏感平衡“保护和利用”的重要工具，以进一步提升文化的广泛使用之公共利益。[2]

### （二）孤儿作品利用的反面：容忍义务

从绝对保护私人的财产自由，到强调财产权的行使同时须有助于公共福利，理论变迁的背景是人类社会生存状态的根本性转变以及由此带来的权利哲学层面的变迁。[3] 不应当一味强调著作权的单向性，而应当看到其复杂的财产关系，孤儿作品的利用对于潜在的使用人而言可以说是一种接触权；对于著作权人而言，就应当是一种容忍义务。

首先，从作品的财产关系来看，著作权的享有应当伴随相应的义务产生。作品来源于创作，在知识的累积性特征的认识基础上，任何创作都是在前人基础上的后续创作。所谓创作，是作曲家糅合了他所听过的曲调；剧作家汲取现实生活碎片及其他剧作家的创作的人物特征；小说家虚构情节来源于自身和其他人的生活和情节设定……软件设计师、导演、演员、雕刻家、建筑设计师等的创作无不是在那些既有的知识累积的基础上进行的。这是非寄生性的特质，体现的是创作的承续性本质。[4] 从这个意义上而言，以作品为核心的创作链是一个有机循环的过程，而作者、传播者、使用者与社会公众之间也正是处于这样一个循环关系中，随时都有可能出现角色互换，彼此之间的行为相互联系、相互影响。这一财产关系与有体物的财产相邻关系一样，也会基于财产权的行使而产生相应的容忍义务，不过基于作品的公共物品属性，这种“相邻关系”更趋复杂，作品的价值远非其本体价值，其价值意义存在于作品符号的关系网中。[5] 财产权的实质不在于对物的控制，而在于人与人之

---

[1] STEPHEN S. Musicon the Internet: Can the Present Laws and Treaties Protect Music Copyrightin Cyberspace [J]. Currents Int'l Trade L. J., 1999 (8): 31.

[2] David V. User Rights [J]. Intellectual Property Journal July, 2013 (25): 105.

[3] 张翔．财产权的社会义务［J］．中国社会科学，2012（9）：100.

[4] JESSICA L. The Public Domain [J]. Emory Law Journal, 1990, 39 (4): 966-967.

[5] 黄汇．版权法上的公共领域研究［D］．重庆：西南政法大学，2009：33.

间的关系。那么，在赋予作者以排他的财产权利的同时，其必然要承担相应的容忍义务，这一义务包含最低的要求：让他人能接触到作品并且在法定范围内行使使用权。这是著作权得以正当的基本负担，正如李特曼所言，如果在创作的过程中，缺乏丰富多彩的公共领域，大部分的作品将是非法的。❶

其次，从著作权的本质角度来看，作品的公共物品属性决定了著作权的财产权的不完全性。由于作者排他性享有的作品之财产权利之公共物品属性必然地与公共领域产生勾连，因此作者的这一财产权利并非绝对权利，在对其作品行使消极不作为之权利而致使作品处于“孤儿”状态时，其对权利的消极不作为并不代表可以放弃相应的容忍义务。林德伯格与帕特森指出，作者要获得对作品的市场交易的独占权，必须要有著作权，而这项权利的必然结果是有义务使作品能够为了现在的学习所获得，而且成为子孙后代的文化遗产。如果作者不希望履行这一公共责任，其只需要放弃这一法定的著作权利益。❷ 也就是说，即使孤儿作品对著作权人来说已经不具备经济利益，即使在著作权保护期，也由于没有任何实际的价值而放弃权利的行使，但是，著作权是一种人为稀缺，是将原本属于公共领域的资源划定给著作权人，作为一种基本的权利负担，著作权人应当保障其作品是被接触及正当性使用。相对于其财产权而言，这是一种基本的容忍义务。如果要免除这些相应的义务承担，就必须放弃相应的著作权并且以公示的方式确保该作品进入公共领域。孤儿作品的正当利用，就是这种容忍义务应当承受的范围。价值是相对的概念，对于其他人而言，有可能认为有必要利用该孤儿作品。由于著作权的排他性则有可能使这一部分作品处于著作权与公共领域之间的灰色地带，这无疑是一种极大的资源损耗。如果在著作权不断扩张的趋势下仍旧放任这种状态，与著作权法的基本目的也是相违背的。

---

❶ JESSICA L. The Public Domain [J]. Emory Law Journal, 1990, 39 (4): 967.

❷ 林德伯格，帕特森. 版权的本质：保护使用者权利的法律 [M]. 郑重，译. 北京：法律出版社，2015：52.

## 第三节　孤儿作品利用制度的价值取向及其理论基础

从本质上而言，对孤儿作品设定利用规则，实际上是对著作权人之权利设定某种限制。著作权对作者的创作是一种激励机制，“若无收获之希望，无人费力去播种”❶。著作权人的权利边界应当划定在什么位置才能使其有“播种”的积极愿望，孤儿作品的利用制度在这一权利边界的重新界定在很大程度上受到一国的制度禀赋的影响。正如罗尔斯在论及其“公平的正义”理论在何种背景制度下能更好地实现时无奈地指出“这个问题要留给每个国家的历史条件与传统、制度与社会力量去解决”❷。孤儿作品利用的价值选择直接影响孤儿作品具体利用规则的设定。

### 一、孤儿作品利用制度的价值取向：促进孤儿作品利用与传播

基于著作权的内生性悖论，围绕作品创作、传播、利用这三层关系，产生利益冲突是不可避免的。按照罗尔斯的正义原则的优先性原则，“自由只能为了自由的缘故而被限制”❸。在作品的著作权人的权利自由妨害到作品的传播自由时，对于著作权的限制是符合正义原则的。“版权的宪法性目的不在于激励作者，而是为了学习，便利思想的传播，使公众能从作品创作中受益。”❹ 美国国会在强调这样的逻辑，版权的目的首先是促进学习，其次是保存公共领域，最后才是通过使作者获得利益以激励作品的创作和传播。美国是版权经济强国，从该国的版权立法到版权政策可以判断，著作权法在权利配置上对经济的潜在推动力是比较关键的。

---

❶ 保罗·戈斯汀．著作权之道：从谷登堡到数字点播机［M］．金海军，译．北京：北京大学出版社，2008：142.

❷ 约翰·罗尔斯．正义论［M］．何怀宏，何包钢，廖申白，译．北京：中国社会科学出版社，2009：10.

❸ 约翰·罗尔斯．正义论［M］．何怀宏，何包钢，廖申白，译．北京：中国社会科学出版社，2009：237.

❹ 林德伯格，帕特森．版权的本质：保护使用者权利的法律［M］．郑重，译．北京：法律出版社，2015：41-42.

孤儿作品利用规则的价值取向，往往要考虑一国的著作权法的立法目的，也就是说，我国孤儿作品利用规则的价值取向不能与我国《著作权法》相背离，要体现孤儿作品利用规则的合目的性。因此，我国孤儿作品利用规则的价值取向既要考虑实现孤儿作品的有效利用与传播的内在价值需求，又要考虑实现《著作权法》之立法目的的外在价值需求。

首先，从实现孤儿作品最大化利用的内在价值需求来看。我国孤儿作品的数量在相较其他国家更为严峻的情况下，更应当在著作权制度层面清晰界定著作权的限度，同时明确作品使用者的接触权，实现关于作品的著作权法律关系的有效平衡，这样才能促使孤儿作品的最大化利用是在遵循作品有效传播的经济规律下，实现多赢的局面。因为以著作权规则的形式明确孤儿作品的利用，一方面，将著作权合理地限定在一定的边界，可以避免著作权扩张和滥用引起的负效应；另一方面，作品的传播与作品的创作是一个互为根本的循环关系，以权利的方式明确界定使用者包括接触权在内的相应权利，不是对著作权的根本妨害，在一定意义上是实现作品创作与传播的良性循环的开始。如果有一套明确高效的孤儿作品利用规则，使用者当然会加以遵循，而不是对孤儿作品弃置不用或侵权性使用这样的极端。

其次，从实现《著作权法》之立法目的的外在价值需求来看。❶《著作权法》表述的立法目的有三层含义：第一层含义是保护著作权及其相关权，这是著作权法的起点；第二层含义是鼓励作品的创作和传播，这一层意义上的著作权法对作品的创作与传播要起到激励作用；第三层含义是促进文化与科学事业的繁荣与发展。

值得注意的是，第三次《著作权法》修订更为关注著作权法的功能性，《草案送审稿》第 1 条对立法目的作了细微的修订，“促进社会主义文化、科学和经济的发展与繁荣，根据宪法制定本法”。这一修订明显将我国著作权法立法目的的第三层含义加以扩展，赋予著作权法促使科学艺术发展之外，还

---

❶ 我国《著作权法》第 1 条规定：为保护文学、艺术和科学作品作者的著作权，以及与著作权有关的权益，鼓励有益于社会主义精神文明、物质文明建设的作品的创作和传播，促进社会主义文化和科学事业的发展与繁荣，根据宪法制定本法。

应当促使经济的发展与繁荣。这一变动，在递交给国家版权局的《草案送审稿》的说明里分析了相关的原因：由于经济全球化进一步深入，著作权已经成为国际贸易的重要载体之一。国际经贸关系中，我国的著作权保护已经成为不可回避的重要问题。在这一语境下，著作权已经作为重要的经济发展要素参与国家经济建设。这就不难理解第三次《著作权法》修订直接在第 1 条里加入了“促使经济的发展与繁荣”之目的。然而，孤儿作品现象就是著作权制度失灵导致市场缺失，直接影响了作品作为产权要素参与市场交易的经济功能的实现。因此，制定适合中国著作权生长环境的孤儿作品利用规则，选取什么样的价值取向直接影响规则的最终效果。

如前所述，我国著作权法的立法目的分为：保护著作权，促进作品的创作与传播，促进科学、文化、经济的发展繁荣三个层次。这三个层次所针对的利益主体又分别是著作权人、作品使用人及传播者、社会公众。因此，第三次《著作权法》的目的修订，其外在价值需求说明克服现有著作权法的制度困境，孤儿作品的利用制度以孤儿作品之最大化利用是符合著作权正义分配原则，也就是在保护著作权以激励作品的创作的价值维度与促进孤儿作品利用与传播的价值维度相冲突时，应当以促进孤儿作品利用与传播的价值维度为主。“每个人的财产权利受制于公众的一般权利，公共利益的需求程度决定了其如何使用。”❶ 只有这样，才能衡平基于著作权限制作品为公众所接触和正当利用产生的利益失衡现象。

## 二、孤儿作品利用制度的价值取向之理论基础

### （一）科斯定理维度的孤儿作品利用

法学研究不能浮于表面，应当力求科学化。从哲学层面而言，法学是第二性的，由此，法学要寻求科学化，只能借助于其他学科之力。法经济学便是经济学运用于法学的一个生机勃勃的研究领域抑或新型学科，罗利（Rowley）教授认为，法经济学实际上是“将经济学理论运用于检验法律与法

❶ 林德伯格，帕特森．版权的本质：保护使用者权利的法律［M］．郑重，译．北京：法律出版社，2015：74.

律制度的形式、结构、程序和影响”❶。法经济学建构了更为有说服力的解释论，其研究领域几乎遍布了所有的部门法学。杰出的法经济学家威廉·M. 兰德斯和理查德·A. 波斯纳早于20世纪80年代就断言，著作权是法经济学分析的天然场域。❷ 运用经济学的视角来观察和讨论著作权法作为一种机制，在多大的程度上可以实现对资源的有效配置，成为法经济学家在著作权法研究领域所普遍关注的问题。孤儿作品的本质是一种著作权制度失灵导致的著作权交易市场消失的经济现象，在法经济学语境下讨论孤儿作品问题，有利于从市场的角度检验著作权制度设计的合理性。在本章引入法经济学的研究范畴，其理论的取舍以能否完成两项任务为条件。首先，要实现对孤儿作品利用的行为之定性。通过法经济学的经典理论，我们可能会将孤儿作品置于市场的背景下，深入了解孤儿作品相关权益人的行为。尤其是在交易成本过高的情形下，潜在的孤儿作品利用人行为将是沿着什么规律行径的。其次，通过法经济学独特的视角，进一步了解孤儿作品利用的著作权制度应然层面的价值定位如何通过实然层面的制度设计实现资源的有效配置，申言之，著作权法的规则设定如何实现与最初的立法目的相协调，而不至于发生著作权制度功能的异化，从而引起市场失灵。

1. 科斯定理的基本原理

从新制度经济学的立场出发，任何法律都是一种激励机制。其通过对权利与义务在社会中的分配，实现个人行为的外部成本内部化，从而诱导个人选择社会最优的行为。❸ 激励理论正是以这种激励机制运用于著作权制度的设计，从而达到激励作品的创作与传播的目的。科斯认为，只要产权明晰，且基本可以忽略交易成本的情况下，无论财产权赋予谁，市场总会实现资源配

❶ ROWLEY, CHARLES K. Public Choice and the Economic Analysis of the Law [M] // Lawand Economics. Kluwer Press, 1989: 125. 参见：熊琦. 著作权激励机制的法律构造 [M]. 北京：中国人民大学出版社，2011：3.

❷ WILLIAM M L, RICHARD A P. An Economic Analysis of Copyright Law [J]. LegalStud., 1989 (18): 325.

❸ DEMSETZ H. Towarda Theory of Property Rights [J]. Am. Econ. Rev., 1967 (57): 347.

置的帕累托最优结果。❶ 科斯在其《论生产的制度结构》中，利用“山洞财产权配置”的故事生动地阐释了这一定理。依据科斯定理，不管山洞的财产权配置给谁，“法律只负责确定谁是想获得山洞使用权的人以及必须与之签约的人”❷，重要的是，市场的价格机制能否自由地发挥商谈作用，从而使最终的权利归属达到最佳状态。

科斯在《社会成本问题》中，他举出了烟尘妨害以及牛群与谷物的例子，以表明在不考虑交易成本的情况下，权利的初始界定并不影响当事人最终的经济收益。若一旦考虑到交易成本的存在，财产权的初始配置就显得尤为重要，会影响到权利的最终配置，甚至影响社会总体福利。不同的权利设计方式有可能产生比其他权利设计方式更大的价值。❸ 罗伯特·梅杰斯（Robert P. Merges）教授指出，在知识产权领域，科斯定理的适用可能存在以下问题：其一，知识产权的外部性界定存在很大的困难；其二，知识产权制度初始权利配置所面临的又一问题是估价问题。在科斯定理的框架内，假定当事人能够平等地分割通过商谈而获取的合作剩余。但这种平分显然是不现实的，尤其在一件产品上重叠存在的知识产权将产生极为棘手的估价问题。❹ 很显然，对于强烈依赖制度的拟制获取稀缺性的知识产权而言，制度对于产权的界定就尤为重要。这直接影响知识产品交易的效益及最后的社会福利分配。毫无疑问，制度通过为人们提供行为指引的规则，从而减少不确定性。著作权制度的有效权利配置，可以实现预期交易行为的引导，从而实现交易效益的最大化。然而，我们不能忽视的一点是，制度的生成和变革中，实际上是存在各种利益博弈的。

---

❶ 理查德·波斯纳．法律的经济分析［M］．蒋兆康，译．北京：中国大百科全书出版社，1997：46.

❷ 罗纳德·哈里·科斯．论生产的制度结构［M］．盛洪，译．上海：上海三联书店，1994：71.

❸ RONALD H C. The Problem of Social Cost［J］. Journal of Law and Economics，2013，56（4）：837-877.

❹ MERGES，ROBERT P. of Property Rules，Coase，and Intellectual Property［J］. Columbia Law Review，Colum. L. Rev.，1994（94）：2655-2673.

2. 基于科斯定理维度的孤儿作品利用问题分析

若将孤儿作品放到科斯定理的语境中，就会发现至少存在两个问题：第一，虽然法律层面上孤儿作品的初始权利配置是清晰的，当然地属于著作权人，然而事实上权利不是静止的，孤儿作品的权属状态并不清晰。到底著作权人已抛弃了该作品的财产权；还是著作权人已死亡或消灭又无权利承接人；或者是著作权人只是暂时消失，随时有出现的可能，这些均不可知。第二，在孤儿作品权属状态不清晰的情况下使著作权的财产权专有性呈现出高度模糊状态，由于缺乏明确的“与之签约的人”，完全竞争市场的预设无法实现，理性商谈无法进行，市场的价格机制无法正常发挥资源配置作用。

“著作权制度中的权利配置，不仅仅涉及作品的创作，更关乎作品的投资、利用与增值。”[1] 交易成本一定程度上决定配置财产规则抑或责任规则，如果交易成本过高，涉及较多的主体和定价因素清晰的情形下，一般是予以配置责任规则，以防止交易成本过高而无法实现权利的有效配置。[2] 孤儿作品的利用涉及多方权利主体，并且获取孤儿作品利用的合法性需要较高的交易费用。因此，著作权的财产规则在这样的情形下就有可能失灵。若忽略孤儿作品的权属状态，直接选择使用该作品可能产生若著作权人出现主张孤儿作品之权利侵权的情形。在此种情形，则有必要设计有效的责任规则以弥补孤儿作品利用状态下的著作权制度失灵，此时责任规则就起到辅助财产规则的作用。

## （二）利益平衡维度的孤儿作品利用

1. 利益平衡的基本理念

法律在通过权利配置调整人和人之间的关系时，其基本隐含了一个终极目的，即利益平衡，法律乃是利益平衡之器。博登海默曾言，“法律的目的是

[1] HENRY E S. Intellectual Propertyas Property: Delineating Entitlementsin Information [J]. Yale L. J., 2007, 116 (8): 1747.

[2] 熊琦．著作权激励机制的法律构造［M］．北京：中国人民大学出版社，2011：15.

在个人原则与社会原则之间形成一种平衡”❶。利益平衡是任何法律制度均应考虑的原则。对于著作权法律制度而言，这一原则是至关重要的基本原则，著作权法律关系的多方利益主体之间的利益权衡，直接涉及著作权的立法目的能否实现，著作权法律规则能否发挥预期功能。商品经济社会，人们为之奋斗的一切都与他们的利益有关。❷ 利益之于法律往往与权利有着双生镜像，权利往往意味着某种利益以及实现这些利益的手段或途径。不管权利的具体对象或内容是什么，对于权利主体而言，总是意味着某种可欲的利益，而非一种负担。❸ 此种可欲之利益，于最初体现为一种自然习俗，随着社会进阶，利益则表现为对法律规则的需求。这种利益需求，不仅表现为主客体之间的一种关系，即为社会发展客观规律作用于主体而产生的不同需要的满足和满足这种需要的措施；❹ 同时，还表现为主体间的关系，即主体间的利益博弈与分配关系。但凡有著作权法的国家，都对其相关立法进行过若干次的修订，最直接的原因就是新技术的冲击导致主体间的利益冲突与失衡，从而要求在利益分配上进行重新调整，以实现利益平衡，实现私法范畴的分配正义。

哲学观念上的平衡是矛盾冲突的主体间在力量上相抵而保持的一种相对静止的状态。平衡（equilibrium）在法经济学中被定义为“每一方都同时达到最大目标而趋于持久存在的相互作用形式”❺。该词最初是由英国经济学家 A. 马歇尔于 19 世纪末从物理学领域引入经济学领域，用以描述诸如市场经济主体总量的状况。❻ 后陆续被经济学家们在论证市场供需关系的状态时不断利

❶ E. 博登海默．法理学：法律哲学与法律方法［M］. 邓正来，译．北京：中国政法大学出版社，1999：115.

❷ 马克思恩格斯全集：第一卷［Z］. 中共中央马克思恩格斯列宁斯大林著作编译局，编译．北京：人民出版社，1978：28.

❸ 周赟．法理学［M］. 北京：清华大学出版社，2013：44.

❹ 孙国华．法理学［M］. 北京：法律出版社，1995：60.

❺ 罗伯特·考特，托马斯·尤伦．法和经济学［M］. 史晋川，董雪兵，等译．上海：格致出版社，上海三联书店，上海人民出版社，1994：22.

❻ 戴维·W. 皮尔斯．现代经济学词典［Z］. 宋承先，等译．上海：上海译文出版社，1988：181.

用，认为均衡是经济学中供需关系的实质内容。❶ 法律关系往往是市场领域之经济关系的逻辑表达，经济学中的均衡理论与法律制度设计中的利益平衡有着不可忽视的思维逻辑上的暗合。❷ 因此，著作权领域考量利益平衡的最佳状态，在某种程度上经济学的分析方法是值得借鉴的方法之一，因为，利益平衡仅仅是一种状态，著作权范畴的利益平衡以什么为标准？最基准的正义标准不可阙如，此外方可考虑效率层面的价值追求。法律上的正义，似一张普罗透斯的脸，❸ 蕴意大量地具有普遍真理的价值，人们总是从不同的角度对其进行解释和构建。亚里士多德将正义分为分配正义和矫正正义，他认为平衡原则的运用是针对法律太过于原则时的一种矫正机制。❹ 庞德关于正义的理解往往设定了一定的论域，他指出，我们将正义在伦理上看成一种个人美德或是对人类需求合理而公平的满足；在法学上，我们所言说的执行正义意指在政治上有组织的社会中，通过这一社会规则来调节人与人之间的关系以及安排人们的行为。❺ 罗尔斯认为，正义的对象是用来分配权利义务的基本社会结构，将他的正义观具体化到两个正义原则：第一个正义原则是关于社会结构中的公民之政治权利内容的平等自由原则，根据这一原则，每一个人和其他人一样存在自由并存在最广泛的基本自由；第二个原则是差异性原则。在考虑到经济及社会的差异性存在，应当进行制度的有效安排以使其具备“公平的机会”且“合乎每一个人的利益”❻。在制度的选择方面，罗尔斯的“公平的正义”为社会经济的安排提供了一个阿基米德式支点。为了达到分配正义，

---

❶ 保罗·萨缪尔森，威廉·诺德豪斯．经济学［M］．萧琛，主译．北京：中国发展出版社，1992：112.

❷ 费安玲．著作权权利体系之研究——以原始性利益人为主线的理论探讨［M］．武汉：华中科技大学出版社，2011：148.

❸ E. 博登海默．法理学：法律哲学与法律方法［M］．邓正来，译．北京：中国政法大学出版社，1999：252.

❹ E. 博登海默．法理学：法律哲学与法律方法［M］．邓正来，译．北京：中国政法大学出版社，1999：13-14.

❺ 冯晓青．知识产权法利益平衡理论［M］．北京：中国政法大学出版社，2006：31-32.

❻ 约翰·罗尔斯．正义论［M］．何怀宏，何包钢，廖申白，译．北京：中国社会科学出版社，2009：6.

“我们有必要把社会和经济过程限制在适当的政治、立法制度的范围内。没有对这些背景制度的恰当安排，分配过程的结果将会是不正义的”❶。罗尔斯认为功利主义者容易停留在最后的标准上而逡巡不前，这一理论的不彻底易导致相对主义。因此，罗尔斯试图通过一种词典式序列来处理他的“公平的正义”。在价值选择的逻辑中，罗尔斯试图以“合乎最少受惠者的最大利益”实现“合乎每一个人的利益”的转换。从最少受惠者的地位来看待和衡量任何一种不平等。

“法律往往是建立在冲突之上。”❷ 因为“利益就其本性而言是盲目的、无止境的、片面的。一句话，它具有不法的功能”❸。正如前文所述，著作权从产生之初就具备了天然的悖论，即基于财产权的排他性、垄断性与基于作品公共物品属性之间的天生矛盾。这一矛盾在著作权利益主体之间即会产生利益的冲突与博弈，利益平衡的应然追求成为著作权法律制度的基本设定。因而，利益平衡理论也就成为研究著作权法律制度无可回避的基本问题。博登海默指出，无论是个人的利益还是社会的利益，法律的主要作用之一就是调整以及调和种种相互冲突的利益。❹ 调整利益的最佳法律方法是创设权利，私法上的利益可以通过权利进行利益分配。从这个意义而言，基于利益平衡构建的权利体系其功能就是解决人们之间客观存在的利益冲突。

著作权法范畴的利益平衡同样需要解决著作权法律关系各方主体之间的利益冲突，“在一定的社会中，权利往往是多元的，它表现为权利本身的广泛性和权利主体的多样性”❺。究竟著作权人、使用人、社会公众各方主体中，谁的利益更值得保护，谁的利益应当予以适当的牺牲，什么样的利益分配才

---

❶ 约翰·罗尔斯．正义论［M］．何怀宏，何包钢，廖申白，译．北京：中国社会科学出版社，2009：216.

❷ 朱景文．现代西方法社会学［M］．北京：法律出版社，1994：23.

❸ 马克思恩格斯全集：第一卷［Z］．中共中央马克思恩格斯列宁斯大林著作编译局，编译．北京：人民出版社，1956：179.

❹ E. 博登海默．法理学：法律哲学与法律方法［M］．邓正来，译．北京：中国政法大学出版社，2004：413-414.

❺ 冯晓青．知识产权法利益平衡理论［M］．北京：中国政法大学出版社，2006：17.

能达到著作权的平衡节点。曼斯菲尔德曾言，“应当对以下两种同样有害的极端情况均保持警惕：其一，那些富有才识之人，耗时费力为社会服务，因此不应当剥夺他们的正当价值以及因其才智与劳动而获得的回报；其二，世界不应当被剥夺发展的机会，艺术的进步也不应当受到阻碍”❶。从一个彻底的自然权利论者，到尝试搭建起著作权关系主体间的利益平衡，曼斯菲尔德也是在不断地探索中。就著作权法律关系的利益平衡，需要通过立法对利益的分配进行价值选择，而这个选择过程就应当贯彻正义原则，以尽量避免走向曼斯菲尔德所描述的极端，实现“良序社会”。

2. 孤儿作品著作权利益平衡的目的与限度

“相比于构筑围栏和禁止推倒围栏的法律，财产法是所有人与使用人之间的一个成本较低但效率较高的协调机制”。❷ 著作权法维系的是一种“信息作为一种商品的市场利益和信息表达自由之间的平衡”❸。孤儿作品利用机制的设计就应当符合著作权制度利益平衡的基本原则，同时，其具体利用机制的设计应当在一定的限度内，不至损害著作权人的利益以及妨害社会公共利益的实现。

（1）目的：孤儿作品的有效利用。学者帕特森（Patterson）和博奇（Birch）认为，著作权作为一组“权利束”，其旨在实现效益最大化，将权利在创作者、传播者与使用者之间予以有效配置。创作者以创作行为获取权利；传播者以受让人身份取得权利；而使用者则占有作品的载体，并在法律允许的特殊条件下有权利用作品。❹ 孤儿作品仍然是属于著作权保护范围内的作

❶ 保罗·戈斯汀．著作权之道：从谷登堡到数字点播机［M］．金海军，译．北京：北京大学出版社，2008：41.

❷ 保罗·戈斯汀．著作权之道：从谷登堡到数字点播机［M］．金海军，译．北京：北京大学出版社，2008：170.

❸ Directive2001/29/EC of the European Parliament and of the Council of 22 May 2001 on the Harmonisation of Certain Aspectsof Copyrightand Related Rights in the Information Society, Preface（3）［EB/OL］.［2015-06-18］. https：//eur-lex. europa. eu/LexUriServ/LexUriSe-rv. do? uri=CELEX：32001L0029：en：HTML.

❹ PATTERSON L R，BIRTH S F. A Unified Theory of Copyright［J］. Hous. L. Rev.，2009（46）：385.

品，对其的利用毫无疑问是属于对作者的著作专有权的一种侵害，承认其合法性必须设计一定的利用机制，在没有获得作者亲自授权的情形下，仍可以实现对孤儿作品的利用，本质上就是对著作权的一种限制。这种限制方法的采取，其基本的目的是释放处于孤儿状态的作品，实现最大化利用，从而增加总体社会福祉，是著作权制度利益平衡的一种具体的规则体现。

孤儿作品的利用规则是为了修补基于著作权的过度垄断产生的市场失灵现象，由于著作权人与作品之间的链接模糊甚至切断所导致两个后果：一是潜在的孤儿作品利用人无法获取授权，因此无法继续正当合法地利用该作品；二是该部分作品基于著作权人的前述消极状态导致作品处于未被发现的状态，使作品的公共物品属性被著作权的专有性完全锁死在绝对孤儿化状态。这种状态在信息网络环境下会基于作品数字化利用受阻而加剧。社会公众在这种状态下丧失接触到孤儿作品的机会，更无从谈及利用与否的问题。从这个意义上讲，孤儿作品现象是对社会整体福利的减损，是对社会公共利益的非正义安排。在此情况下，法律规则需要作出价值选择和制度安排，以实现权利分配的正义状态，最终促使著作权法律关系的有效平衡，即使强制性牺牲著作权人的部分私权利。正如罗尔斯在讨论分配正义时指出，“基本的公共利益的特点使集体协议成为必需，并且所有人都应当可以确信这些协议将被尊重”❶。从利益平衡的角度看，通过著作权制度的适当安排，牺牲著作权人的个人权益，实现作品的最大化利用的公共利益，是符合正义原则的。因为在公民社会里，即使在著作权的专有性下将作品权利的归属和行使进行了划分，但作品正当传播的通道不能受阻。

（2）限度：孤儿作品利用的原则与规则。孤儿作品的利用是著作权的一种例外或限制，那么这种利用对于孤儿作品使用人是一种责任豁免还是权利赋予，该作品的利用行为在什么范围内是正义的，使用人的权利边界在哪里，这则是孤儿作品利用规则应当权衡的。划定这一利用范围则需要从原则与规则两个方面加以考虑。

❶ 约翰·罗尔斯．正义论［M］．何怀宏，何包钢，廖申白，译．北京：中国社会科学出版社，2009：210.

第一，孤儿作品利用的“三步检验”原则。孤儿作品利用是著作权的例外或限制。任何著作权例外或限制都应符合《伯尔尼公约》、《知识产权协定》和《世界知识产权组织版权条约》规定的著作权例外“三步检验法”：一是对著作权的例外或限制仅仅限于某些特殊情况；二是不与作品的正常使用相冲突；三是不能无端损害著作权人合法正当的权益。❶ 可以说，孤儿作品的利用同样受到“三步检验法”的效力约束，孤儿作品利用的“三步检验”原则是“三步检验法”的效力延伸。有些国家在设定孤儿作品利用规则时，也同时考虑到了这一原则的边界效应。比如在合理使用模式（Fair Use Model）下的孤儿作品利用规则的创设往往采取“列举+开放式”的立法方式，在列举某几种特殊的利用情形下例外之外进行开放性的限制，而这种开放性限制规则就表现为“三步检验法”的效力延伸。

第二，著作权权利限制规则与权利补救规则。在私法范畴内，权利主体的利益必定是义务主体的不利益。孤儿作品利用的著作权法律关系中，著作权人、使用者、社会公众等主体之间作为交互的权利义务主体，必定存在冲突的利益关系。在利益博弈过程中，制度的价值选择和规则创设尤为重要。孤儿作品的规则设定具体又可以体现为著作权权利限制规则与权利补救规则。一方面，著作权权利限制规则具体表现为通过合理使用、法定许可、强制许可、延伸性集体许可等方式赋予孤儿作品使用人使用作品的法律正当性，以及限制孤儿作品著作权人出现后的权利救济，包括金钱救济与禁令救济等；另一方面，著作权权利补救规则体现为在著作权人部分丧失对孤儿作品的控制权时，为了弥补其不利益的一面，创设默示许可、退出权、报酬请求权等著作权延伸性权能。比如在“延伸性集体许可模式”（Extended Collective Licensing Model）的孤儿作品利用规则，对于非会员的默示推定，退出权设定就

❶ 根据《与贸易有关的知识产权协议》第 13 条、《伯尔尼公约》第 9 条、《1996 年世界知识产权组织版权条约》第 10 条，“三步检验法”的第三个条件是《伯尔尼公约》和《世界知识产权组织版权条约》所规定的“作者的合法利益”。然而，根据《与贸易有关的知识产权协议》，则指的是“权利人的合法利益”。BINGBIN L. The Orphan Works Copyright Issue：Suggestions for International Response ［J］. Copyright Society of the U. S. A.，2012（60）：283.

是弥补该机制下过分限制著作权人权利造成的不利后果，以实现著作权利益关系的平衡。

## 本章小结

从孤儿作品的著作权法律关系进行分析，孤儿作品问题是著作财产权制度权利配置导致的利益失衡现象。经济界定了社会生活的一个维度，法律便是这一维度规则化的体现。按照科斯定理，赋予知识产品以产权之目的是减少交易成本以增强效率。作品具有公共产品的属性，在没有特别法律加以保护的情况下，创作人难以阻止其他人的不法利用。[1] 基于这一属性，孤儿作品的法律关系涉及著作权人、潜在使用者、传播者、公众多方主体。多方主体牵涉的利益关系就更为复杂多变。著作权法赋予著作权人对作品的有限专有权，其他人未经许可的使用则是一种对著作权的侵害，而孤儿作品之利用即没有获取著作权人的一种使用情形，那么其正当性依据何在？本章首先以著作权的正当性论争为基础，就著作权的取得是一种附条件的获取得到逻辑上的有序梳理，从而进一步说明孤儿作品之利用即对著作权之一种限制。如果作品要获得著作权的保护，就必须接受这样一种权利负担。

基于著作权的权利特质而设定的著作权制度，必然体现著作权价值的二元维度。一方面，要求对著作权进行保护以激励作品的创作；另一方面，又要促进作品的利用与传播，保障公共利益。这种二元维度在孤儿作品利用问题上无法两全，如果以著作权的保护为基本维度，那么注定大量的孤儿作品的利用与传播无法突破著作权人之授权无法获取的僵局，大规模的孤儿作品必将束之高阁。“自由只能为了自由的缘故而被限制。”[2] 从孤儿作品利用的两面性分析可以进一步判断，当著作权之私人利益与促进公众对作品的利用

[1] 李雨峰．著作权的宪法之维［M］．北京：法律出版社，2012：190.

[2] 约翰·罗尔斯．正义论［M］．何怀宏，何包钢，廖申白，译．北京：中国社会科学出版社，2009：237.

与传播之公共利益之间发生价值冲突时，法律应当基于分配正义以保障作品被公众接触和正当使用的自由。因为只有这样才能保障公共利益，才能使著作权与公共领域之界限控制在合理范围内。

# 第四章　域外孤儿作品利用的著作权制度考察

规范往往是利益计较的结果。当一定的利益诉求足以驱动规则的产生就不可避免地要面对一些基本问题。❶ 严格地说，孤儿作品应该是伴随著作权规范制度而存在的，只是大规模的爆发问题是由于数字网络时代的到来。目前在孤儿作品的立法上表现最为活跃的是美国及欧盟，而世界范围内的其他国家和地区对孤儿作品予以立法关注也并非普遍现象，这也从一个侧面反映数字经济对各国和各地区的著作权立法进程的影响存在很大的差异，但是孤儿作品越来越受重视是一个总的趋势。各国和各地区在针对孤儿作品立法尝试或著作权法改革中，体现了促进孤儿作品利用与传播的价值取向，并且孤儿作品利用制度呈现出不同的立法模式。

## 第一节　域外孤儿作品利用的立法现状

孤儿作品的利用本质上是对作者权利的一种限制，各国和各地区基于所处的制度禀赋与著作权文化的多样性，对于孤儿作品制度的综合设计呈现出各自不同的镜像。如前所述，推动孤儿作品立法的因素并不只是经济因素，版权体系国家与作者权体系国家，基于不同的法系基因与著作权文化禀赋等因素，也导致在孤儿作品立法上的不同价值选择与规范设计。本节选取欧盟及其成员、美国、英国、加拿大、日本等国家与地区为典型代表进行横向比较，进一步了解孤儿作品在不同文化、社会背景下的立法现状。

---

❶ 王晓君．民间文学艺术的著作权规制［J］．河北法学，2015（11）：114.

## 一、欧盟及其成员

### (一) 欧　　盟

欧盟关于孤儿作品创建了一个例外，允许文化遗产组织在进行勤勉检索后，数字化他们所收集的孤儿作品，并可在其网站上公开。该指令不允许任何其他用途。❶ 欧盟在2011年5月公布了一份名为《跨国在线使用孤儿作品的影响评估报告》的文件，该文件重点考察了使用孤儿作品的几个重要事项以及对经济、社会的影响，认为延伸性集体许可（Extended Collective Licensing，ECL）不适用于孤儿作品的使用。❷

欧盟斥巨资推行的“版权信息与孤儿作品查询登记”项目（Accessible Registerise of Rights Information and Orphan Works towards Europeana，ARROW）于2008年11月开始运行，ARROW项目为使用人提供了揭示欧洲图书版权信息元数据的分布式网络，使用人可以进行孤儿作品的登记与授权，还可以及时实现作品及版权信息的交换与识别处理。❸ 在ARROW项目基础上，欧盟在2011年底继续打造ARROW Plus项目，除了之前录入文字作品信息，进一步将电影作品、美术作品等信息纳入ARROW的版权登记与授权系统中。❹ 此外，“欧洲数字图书馆”（Europeana Digital Library，EDL）也在2008年11月20日开启线上服务，❺ 有超过1000家参与机构，包括世界著名的国家图书馆、画廊和博物馆为其贡献了近450万个数字作品。截至2011年，该平台可以提供

---

❶ UK Intellectual Property Office，Impact Assessment（Final），Orphan Works (2014) [EB/OL]. [2015-06-18]. http://www.legislation.gov.uk/ukia/2014/211/pdfs/ukia_20140211_en.pdf. p5.

❷ Commission Staff Working Paper.com (2011) 289final (May24，2011). P21-35 [EB/OL]. [2015-06-18]. http://ec.europa.eu/governance/impact/ia_carried_out/docs/ia_2011/sec_2011_0615_en.pdf.

❸ 蹇瑞卿，于佳亮，马炳和．探寻孤儿作品版权问题的解决之道——欧洲ARROW项目的实践与启示［J］．图书馆建设，2011（10）：37.

❹ 王从奎，王本欣．孤儿作品版权信息与登记系统的构建——欧洲ARROW项目的实践与启示［J］．新世纪图书馆，2015（9）：80.

❺ Now Online：“Europeana”，Europe's Digital Library [EB/OL]. [2015-06-18]. http://europa.eu/rapid/press Releases Action.do? reference=IP/08/1747.

1000 万个数字作品的在线访问。2012 年 10 月，欧盟紧接着颁布了《欧盟孤儿作品指令》，该指令对孤儿作品的使用进行了指导性的规定。❶ 值得注意的是，欧盟选择以“指令”这种具有灵活操作性的立法方式主要是考虑到孤儿作品的使用受到相关著作权的国际公约的影响，且欧盟各成员国经济、技术发展存在较大差异。❷《欧盟孤儿作品指令》对成员国关于孤儿作品的立法采取了软性规定，并且在具体内容上更多的是以公共利益原则为指引。

### （二）法　　国

法国在 2012 年 2 月通过了一项法律，以使其更易于非商业性地数字化利用图书，包括没有被商业销售或无论是在打印或数字形式出版之前在法国出版的图书。❸ 基于著作权补偿金问题，法国、比利时、瑞士和德国已先行扩大著作权补偿金征收范围，将平板电脑、智能手机、U 盘等与互联网相关的设备作为征收对象，而瑞典、芬兰和丹麦则审查是否需要将此列入征收范围。❹

法国著作权法是建立在“天赋人权”之价值基础上，正如法国谚语所言：“巴黎不是一天造成的”，1992 年制定的《法国知识产权法典》是由《文学和艺术产权法》《工业产权法》和《海外领地及马约尔属地的适用》三部分组成，其中第一部分的《文学和艺术产权法》最早可以追溯到大革命后制定的

---

❶ Directive 2012/28/EU of the European Parliament and of the Council of 25 October 2012 on Certain Permitted Usesof Orphan Works, art. 1 (4) [EB/OL]. [2015-06-18]. http://www.wipo.int/edocs/lexdocs/laws/en/eu/eu169en.pdf.

❷《欧洲经济共同体条约》(Treatyestablishing the European Economic Community, TEEC) 第 189 条规定，“指令在所要达到的效果方面对其所针对的每一个成员国都具有拘束力，但是在方式和方法上应当将选择权留给成员国”。欧盟签订了四个宪法性条约：1957 年《罗马条约》(《欧洲经济共同体条约》和《欧洲原子能共同体条约》，但主要指前者)、1992 年《马斯特里赫特条约》(《欧盟条约》)、1997 年《阿姆斯特丹条约》和 2001 年《尼斯条约》，这些宪法性条约是目前欧盟国家进行知识产权统一国际私法运动的法律依据。屈广清，陈小云．欧盟知识产权统一国际私法研究——以法律适用为主线 [J]．学习与探索，2006 (2)：25-31.

❸ Orphan Works and Mass Digitization: A Report of the Register of Copyrights [R]. [EB/OL]. [2015-06-18]. http://www.copyright.gov/orphan/reports/orphan-works 2015.pdf.

❹ 王本欣．欧盟《孤儿作品指令》法律效力及其制度环境研究 [J]．图书情报工作，2015 (4)：23.

《1791年表演权法》和《1793年复制权法》。法国著作权立法史上将法国大革命所缔造的文学和艺术产权称为“最神圣的所有权”,❶ 此后的著作权法变革运动均沿袭了这一精神特质。

20世纪90年代中期，法国国家图书馆（BNF）在时任总统弗朗索瓦·密特朗的领导下发起了一项名为Gallica的数字图书馆计划。法国有意识地将该国际战略纳入欧盟框架之内，截至2010年，在“欧洲数字图书馆”可获得的数字资料有一半均是由法国提供的。❷ 欧盟的“数字图书馆计划”实际上是为了对抗“谷歌数字图书馆计划”，这更为后来《欧盟孤儿作品指令》的出台提供了积极的推动力。

法国于2006年8月11日颁布的《信息社会中的著作权与相邻权法》(DADVSI Act)，设立专门条款对公务员与行政机关在著作权归属问题上进行严格的设定，同时对著作权的限制与例外有新的修订，著作权人不得禁止相关机构或个人为了在图书馆、博物馆或档案室提供信息查阅而复制作品的行为。公众信息服务机构亦可为了直接、及时向公众提供各种艺术作品的信息介绍而自由复制图表艺术作品、雕塑艺术作品或建筑艺术作品。❸ 实际上，这一新修订为孤儿作品的非商业性使用铺平了道路。

### （三）德　　国

《德国著作权法》自1965年颁布以来就不断地进行修订，单从1990年至2009年之间就修订了不下十次，与1896年颁布的《德国民法典》相比较，《德国著作权法》的修订更为频繁,❹ 这其中最大的原因可能是技术变革的影响。

为了推动欧洲数字图书馆项目，德国于2011年9月签署了欧洲委员会促进非商业作品使用谅解备忘录（MoU），对非商业作品（out-of-commerce works）进行了基本界定，认为非商业作品是指尽管图书馆、档案馆或公众存有作品的有形复制品，但是通过惯常的商业渠道已无法获得的作品。MoU

---

❶ 法国知识产权法典［M］. 黄晖，译. 郑成思，审校. 北京：商务印书馆，1999：8.

❷ 邓文君，车达. 法国数字出版产业的发展策略研究［J］. 编辑之友，2015（7）：110.

❸ 张耕，施鹏鹏. 法国著作权法的最新重大改革及评论［J］. 比较法研究，2008（2）：120.

❹ 频繁修订著作权法也是各国普遍存在的情况。

规定了欧盟成员国通过公共图书馆及类似机构数字化利用非商业作品的主要原则。作为欧盟成员国，为了履行谅解备忘录，法国及德国已经开始推出两个具体的项目。由法国国家图书馆推出的项目，旨在数字化在2001年以前在法国出版的，且仍受版权保护，但不再用于商业流通（commercially available）的图书。该谅解备忘录表明，第一批数字化扫描的电子书应在2015年底前实现商业化。❶

作为欧盟成员，德国也受到《欧盟孤儿作品指令》的直接影响，同时受到来自美国、英国等其他国家对孤儿作品的关注程度的影响。《德国著作权及相关权法》在2013年再次修订，特别增加了关于孤儿作品的条款。其主要内容有：将孤儿作品的适用范围限定为已发表的作品；孤儿作品的利用机制贯彻执行《欧盟孤儿作品指令》的相关规定；在一定条件下，允许符合条件的孤儿作品数字化以及允许公众公开访问图书馆、教育机构、博物馆和档案馆的馆藏作品。❷ 新的修订更多从公共利益的角度，强调对孤儿作品的非商业性利用。同时，还对《德国著作权及相关权集体管理法》进行修订，针对1966年1月1日之前出版的绝版作品（out-of-print works）的延伸性许可使用进行规定。❸ 对于著作权的延伸性集体管理的限制，此次修订只限于最初在德国出版的作品，包括翻译作品在内。

德国最新一轮的著作权立法修订是2016年，为了解决在线音乐作品的批量使用许可等问题，《德国著作权及相关权集体管理法》于2016年5月再次修订，❹ 并

---

❶ Digitisation Projects For Orphan and Out-of-Commerce Works Presented at WIPO [EB/OL]. [2015-07-10]. http://www.ip-watch.org/2014/05/06/digitisation-projects-for-orphan-and-out-of-commerce-works-presented-at-wipo/.

❷ New German Legislation on Orphan and Out-of-commerce Works [EB/OL]. [2015-06-20]. http://www.vgwort.de/fileadmin/pdf/allgemeine_pdf/German_legislation_on_orphan_and_out-of-commerce_works.pdf.

❸ New German Legislation on Orphan and Out-of-commerce Works [EB/OL]. [2015-06-20]. http://www.vgwort.de/fileadmin/pdf/allgemeine_pdf/German_legislation_on_orphan_and_out-of-commerce_works.pdf.

❹ Act on the Management of Copyright and Related Rightsby Collecting Societies (Übersetzungdurch Ute Reusch) [Z/OL]. [2017-03-06]. https://www.gesetze-im-internet.de/englisch_vgg/englisch_vgg.pdf.

又于2016年10月再次修订了《德国著作权及相关权法》，其中第61条概括性规定了孤儿作品的利用规则，将孤儿作品的适用范围重新界定为已发表作品及形成“事实发表”的未发表作品；此外，第61a条对合理勤勉查找进行了更为详细的规定，这一条之修订基本是对《欧盟孤儿作品指令》的合理勤勉查找标准的具体回应。《德国著作权及相关权法》对于合理勤勉查找的作品信息细化为：（1）根据合理勤勉查找得出作品孤儿化的结论；（2）使用的孤儿作品的类型和性质；（3）孤儿作品的状态发生的任何变化；（4）孤儿作品使用机构的姓名、地址、电话、传真、邮件等。[1]

## 二、美　　国

美国关于孤儿作品之利用的立法可以追溯到1976年《美国版权法》，该法规定了著作权自动取得原则，取消了著作权取得登记、交付复印件等形式要件。当前，美国的数字化和网络化的发展程度很高，对著作权问题的反应尤为灵敏。美国政府于1995年9月发布了《知识产权与国家信息基础：知识产权工作报告》，从法律、技术以及教育等方面就数字技术与网络时代对知识产权的影响和冲击进行评估。该报告直接促使《美国数字千禧年版权法》（Digital Millennium Copyright Act，DMCA）的出台，DMCA修订了《美国法典》的第17条，延长了“版权”的范围。此外，该法案严格保护数字加密技术，使传统版权法中的“合理使用”制度名存实亡，这也是《美国数字千禧年版权法》备受美国学界诟病的原因之一。[2]

真正对美国孤儿作品问题推波助澜的是“谷歌数字图书馆”计划。早在2004年，搜索引擎巨头谷歌公司就启动了“谷歌数字图书馆”计划，拟对合

---

[1] Act on Copyright and Related Rights（Urheberrechtsgesetz，UrhG）[Z/OL].［2017-03-06］. https：//www. gesetze-im-internet. de/englisch_urhg/englisch_urhg. html.

[2] 1998年10月12日，美国参议院全票通过《美国数字千禧年版权法》，该法以刑事犯罪立法的形式禁止了受版权保护（通常是受“数字内容权利管理，DRM技术控制”）的技术、设备或服务的生产与传播，以及绕过DRM本身的行为。［EB/OL］.［2015-06-20］. https：//en. wikipedia. org/wiki/Digital_Millennium_Copyright_Act#Effect_on_innovation_and_competition.

作图书馆所藏图书进行扫描，并提供给用户进行搜索的一个尝试性项目，从而构建全球最大的电子图书馆。按照谷歌联合创始人谢尔盖·布林的话来说，谷歌图书要“解开禁锢在无数绝版图书中的智慧”。❶

最初的合作伙伴为哈佛大学、纽约大学、斯坦福大学、密歇根大学、牛津大学，之后又有哥伦比亚大学、康奈尔大学、根特大学、普林斯顿大学等著名大学图书馆加入谷歌数字图书馆计划。在将纸质图书数字化的过程中，谷歌公司遭遇各种版权壁垒。尽管谷歌为了解决版权问题，于2005年8月推出了opt-out战略，但是仍然遭到各种非议甚至陷入诉讼泥潭。

2005年9—10月，美国作家协会（The Author's Guild，AG）和出版商协会（Association of American Publishers，AAG）先后向美国法院提起集体诉讼，2008年10月，谷歌推出第一轮和解协议。❷ 该协议确立了“选择加入机制”（opt-In），以弥补著作权集体管理的不足。但是，修改后的和解协议仍然基于与反垄断法相悖，使获得“孤儿作品”的版权脱离正常的商业利用渠道，并于2011年3月遭到美国联邦地区法院（纽约南区）法官陈卓光（Denny Chin）的拒绝（美国民事集体诉讼中，和解需要法官同意），理由是这份和解协议将给予谷歌显著性的垄断地位。

2013年11月14日，美国联邦第二巡回上诉法院作出一审判决，认定谷歌对超过2000万册图书的数字扫描属于合理使用，谷歌的数字图书馆计划在遭遇若干年诉讼之后获得了合法性认定。美国作家协会紧咬“谷歌是一家营利性公司”这个理由不放，主笔法官皮埃尔·拉瓦尔（Pierre Laval）在48页的裁决书反驳道，尽管谷歌有营利动机，但这个理由不足以否定合理使用。“……新闻报道、新闻评论、引用历史图书、评论图书，甚至是‘娱乐节目的’恶搞，这些事通常都具有营利目的，但它们还是被认

---

❶ “打了11年官司，谷歌图书在美国合法了”［EB/OL］.［2015-06-18］. https：//zhuanlan. zhihu. com/p/20783706.

❷ The Authors Guildetal v. GoogleInc.，No. 1：2005cv08136-Document 1023（S.D.N.Y. 2012）［EB/OL］.［2015 - 06 - 15］. http：//www. copyright. gov/docs/massdigitization/statements/gbs_opinion. pdf.

为是合理使用。”❶ 美国作家协会诉 HathiTrust 数字图书馆（HT）案中，❷ 美国地区法院（2012）、美国联邦第二巡回上诉法院（2014）也分别都裁定 HathiTrust 的行为属于合理使用。美国联邦第二巡回上诉法院法官陈卓光利用“合理使用”的四要素，解释了法院的裁判理由：（1）从使用目的来看，谷歌数字图书馆计划的目的是转化的（transformative）、非商业性的，它将图书数字化，不仅帮助保存了［绝版］图书，还让搜索者更容易找到图书；（2）从原作品的状态来看，被谷歌扫描的图书在扫描前已全部出版，提供给了公众；（3）从对原作品的引用程度来看，谷歌图书利用“片段功能”，严格限制了搜索者能看到的内容；（4）从对原作品潜在市场的影响来看，谷歌并不销售它的扫描件，扫描件也不会代替原有图书。

谷歌在其他国家推行数字图书馆计划的过程中也遭到各种抵抗和诉讼。2009 年 12 月，法国巴黎法院一审认定谷歌侵权行为成立。2012 年谷歌与法国作家协会达成和解协议，双方撤回诉讼。德国政府于 2012 年 8 月出台了“谷歌法”，该法案强制搜索引擎企业向德国报刊网站等内容提供商缴纳内容使用费，即所谓“谷歌税”。❸ 很显然，这一规定并未获得广泛支持，反而遭受普遍质疑。❹

谷歌数字图书馆计划在中国同样折戟沉沙。2009 年 10 月，中国文字著作权协会曾对谷歌发起声讨，指责谷歌图书未经授权，就扫描了 570 名权益人的 17 822 件作品。2009 年 12 月，中国女作家王某（笔名棉棉）将谷歌告上

---

❶ Authors Guild，Inc. v. GoogleInc. 2013WL6017130（S. D. N. Y.）［EB/OL］.［2015-06-15］. https：//assets. documentcloud. org/documents/834877/google-books-ruling-on-fair-use. pdf.

❷ 2008 年 10 月，美国 23 所大学创建 HathiTrust 数字图书馆，合作者还包括美国、加拿大、欧洲在内的 60 余所研究性图书馆，随后 HathiTrust 与谷歌达成协议，允许谷歌对其馆藏图书进行扫描，但谷歌得同时提供数字化扫描副本。HathiTrust 对搜索者能看到多少内容的规定，基本和谷歌图书类似。参见：“打了 11 年官司，谷歌图书在美国合法了”［EB/OL］.［2015-06-15］. https：//zhuanlan. zhihu. com/p/20783706.

❸ 文向华，宋军风．从谷歌图书馆案件看我国著作权合理使用制度的判断标准［J］. 图书馆工作与研究，2015（7）：46.

❹ 德国或将征收“谷歌税”恐在欧引连锁反应［EB/OL］.［2015-06-18］. http：//cbbz. chinapublish. com. cn/jt/gj/df/tj/201303/t20130305_137709. html.

法庭，索赔 100 余万元。❶ 历经 4 年多，先后 6 次开庭，北京市高级人民法院作出终审判决，认定谷歌对作家棉棉的作品进行数字化全文扫描的复制行为不构成“合理使用”，谷歌案在中国最终以败诉告终。

谷歌数字图书馆计划所牵引的美国司法与立法的神经历时十载有余，从谷歌数字图书馆计划诉讼图谱（见图 4-1）可见，耗时甚是久远，同时案件也呈现了复杂性。虽然前述的两个司法判例有意地回避了“孤儿作品问题”，但是正好从一个侧面反映了该问题的复杂性。在美国孤儿作品法案的立法过程中，由谷歌数字图书馆计划所引发的关于孤儿作品的利用规则的讨论甚嚣尘上。虽然谷歌图书和解协议尝试以私人合同规则的方式解决孤儿作品利用规则的问题，但是由于违反了反垄断法等诸多原因而受到否定，2006 年以及 2008 年提出的《孤儿作品法案》则是尝试在立法层面针对性地解决孤儿作品问题。

2005 年初，美国版权局向公众发布针对孤儿作品利用的征询书，以收集利用孤儿作品的相关建议。截至 2006 年 1 月底，一共收到 721 条正式建议和 146 条对正式建议的相关回应。❷ 在此基础上，美国版权局于 1 月 31 日就孤儿作品问题向参议院司法委员会提交了一份报告。❸ 在这一报告的基础上，2006 年 9 月，美国版权局将《2006 版权现代化法案》提交众议院。❹ 2006 年 10 月 31 日，声称代表着超过 10 万名摄影师、插图画家和相关领域行业者的 18 个组织在纽约集会反对这一法案。❺ 以图书馆业为代表的作品利用者则普遍支持这个法案。反对法案的人普遍担心作品利用人滥用法案所创设的“孤

❶ “打了 11 年官司，谷歌图书在美国合法了”［EB/OL］.［2015-06-18］. https：//zhuanlan. zhihu. com/p/20783706.

❷ U. S. Copyright Office，Orphan Work Comments［EB/OL］.［2015-06-10］. http：//www. copyright. gov/orphan/comments/index. html.

❸ U. S. Copyright Office，Orphan Work Comments［EB/OL］.［2015-06-10］. http：//www. copyright. gov/orphan/comments/index. html.

❹ TitleII，Copyright Modernization Act 2006，H. R. 6052，the US.

❺ Reid Betsy，Sanger's David. Orphan Works Tops the Agenda of New Coalitionof Visual Creative Associations［EB/OL］.［2015-06-10］. http：//orphanworks. blogspot. com/2006/11/orphan-works-tops-agenda-of-new. html.

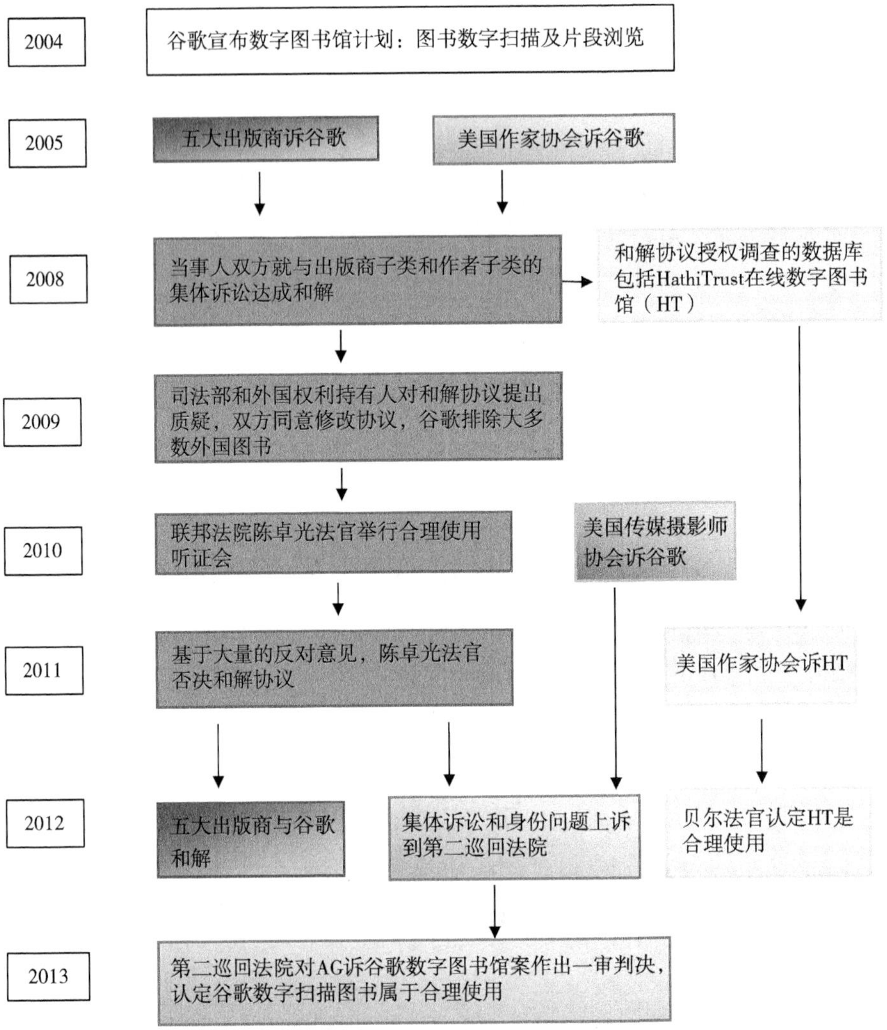


**图 4-1　美国谷歌数字图书馆计划诉讼图谱**

儿作品抗辩权”，甚至认为这是一部“为偷盗颁发许可”的法案。❶

美国第 109 届国会任期内，孤儿作品法案并未能完成其立法程序。

---

❶ Editor'smessage, License to Steal? Will “Orphan Works” BillLet Anyone Pirate Your Images?, 4 (8) Digital Pro Shooter (March9, 2006) [EB/OL]. [2015-06-10]. http: //www.nikondigital.org/dps/dps-v-4-08.htm.

2008年4月，在对2006年的法案修正后，孤儿作品法案再次以参议员肖恩·本特利和众议员伯曼（Berman）等人的名义，同时提交美国第110届国会参众两院讨论。[1] 2008年9月26日，美国参议院通过《2008肖恩·本特利孤儿作品法案》，但众议院并未在第110届国会任期内通过孤儿作品法案。由于任何法案都需要在同一届国会任期内经过两院通过才能成为法律，所以该法案仍处于议案的状态，没能最终成为法律。

## 三、英　国

1988年《英国版权设计和专利法案》（Copyrights，Designs and Patents Act）第57条对匿名或笔名作品的使用进行了规定，经过合理查找无法确定作品权利人，有理由推定版权期届满或者作者死亡70年以上的作品，对前述三种作品的使用不视为侵权。[2] 尽管没有出现“orphan works”的表述，但第一种情形实质上是对孤儿作品的初始界定。为了系统地研究孤儿作品问题，英国发布了《高尔斯知识产权审查报告》（Gowers Reviewof Intellectual Property 2006）[3]、《哈格里夫斯审查报告》（Hargreaves Review 2011）[4]，随后在2013年通过了《英国企业和监管改革法案》[5]，该法案对孤儿作品的利用规定了授权模式。这一法案引起很大的争议，大卫·诺顿（David Norton）认为这一法案无论从任何角度看都必将使那些版权盗窃合法化。2014年，英国颁布了《著作权和

[1] Shawn Bentley Orphan Works Act of 2008 [EB/OL]. [2015-06-16]. https://www.govtrack.us/congress/bills/110/s2913/text.

[2] The Copyright，Designs and Patents Act 1988， § 57. [EB/OL]. [2015-06-18]. http://www.legislation.gov.uk/ukpga/1988/48/pdfs/ukpga_19880048_en.pdf.

[3] Gowers Review of Intellectual Property，2006 [EB/OL]. [2015-06-18]. https://www.gov.uk/government/uploads/system/uploads/attachment _ data/file/228849/0118404830.pdf.

[4] Hargreaves Review of Intellectual Property and Growth (Hargreaves Review, 2011.) [EB/OL]. [2015-06-18]. https://www.gov.uk/government/uploads/system/uploads/attachment_data/file/32563/ipreview-finalreport.pdf.

[5] Enterprise and Regulatory Reform Act 2013 [EB/OL]. [2015-06-18]. http://www.legislation.gov.uk/ukpga/2013/24/section/77/enacted.

表演者权（孤儿作品授权）法案》，该法案系统地规定了孤儿作品的利用规则。❶

《高尔斯知识产权审查报告》实际的发布背景正好是美国对孤儿作品问题高度关注的情形下，英国学界及官方亦注意到了这一版权法领域的新的变革动向。在美国版权局就孤儿作品问题报告召开圆桌会议之后不久，英国就有学者从法律经济学的角度对孤儿作品产生的原因和解决思路进行分析。❷

2014 年英国的著作权法涉及 9 大新的修订，其中有两项是关于孤儿作品的规定：一是允许图书馆、博物馆和档案馆向公众提供一定的孤儿作品；二是提供了一个更广阔的孤儿作品许可范围。❸

## 四、加　拿　大

《加拿大著作权法》（1985）第 77 条出现了关于孤儿作品的具体规定：孤儿作品申请人希望使用仍在保护期内、尽力查找而仍然无法确定著作权人的已出版作品、已固定表演、已出版的录音制品及已固定的通信信号，可以经过向加拿大著作权委员会申请，获得有条件的非排他许可使用。❹

2012 年 6 月，加拿大通过了著作权法的修正案，增加了著作权的例外规定，包括基于感知障碍的个人或其他非营利性组织代理下申请制作作品的复件以供感知障碍人士使用的行为；该类使用行为包括孤儿作品阅读障碍版本（print-disabled format）的跨境交易。❺

对于孤儿作品利用规则，加拿大著作权法采取强制许可的立法模式，

---

❶ The Copyright and Rightsin Performances（Licensing of Orphan Works）Regulations2014.［EB/OL］.［2015-06-18］. http：//www. legislation. gov. uk/ukdsi/2014/9780111117644.

❷ KHONG D W K. Orphan Works，Abandonware and the Missing Market for Copyrighted Goods［J］. International Journal of Law and Information Technology，2007，15（1）：54-89.

❸ HERMAN A. The Year of Living Exceptionally：New Copyright Exceptions in UK law［J］. Art Antiquity & Law，2014（19）：303.

❹ Copyright Act of Canada. R. S. C. 1985，c. C-42，s. 77［EB/OL］.［2015-07-10］. http：//laws. justice. gc. ca/PDF/C-42. pdf.

❺ Copyright Modernization Act. S. C. 2012，c. 20，ss. 36-37［EB/OL］.［2015-07-10］. http：//laws-lois. justice. gc. ca/eng/annualstatutes/2012_20/page-1. html#h-2.

2006年的一项孤儿作品研究报告表明，加拿大的孤儿作品立法规定似乎成为加拿大法律制度的一种负担❶，有研究数据显示，截至2015年，只有不到300个孤儿作品的使用许可在这个制度下发行。❷

## 五、日　本

针对强制许可的许可程序的冗长过程，推行强制许可模式的国家采取了相应的处理措施，比如《日本著作权法》第67条之二规定的“作品在先使用规则”：允许申请人在强制许可裁定作出之前，可以采取与该申请中使用方法相同的方法，使用裁定申请的作品。但必须提交文化厅规定的担保金，并且在作品的复制品上注明著作权来源及裁定申请的日期。后续如果申请使用者未获得使用作品的裁定的，则需要根据该规定将与使用该作品使用费相当的费用按照文化厅长官规定的数额为著作权人寄存补偿金。若已按照第1款提交了担保金的，可以其冲抵，多余的部分可以要求返还。❸ 关于“合理勤勉查找”之主观标准如何才能予以判断。虽然日本2006年1月的一份孤儿作品利用报告中对“相当努力”的标准作出了原则性规定，但在实际操作上仍存在弊端。

2009年的《日本著作权法》修订中细化了具体的要求，具体表现为三点：（1）查阅文化厅长官确定并承认的刊登权利者信息的出版物；（2）向文化厅长官确定并承认的著作权管理事业者或其他保存权利者信息的组织咨询；（3）根据文化厅长官确定的方法，在有关时事的日刊报纸等其他同等资格的机构组织刊登并向公众广泛提供的权利者信息。❹ 2014年5月14日，《日本著作权法》再次修订，将孤儿作品利用制度的范围规定为“已发表作品”及

---

❶ The Problem of Orphan Works in the EU：An Overview of Legislative Solutions and Main Actionsin This Field9 - 10（2008）［EB/OL］.［2015 - 06 - 20］. http：//ec. europa. eu/information_society/newsroom/image/report_orphan_works_2008_6591. pdf.

❷ Decisions - Unlocatable Copyright Owners，Copyright Boardof Canada［EB/OL］.［2015-07-10］. http：//www. cbcda. gc. ca/unlocatable-introuvables/licences-e. html.

❸ 日本著作权法［M］. 李扬，译. 北京：知识产权出版社，2011：47-48.

❹ 李芊. 数字时代日本孤儿作品裁定制度的变革与借鉴［J］. 法制与社会，2015（1）：34.

长期向公众提供的构成“事实发表”之作品。❶

## 第二节　域外孤儿作品利用制度的主要模式

从前述域外孤儿作品的立法现状来看，当今世界各国在应对孤儿作品问题时，均采取积极的态度，从对孤儿作品的专项调查研究，到对现有著作权法的修订，基于所处的著作权体系之不同、历史文化因素之影响、著作权价值取向的差异以及区域政治经济的影响等，各国的孤儿作品利用制度采取了差异性较大的不同立法模式。围绕解决孤儿作品的利用困境，主要有限制责任模式、强制许可模式、基础例外模式、延伸性集体许可模式以及合理使用模式等五种立法模式。

### 一、限制责任模式

#### （一）基本内容

采取限制责任模式（Limitationon Liability Model）的国家主要是美国。《美国孤儿作品法案（议案）》（2006）明确规定了两种限制责任的适用情形：（1）在孤儿作品的潜在利用人进行了合理勤勉查找之后仍然无法确定著作权人的；（2）在孤儿作品的潜在利用人进行了合理勤勉查找之后可以确定著作权人信息，但在侵权时明确表明著作权归属于作者与著作权所有人的。❷同时规定了孤儿作品侵权使用限制责任之金钱补偿与禁令救济两项具体内容。孤儿作品的侵权使用人在衍生作品（derivative work）中重写、转换、改编或整合被侵权作品与侵权使用人原作表达的情况下，如果侵权使用人向被侵犯版权的孤儿作品权利人支付了合理补偿并且标明版权来源的，法院在授予孤

❶ 王本欣．孤儿作品利用的强制许可模式通用性与差异性研究——以日本和加拿大著作权法为例［J］．图书馆论坛，2016（2）：2.

❷ Orphan Works Act of 2006［EB/OL］．［2016-05-20］．https：//www.congress.gov/bill/109th-congress/house-bill/5439/text.

儿作品著作权人禁止令救济时，不得限制侵权使用人继续使用该衍生作品。❶

《美国孤儿作品法案（议案）》（2008）在立法目的部分再次强调，“未在涉及孤儿作品的版权侵权案件中，对侵权责任规定予以限制”，并且在内容方面厘清了一些基本概念，进一步细化了孤儿作品侵权使用之限制责任的相关内容。❷ 第一，就相关定义的厘清而言，主要体现在：（1）对于何谓合理补偿（reasonable compensation），在第514条增加了相应的解释，“术语‘合理补偿’意指，就侵权索赔的主张而言，在侵权即将发生时，在对作品的侵权使用上，处于被侵权之版权的侵权使用人与所有人的位置上的自愿买方与自愿卖方之间，所能达成协议的金额”。这一规定明显地将合理补偿限定于理性经济人之间基于作品这一财产性权利之合意。（2）何谓“被侵权版权的所有者”（the owner of the infringed copyright），第514条新增解释为“系根据第106条适用于侵权的任何特定专有权的拥有者，或任何有权以排他或非排他性的方式授予或许可此类权利的个人或实体”。第二，规定了合理勤勉查找的具体条件以及应当查找的相关信息来源❸：（1）对于合理勤勉查找应当是使用了版权局所提供的最优查找方法；（2）侵权使用人进行查找的时间应当是在侵权使用行为开始之前。第三，对孤儿作品的侵权使用进行公告。公告信息至少包括合理确定的程度上知晓的该孤儿作品的相关信息、侵权使用人进行合理勤勉查找的证明信息、侵权行为人相关信息及该孤儿作品的拟使用情况。❹ 美国版权局认为，使用公告可以让著作权人知晓其作品已被认定为孤儿作品，并且更容易被使用者使用。第四，金钱责任限制方面：（1）进一步明确了可以免除合理补偿责任的侵权使用人包括非营利的教育机构、图书馆、档案馆、公共广播机构；或任何此类实体在其雇用范围内行事的雇员。

---

❶ Orphan Works Act of 2006 [EB/OL]. [2016-05-20]. https://www.congress.gov/bill/109th-congress/house-bill/5439/text.

❷ Orphan Works Act of 2008 [EB/OL]. [2016-05-25]. https://www.govtrack.us/congress/bills/110/s2913/text.

❸ Orphan Works Act of 2008 [EB/OL]. [2016-05-25]. https://www.govtrack.us/congress/bills/110/s2913/text, p. §514.

❹ Orphan Works Act of 2008 [EB/OL]. [2016-05-25]. https://www.govtrack.us/congress/bills/110/s2913/text, p. §514 (b).

（2）增加了作品的注册登记对于合理补偿金的可能影响，即一个作品如果进行了登记的，法院应当考虑因注册而被附加到作品上的价值。第五，司法程序上，孤儿作品的侵权使用人可以在对民事诉讼的首次答辩中享有提出承担限制责任的权利。[1]

（二）制度述评

美国于2006年与2008年相继提出的孤儿作品的立法议案整体制度设计均是在版权体系的立法背景下进行考量的。美国在知识产权领域内的变革一般都处于比较前沿的位置。不得不承认的是，商品经济社会的法律制度与其当下的社会环境有着内在的关联，其中的哲学、经济学思潮明显地占据一定的影响比例，对法律制度的形塑起到不可忽视的作用。伴随着20世纪70年代的解除管制运动和80年代的自由市场理念，美国显示出强劲的复兴。[2] 处于版权体系下的美国，在孤儿作品制度设计上，仍然是采取了功利主义的价值立场。限制责任模式在权衡作者、著作权人、使用人与社会公众之关系时，重点考虑了激励之功效。没有设置事先授权程序，而是选择事后司法个案审查，并且严格地限制了孤儿作品侵权使用人的侵权责任，将其控制在合理补偿的范畴，更在公益范畴内包容性地免除部分主体之赔偿责任。此外，对于侵权使用所产生的衍生作品，在支付合理补偿金与标明版权来源的条件下即可继续使用。很显然，这一模式更具激励效应，美国在孤儿作品问题上着重解决“市场失灵”这一痹症，希望以“限制责任”激励作品交易与创造，以进一步激活版权市场。

限制责任模式在规则设定上对作品的适用范围并没有加以限定，任何类型的作品，包括未发表作品及外国作品均可适用。其原因有二：其一，美国是典型的版权体系国家，其秉持的功利主义价值取向表现在著作权的立法上，关注的就是作品的市场流通效应，希望通过规则的设定以激励更多的作品创作及流通；其二，著作权的全球化，尤其是在数字网络技术的推动下，作品

---

[1] Orphan Works Act of 2008：§514（c）.［EB/OL］.［2016-05-25］. https：//www.govtrack. us/congress/bills/110/s2913/text.

[2] 理查德·波斯纳．法律的经济分析［M］．7版．蒋兆康，译．北京：法律出版社，2012：25.

的流通已经是国界所无法束缚之事实，孤儿作品的著作权信息不全，对孤儿作品的国籍认定无疑也是一大困难，加重了规则适用的难度，进而言之，在作品类型上严格加上国籍限定无疑与孤儿作品之立法初衷相悖。

基于版权变革的“自由文化运动”为价值定位的美国孤儿作品立法尝试在经过 2006 年及 2008 年的立法努力之后，力图建立起“认定为孤儿作品后，被告可只承担有限赔偿责任”的限制责任为核心的利用规则。而谷歌数字图书馆计划案的判决似乎又有意绕开孤儿作品问题，正如法官在谷歌和解协议案中所说的：“关于委托谁对孤儿作品进行监管，以及相关的条件、措施等问题，更适合由国会立法来决定，而不是当事人之间的私人协议。”❶ 由于经济危机的到来和美国大选的结束，转移了国会的注意力，孤儿作品法案不得不再次被搁置。另外，多数的图书馆、档案馆、博物馆等公益团体更倾向于将孤儿作品作为合理使用的一个特殊情形进行立法。谷歌数字图书计划案定性为合理使用表明有一定的倾向性。

## 二、强制许可模式

### （一）基本内容

强制许可模式（Compulsory Licensing Model）是非合意授权的一种，在孤儿作品使用人进行了合理勤勉查找之后，仍然找不到孤儿作品著作权人的情形下，由特殊机构授权使用的立法模式。目前大多数设计孤儿作品利用规则的国家采取了这一模式，包括加拿大、日本、韩国、英国等国家。在孤儿作品的潜在使用人无法联系到著作权人寻求授权的情形下，强制许可模式赋予一国的特殊机构进行使用许可的授权，以弥补市场失灵。《加拿大版权法》规定的授权机构为著作权委员会，日本则是文化厅作为授权主体。

《加拿大版权法》第 77 条的孤儿作品利用规则是从著作权人利益角度出发的制度设计，该条标题为“著作权人下落不明”（owners who can not be located）。“孤儿作品”这个词强调作品的状态，而“著作权人下落不明”则侧

❶ Authors Guild, Inc. v. Google, Inc., No. 05Civ. 8136, 2009WL3045979 (S.D.N.Y., Sept. 18, 2009): 678.

重于著作权人的状态。从这一术语的界定，我们似乎也看到了“功利主义”与“作者权主义”的身影。该法第77条第1款规定了孤儿作品利用规则适用的作品范围包括四个类型：（1）已出版作品；（2）表演者的表演录像；（3）已出版的录音制品；（4）固定通信信号。针对上述受版权保护的作品，申请使用人进行了合理勤勉查找，而著作权人仍旧下落不明的，著作权委员会可以授予其非排他许可，申请使用人可以在著作权委员会规定的条件范围内使用该类作品。❶ 如果不清楚孤儿作品是否受到著作权保护，或者建议的使用是否需要许可，著作权委员会将酌情决定是否应该发出授权许可证。

《日本著作权法》第67条体现了孤儿作品利用规则的强制许可模式。在适用范围上，《日本著作权法》规定了两种类型的作品：（1）已经发表的作品；（2）已经形成“事实发表”的作品。值得一提的是，这里的第二种类型是针对未发表作品而言，以默示推定的方式认定孤儿作品之著作权人基于“一定时期地提供或者提示给公众的事实”构成的“事实发表”默示许可了其作品的发表。❷

（二）制度述评

“强制许可模式”较多地为著作权体系国家所采用，其秉持的价值取向是“作者权主义”，作品是作者人格的自然延伸，在没有获得著作权人之授权的作品之使用，是对作者人格利益之侵犯。孤儿作品之利用若未经著作权人之许可则有违著作权法之立法初衷。在这样的价值预设下，为了维护著作权人之利益，对孤儿作品之利用，“强制许可模式”则设定了严格的强制授权机制，并且要求提交担保金或补偿金。这样的规则设定对著作权人之强保护的另一面是削减了孤儿作品潜在利用人之积极性，表面上看，该模式更具确定性，但对于孤儿作品的潜在利用人而言，其确定的成本支出也是很明显的，需要耗费大量成本进行“合理勤勉检索”；向授权机构提交授权申请；提交作品利用的担保金或补偿金。尤其是针对孤儿作品之商业性利用，潜在利用人

❶ Copyright Act of Canada：R. S. C. 1985，c. C-42，s. 77. [EB/OL]. [2016-07-10]. http：//laws. justice. gc. ca/PDF/C-42. pdf.

❷ 日本著作权法 [M]. 李扬，译. 北京：知识产权出版社，2011：47.

在不确定该孤儿作品之使用的营利情况如何的前提下，就需要预支前述的使用成本，从而直接导致孤儿作品之利用踌躇不前。

然而，“强制许可模式”在世界范围内受到的质疑多过褒奖。加拿大学者亚伯拉罕·德拉西诺韦提出质疑：按照现有立法，著作权人的权利已经处于扩张状态，如果允许该扩张趋势继续发展，则将可能损害公共利益。❶ 美国2005年的《孤儿作品报告》指出加拿大孤儿作品利用规则的设定较多地施加行政负担，并且周期长、效率低。❷ 英国BSAC委员会2006年的报告指出加拿大孤儿作品利用规则并不适用于未发表作品，其规则效力过于限制。❸ 也有观点认为，孤儿作品的利用如果涉及未发表或未固定的作品或表演，则有可能侵犯著作权人或表演者的隐私权。著作权委员会因此没有权限发放这些未发表或未固定作品或表演的使用许可证。❹《加拿大著作权法》第77条规定的孤儿作品利用规则的积极性则在于著作权委员会的参与会有助于控制潜在使用人查找工作的质量。

## 三、基础例外模式

### （一）基本内容

对孤儿作品的利用规则之设计采用基础例外模式（Exception Based Model），是指对孤儿作品的利用主要是以保存或教育等为目的的设定特殊情

---

❶ DRASSINOWER A. A Rights-Based View of the Idea/Expression Dichotomyin Copyright Law [J]. Canadian Journal of Law and Jurisprudence. 2003, 16 (3): 20.

❷ US Report, supranote1at 83. Seealso Center for the Study of the Public Domain, DukeLaw School. “Orphan Works Analysis and Proposal” Submission to the Copyright Office, March 2005.

❸ British Screen Advisory Council, Copyright and Orphan Works: A Paper Prepared for the Gowers Review by the British Screen Advisory Council (2006) [EB/OL] [2016-03-20]. http://www.bsac.uk.com/reports/orphanworkspaper.pdf.

❹ DE BEER J, Bouchard M. Canada's “Orphan Works” Regime: Unlocatable Copyright Owners and the Copyright Board [J]. Oxford University Commonwealth Law Journal, 2010, 10 (2): 221.

形的例外使用。[1] 该种规则模式主要体现在《欧盟孤儿作品指令》。(1) 从适用主体方面来看,《欧盟孤儿作品指令》规定仅限于成员国的图书馆、教育机构、博物馆、档案馆、电影或录音资料馆及公共广播组织等公益性机构。[2] (2) 从适用的客体(作品)方面来看,仅包括在欧盟领域内首次出版或广播的受著作权保护的作品。这一规定限制了未发表作品以及非成员国的孤儿作品之利用。作品具体适用范围系指:①对公众开放的图书馆、教育机构、博物馆以及档案馆或电影音像资料馆所收藏的图书、期刊、报纸及其他出版物及视听作品或录音制品;②嵌入或并入或构成前两项所涉作品或录音制品的组成部分且受著作权保护的相关作品或内容;③上述作品或录音制品受到版权或相关权的保护,并且首先在成员国发布,或者在没有出版物的情况下在成员国首次发布;④虽未正式发表,但经权利人同意由上述公益性文化机构收藏的作品,前提条件是合理地假设权利人默许《欧盟孤儿作品指令》。(3) 从授权机制来看,欧盟采取的是设定特殊情形的例外方式,也就是对特殊情形采取法定许可的方式替代著作权人的许可授权。《欧盟孤儿作品指令》要求各成员国制定关于复制和向公众提供孤儿作品的限制或例外规则。获得授权的公益机构对作品的使用须以达到与公益利益有关的目的,特别是为了维护、恢复作品以及为文化和教育提供接触作品的机会;将作品提供给普通公众。(4) 从适用条件来看,"合理勤勉查找"义务的设定是潜在使用人与孤儿作品权利人之间的平衡机制,因此,该指令试图防止作品使用人对作品的滥用,将其视为孤儿作品。(5) 从补偿机制方面来看,《欧盟孤儿作品指令》采取的是"事后补偿机制",也就是等到被孤儿化的作品之权利人出现的情形下,首先应当终止该孤儿化状态,并且向使用者主张公平补偿。具体的

---

[1] Orphan Works and Mass Digitization: A Report of the Register of Copyrights [EB/OL] [2015-06-20]. http://www.copyright.gov/orphan/reports/orphan-works2015.pdf.

[2] Directive2012/28/EU. of the European Parliament and of the Council of 25 October 2012 on Certain Permitted Uses of Orphan Works [EB/OL] [2015-06-18]. http://www.wipo.int/edocs/lexdocs/laws/en/eu/eu169en.pdf.

补偿规则由欧盟各国国内法具体规定。❶

根据《欧盟孤儿作品指令》第 3 节，使用孤儿作品的组织应确保对每项作品或其他受保护主题事项进行真诚地查找，通过咨询作品类别和其他受保护主题的适当来源等查找工作应在使用作品或录音制品前进行。关于“合理勤勉查找”，《欧盟孤儿作品指令》更是详细规定了查找的基本内容并且成员国可以根据本国情况增加查找的条件。欧盟成员国应确保孤儿作品的利用机构保存其勤勉查找的记录，并且这些机构应当向国家主管部门提供以下信息❷：

(a) 各机构进行勤勉查找并得出结论认为作品或录音制品是孤儿作品；

(b) 各机构根据本指令使用孤儿作品；

(c) 对使用的作品和录音制品的孤儿作品状态基于权利人的要求进行任何改变应保存在证据中；

(d) 孤儿作品使用机构的相关联络信息。

事实上，《欧盟孤儿作品指令》是欧盟基于区域文化整体发展的政策因素而构建孤儿作品利用的原则性规范，对于具体的利用规则需要成员制定具体的规范。由于著作权的地域性，在欧盟范围内，各成员在本国范围内认定的孤儿作品，其他国家的利用人可否直接加以利用是一个关键的问题，因此《欧盟孤儿作品指令》在第 4 节直接规定了“孤儿作品的互认规则”，根据成员国法律，被视为孤儿的作品或录音制品，应当视为所有成员国的孤儿作品。

---

❶ Directive2012/28/EU. of the European Parliament and of the Council of 25 October 2012 on Certain Permitted Uses of Orphan Works [EB/OL]. [2015-06-18]. http://www.wipo.int/edocs/lexdocs/laws/en/eu/eu169en.pdf.

❷ Directive2012/28/EU. of the European Parliament and of the Council of 25 October 2012 on Certain Permitted Uses of Orphan Works [EB/OL]. [2015-06-18]. http://www.wipo.int/edocs/lexdocs/laws/en/eu/eu169en.pdf.

所有成员都可以使用和访问该作品或录音制品，❶ 这对于孤儿作品的数字化利用，尤其是跨境在线访问孤儿作品是最为关键的一环。

（二）制度述评

欧盟执行委员会首次提出数字图书馆刍议时，就意识到孤儿作品将是最大的阻碍。欧盟的孤儿作品立法现状部分核心体现于 2012 年 10 月颁布的《欧盟孤儿作品指令》。欧盟采取的基础例外模式很显然对各成员仅起到示范性作用，旨在通过允许机构着手进行公共利益任务为自己收藏或档案数字化孤儿作品的必要性予以解释，目的是推动建立欧洲数字图书馆。数字图书馆是支持研究过程和激励创新的重要手段。欧洲“2020 战略”的重要组成部分是创建欧洲数字议程。此外，该指令明确指出：“大规模数字化和作品传播是保护欧洲文化遗产的手段。”印刷材料大量数字化以及搜索和索引技术提高了图书馆馆藏的研究价值。创建大型在线图书馆有助于促进电子搜索和发现工具的利用，为研究人员和学者开辟新的研究来源，否则他们将不得不使用更传统的模拟搜索方法。❷

欧盟“基础例外模式”的实现基础是“公共利益”目的，主要是规定对孤儿作品的非商业性使用，采取制定“基础例外”+“事后补偿”的利用规则。从鼓励研究和激励创新的角度，欧盟希望该孤儿作品利用模式可以达到为研究人员和学者在图书馆、教育机构、博物馆、档案馆、电影或录音资料馆等机构更为开源地找到自己需要的一手资料。“基础例外”情形下，国书馆、教育机构、博物馆、档案馆、电影或录音资料馆等孤儿作品的非商业使用主体只要尽到合理勤勉查找义务，即可以对孤儿作品加以利用，“事后补偿”也希望尽量降低孤儿作品利用的成本，以达到激励创作的效果。该模式的不足之处在于排除了对孤儿作品任何形式的商业性利用，在孤儿作品的利

❶ Directive2012/28/EU. of the European Parliament and of the Council of 25 October 2012 on Certain Permitted Uses of Orphan Works ［EB/OL］. ［2015-06-18］. http：//www. wipo. int/edocs/lexdocs/laws/en/eu/eu169en. pdf.

❷ Directive2012/28/EU. of the European Parliament and of the Council of 25 October 2012 on Certain Permitted Uses of Orphan Works ［EB/OL］. ［2015-06-18］. http：//www. wipo. int/edocs/lexdocs/laws/en/eu/eu169en. pdf.

用方式上是严格受限的。对于著作权市场孤儿作品的正常流通没有起到激励的效果，并且对于“事后补偿”没有明确的标准，对于孤儿作品的非商业利用而言，“合理勤勉查找”已经需要提前预付一部分的费用，而所谓事后的公平补偿，会给利用人增加额外预设的财务支出，这对于孤儿作品的非商业利用显然有可能会导致激励不足，有些学者已表现出了类似的担忧。❶

## 四、延伸性集体许可模式

### （一）基本内容

延伸性集体许可模式（Extended Collective Licensing Model）主要适用于丹麦、芬兰、挪威、瑞典、冰岛等北欧国家，延伸性集体许可（Extended Collective Licensing，ECL）依赖于各方参与集体谈判的意愿和经验。通常认为其产生于20世纪六七十年代，上述北欧五国在长期磨合中成立了一个法律修正委员会，在著作权的立法过程中达成共识，形成了ECL制度。这些国家拥有集体管理方面的长期传统，为集体管理组织的活动形成了良好的结构和文化。《北欧版权法案》（the Nordic Copyright Acts）已经包含了延伸性集体许可规则（ECL rules）。ECL规则提供了一种将强制许可（compulsory licenses）与传统的集体协商（collective agreements）相混合的独特的集体管理权利。从最初为了处理北欧国家的广播权问题，到现在涵盖权利持有人的众多、分散、难以确定等更广泛的情形。在丹麦，著作权法的ECL规则已有效处理了现代著作权的诸多令人烦扰的复杂问题，例如孤儿作品问题和公共广播机构“文化遗产”（culturalheritage）的数字化。在此基础上，不足为奇的ECL作为可能的模式引起了广泛的国际关注。❷

延伸性集体许可是一个在集体管理组织和会员之间自由协商的作品许可

---

❶ SEUCAN A. Several Aspects Regarding Orphan Works after The Adoption of EU Directive 2012/28/EUof The European Parliament and The Council of 25 October 2012 [J]. Perspectives of Business Law Journal, 2013-11, 2 (1): 190.

❷ RIIS T, SCHOVSBO J. Extended Collective Licenses and the Nordic Experience: It's aHybridbutisita Volvoora Lemon [J]. Columbia Journal of Law and the Arts, 2009, 33 (4): 471-473.

使用协议，依据法律规定，其效力可延伸至外部权利人（non－memberrightholder）的作品。❶《丹麦著作权法》严格限定ECL的作品使用范围，具体包括：（1）教育机构内的复制（DCA § 13）；（2）图书馆数字复制（DCA § 168）；（3）企业内部信息使用复制（DCA § 14）；（4）视障人士广播录像作品复制（DCA § 17.4）；（5）某些国家电视公司在档案馆播放作品（DCA § 30a）；（6）电缆重传到两个以上的连接（DCA § 35）；（7）UCL协议所涵盖的特殊领域内的“其他使用形式”（DCA § 50.2）。可见，丹麦ECL体现了特定领域内的特定作品之延伸性管理，许可协议必须基于上述法定的作品类型进行协商。ECL基本上有三个要素：（1）有一个基于谈判自愿产生的协议；（2）有延伸效应，其目的是将外部人员纳入协议范围；（3）延伸效应是依法自动实现的。重要的是要强调外部人员保留其专有权利，直到延伸效应发生。❷ 在英国知识产权局的一份出版物中，ECL被强调为一种高效的清算机制，该报告称，ECL有可能成为快速有效处理协议的机制。

最先将ECL法律化的是《丹麦著作权法》（DanishCopyrightAct，DCA），根据DCA第50（1）条的“共同规定”，ECL协议允许使用者在丹麦领土内利用大量的孤儿作品，尽管集体管理组织没有取得这些作品的授权，但该许可使用协议应当获得文化部部长的批准。❸ 因此，可以利用ECL实现对孤儿作品的使用授权，而不用考虑查找权利持有人的困难程度如何。❹ 这在很大程

---

❶ STROWEL A. The European “Extended Collective Licensing” Model [J]. Columbia Journal of Law & the Arts, Summer 2011 (34): 665.

❷ STROWEL A. The European “Extended Collective Licensing” Model [J]. Columbia Journal of Law & the Arts, 2011 (34): 665-666.

❸ DCA § 50 (1).

❹ 比如蒂姆·布鲁克斯（Tim Brooks）和加州大学洛杉矶分校（UCLA）希望使用的历史悠久的受著作权法保护的少数民族录音，无论如何，这些作品是未进行著作权登记的，为了法律目的“未发表”，或者没有艺术家的信息也并未出现在ASCAP或BMI数据库中。根据延伸性集体许可制度，布鲁克斯和加州大学洛杉矶分校无须查找权利人，就能够与代表缺席权利人相类似地位的音乐权利拥有者协商并获得许可。如果权利持有人以后出现，他们将有权从使用产生的许可证收入中获得报酬。参见：Dahlberg B. The Orphan Works Problem: Preserving Access to The Cultural History of Disadvantaged Groups [J]. Southern California Review of Law & Social Justice, 2011 (20): 309.

度上节省了孤儿作品利用的前期成本。该条同时规定了未授权之外部权利人包括：（1）非集体管理组织成员的丹麦籍著作权人；（2）外国著作权人；（3）已故著作权人。使用人无须担心被控侵权，上述权利人只能向集体管理组织主张报酬，若无法达成协议，可以该集体组织为被告向著作权许可法庭（copyright license tribunal）提起诉讼。❶ 因此，影响 ECL 模式效果的因素不在于著作权法，而更多依赖于 ECL 协议的具体内容。ECL 同时规定了“选择退出机制”（opt out mechanism）作为 ECL 的负效应的弥合机制。❷ 不希望加入著作权集体管理的权利人可以选择退出并自行管理自己的权利。

### （二）制度述评

延伸性集体许可模式在大规模著作权许可中节约了权利人与使用人之间的协商成本。使用者无须获得权利人的许可即可以在特定的范围内使用作品。这一模式对于缺少权利人联系信息的孤儿作品的利用亦起到了替代著作权人许可的环节，对于解决孤儿作品利用过程中的“协商不能”起到了关键作用。由于集体管理组织的介入，搭建起了使用者与权利人的商谈机制。其主要有以下特点。第一，其谈判的规模性、技术性以及经验性的累计，在时间成本、经济成本上已经进一步弱化了权利人的商谈成本。第二，由于集体管理组织与孤儿作品使用人本着善良管理人的积极协商，从其所获经济收益来看，著作权集体管理组织与使用人签订的许可使用费一般都高于基于法定许可或强制许可的所获收益。❸ 第三，由于该模式并没有设置合理勤勉查找的前置程序，使用者只需向集体管理组织支付基于协商产生的许可费。❹ 延伸性集体许可模式在很大程度上为使用者节省了孤儿作品利用的成本支出，并且免除了使用者对未来诉讼风险的忧虑，具有法律确定性，这对孤儿作品的利用无疑

---

❶ DCA § 50（1）.

❷ DCA § § 24a，30，30a and 50（2）.

❸ AXHAMN J，GUIBAULT L. Solving Europeana's Mass-digitization Issues through Extended Collective Licensing［J］. Nordic Intellectual Property Law Review，2011：513.

❹ DAHLBERG B. The Orphan Works Problem：Preserving Access to The Cultural History of Disadvantaged Groups［J］. Southern California Review of Law & Social Justice，2011（20）：309-310.

起到了很大的激励效果。第四，著作权人的权利得到充分尊重，权利人可以依据“选择退出机制”选择是否加入集体管理组织，自主管理著作权；若是某些特定情况其作品被强制许可，其仍然享有报酬请求权，其法律地位与集体组织的会员并无二致。如若权利人对赔偿不满意，则可以向专门的著作权法庭提起诉讼，这可能会比正规法庭的全面侵权审判更有效地解决赔偿纠纷，因为著作权法庭专门裁定这种类型的争议。❶ 第五，集体管理组织是独立的民间组织，为避免该模式下的集体管理组织的垄断权利过度自治，除了瑞典，挪威、丹麦、芬兰等国均在著作权法里规定了 ECL 协议应当受到行政主管部门的监管。第六，延伸性集体许可需要明确法定适用情形，并且退出权也只能在法定情形中行使。因此，本质上，延伸性集体许可仍然是著作权的一种限制。❷

虽然延伸性集体许可模式在数字网络环境下是孤儿作品利用的优势利用模式，但是其制度设定有严重的路径依赖。其之所以最初在北欧国家成形且效率显著，究其原因，是北欧国家长期的集体管理的优良传统。以瑞典为例，其劳资集体管理最早可以追溯到 19 世纪中叶，后续逐渐在 20 世纪 30 年代发展为集体协商制度，这为著作权的延伸性集体许可奠定了坚实的制度基础。综观整个北欧的法律体系，罗马法从未在北欧区域适用过，其也从未全盘接受其他外国的法系。北欧诸国并没有如作者权体系的德国、法国、意大利等国的综合性民法典。❸ 其法律制度的价值品格更多地受到以阿塞尔·黑格尔斯多罗姆（Axel Hägerström，1868—1939）为代表的“斯堪的纳维亚法律现实主义”（Scandinavian Legal Realism）的影响，黑格尔斯多罗姆秉持的是“法律是实证的，由人为制定”的法学工具论（instrumental legalscience）价值观。❹

---

❶ DAHLBERG B. The Orphan Works Problem：Preserving Access to The Cultural History of Disadvantaged Groups［J］. Southern California Review of Law & Social Justice，2011（20）：311-312.

❷ 梁志文．著作权延伸性集体许可制度的移植与创新［J］. 法学，2012（8）：126.

❸ BERNITZ U. What is Scandinavian Law? Concept，Characteristics，Future［J］. Scandinavian Studiesin Law，2007，50（1）：15.

❹ STRANG J. Two Generations of Scandinavian Legal Realists［J］. Retfærd：Nordic Journal of Law and Justice，2009（12）：73-74.

因此，在前述因素的形塑下，形成了自成体系的北欧（斯堪的纳维亚）法系（Nordic/Scandinavia Family of Legal Systems）。❶ 延伸性集体许可模式正是在这样的制度土壤中得以孕育产生。在某种程度上，其运行机制更多地依赖于北欧固有的社会文化以及制度禀赋，它是“权利人自治与国家干预的精妙混合”机制。❷ 亦有学者认为 ECL 规则对 DCA 的影响是将著作权的排他性制度转变为以薪酬为基础的制度。❸

## 五、合理使用模式

### （一）基本内容

对于孤儿作品之利用机制，除了上述主要的模式之外，值得关注的还有合理使用模式（The Fair Use Model）。“合理使用”一直是各国通常采用的著作权限制制度，《布莱克法律词典》将“合理使用”（fair use）解释为：“未经作者许可而合理而有限度地使用受版权保护的作品，如在书评中引用某本书的内容或将其中部分内容用于滑稽模仿。”“合理使用”这一司法词汇的首次使用是在美国 1869 年的劳伦斯诉达纳案（Lawrence v. Dana）中；并非 1841 年弗尔松诉马什案（Folsom v. Marsh），该案只是引入了构成法定合理使用的四种因素。❹ 哈佛大学的威廉·费舍尔（William Fisher）教授指出，只要能够实现作品利用效率的最大化，就可以适用合理使用。伦尼（Lunney）教授同时也认为，应当以社会整体福祉为出发点，允许最大范围地适用合理使用。有学者认为合理使用是限制著作权人的财产权，以确保大众利益的一种版权

---

❶ MALMSTRÖM Å. The System of Legal Systems: Notesona Problem of Classificationin ComparativeLaw [J]. Scandinavian Studiesin Law, 1969 (13): 147.

❷ 梁志文. 著作权延伸性集体许可制度的移植与创新 [J]. 法学, 2012 (8): 126.

❸ RIIS T, SCHOVSBO J. Extended Collective Licenses and the Nordic Experience: It's a Hybridbutisita Volvoora Lemon [J]. Columbia Journal of Law and the Arts, 2009, 33 (4): 476.

❹ Folsom v. Marsh. 9F. Cas. 342 (C. C. D. Mass. 1841), (No. 4901) & Lawrence v. Dana. 15F. Cas. 26 [C. C. D. Mass. 1869), (No. 8136) ]. MICHAEL M J. APattern-Oriented Approach to Fair Use [J]. WM. & MARYL. REV, 2004 (45): 1525, 1588.

分配机制。❶ 美国联邦最高法院一再表示，合理使用是宪法规定的版权限制，以避免第一修正案予以保护的言论自由与版权所有者垄断权利之过度扩张所产生的冲突。❷ 美国版权局认为，“合理使用”是对侵权行为的关键肯定性辩护，在适当的情况下，是版权作品用户的重要选择。❸ 它是私人权利和公共领域之间紧张关系的有效缓冲。

合理使用作为对侵权索赔的一种抗辩，取决于《美国版权法》第 107 条所规定的法定四要素：（1）使用的目的和性质；（2）受版权保护的作品的性质；（3）使用的作品数量；（4）使用的经济影响。美国版权局认为，有关孤儿作品的条款，不应该具有作为合理使用的替代物（substituteor replacement）的功能。自弗尔松诉马什案以来，法院一直在适用新的事实模式，将“合理使用”法典化的是 1976 年的《美国版权法》。❹ 而现在合理使用基本上在各国著作权法中是作为对著作权限制最严格的一种限制规则加以规定的。只要符合法定情形，无须支付任何费用，无须获得授权即可使用作品。

合理使用作为孤儿作品的一种正当性利用模式，在美国的司法实践中最典型的是谷歌数字图书馆案。转化性使用（trans-formative uses）是在谷歌数字图书馆案中得以使用，法院认为谷歌公司对书籍的使用属于高度转换性使用，以搜索功能替代表达功能。谷歌公司将纸本图书全文数字化扫描并且将表达文本转换成为全面的词语索引，在数据泛滥的数字网络时代，使用“片段展示”（snippets view）将作品信息碎片化，方便了读者、学者以及其他人

---

❶ BELL A，PARCHOMOVSKY G. The Dual-Grant Theory of Fair Use［J］. University of Chicago Law Review Summer，2016（83）：1051.

❷ BELL A，PARCHOMOVSKY G. The Dual-Grant Theory of Fair Use［J］. University of Chicago Law Review Summer，2016（83）：1053.

❸ US COPYRIGHT OFFICE. Orphan Works and Mass Digitization：A Report of the Register of Copyrights［R/OL］.［2015-06-20］. http：//www. copyright. gov/orphan/reports/orphan-works2015. pdf.

❹ 十二国著作权法［Z］. 十二国著作权法翻译组，译 . 北京：清华大学出版社，2011：731.

对目标图书的搜索。❶ 美国法院认为谷歌公司全文复制作品的行为是其转换性使用必不可少的环节，因为公众是通过片段性搜索定位作品的相关信息，并没有实际影响作品的市场地位。实际上，基于转换性使用，虽然谷歌公司是营利性公司，并且全文电子扫描了图书，但在使用方式上不同于传统的复制性使用，很大程度上是为了保障普通公众能更大范围地接触到作品。2013 年 11 月 14 日，美国联邦第二巡回上诉法院作出一审判决，认定谷歌公司对超过 2000 万册图书的数字扫描属于合理使用。

### （二）制度述评

美国版权局认为“合理使用”和孤儿作品“责任限制规定”应在版权法规中共存。❷ 实际上，大多数孤儿作品的使用是使用者认为有必要寻求许可或许可证，以确保安心，避免不可预知性，或更有可能避免承担侵权责任。如果使用者需要在商业链中记录和说明他们的作品是基于使用他人的作品，则合理使用的效用也可能是有限的。美国版权局 2006 年的《孤儿作品报告》设想只是在解决孤儿作品问题时的合理使用例外的有限作用，因为它将孤儿作品的情况部分定义为“使用超越版权的限制或豁免，如合理使用”。那么没有必要进行孤儿作品勤勉检索。可能由于这种形势，该《孤儿作品报告》几乎没有发现利益相关者的意见，认为合理使用是孤儿作品问题的充分解决方案。❸ 然而，自 2006 年以来，合理使用的判例法已经发生了显著的变化，与这种演变相结合，许多利益相关者对于合理使用孤儿作品的价值观改变是一个变化。在 2006 年和 2008 年孤儿作品法案的咨询过程中，比如美国几家图书馆协会，在图书馆版权联盟（Library Copyright Alliance，LCA）的保护下，大力支持针对“使用孤儿作品的有意义的救济”。

---

❶ 杨安进．互联网纠纷中行为的合理性判定：应在适用法律与洞悉行业之间平衡[J]．人民司法，2014（20）：14.

❷ US COPYRIGHT OFFICE. Orphan Works and Mass Digitization：A Report of the Register of Copyrights [R/OL]．[2015-06-20]．http：//www. copyright. gov/orphan/reports/orphan-works2015. pdf.

❸ US COPYRIGHT OFFICE. Reporton Orphan Works [R/OL]．[2015-05-20]．https：//www. copyright. gov/orphan/orphan-report-full. pdf.

事实上，在2008年召开的法院、互联网和知识产权小组委员会听证会上，美国图书馆版权联盟称孤儿作品应是“最高立法优先”。❶ 这个立场有可能部分地由两个法院裁决所体现，裁决表明谷歌对数个图书馆馆藏作品的大量数字化有资格作为合理使用，分别用于：（1）研究、全文搜索，保存、打印禁用的访问（美国作家协会诉谷歌案）；（2）全文搜索、打印禁用的访问（美国作家协会诉HT在线图书馆案）。LCA和其他类似地位的利益相关者认为，与2008年不同的是，将法庭目前的合理使用推理应用于孤儿作品产生的结果将会有益于这些公共机构使用者利用孤儿作品的立法化。❷ 既然已经产生基于大规模数字化使用孤儿作品属于合理使用的判例，作为判例法的国家，LCA当然进一步认为其他特定情形下的孤儿作品的利用也可以定性为合理使用，特别是非营利性教育机构的非商业用途的数字化。

与其他大多数国家的限制例外制度不同的是，合理使用并不限于具体使用人或使用途径；相反，由判例法所形成的公平合理原则进一步体现在《美国版权法》第107条的四要素中。法院会根据具体情况应用这些因素。合理使用可以更灵活地应对作品及其使用随着时间推移所产生的诸多变化。❸ 此外，相对于限制责任模式，合理使用模式更显示出其优越性。在合理使用模式下，没有必要发展授权许可制度，大大降低了行政成本和交易成本；合理使用具有高度灵活性，图书馆和档案馆可以更好地找寻作者、保存作品、利用作品；允许图书馆和档案馆合理使用孤儿作品有助于促进知识传播、支持言论和言论自由。❹ 正如帕特里和波斯纳认为：“法定的合理使用因素只是一

---

❶ US COPYRIGHT OFFICE. Orphan Works and Mass Digitization: A Report of the Register of Copyrights [R/OL]. [2015-06-20]. http://www.copyright.gov/orphan/reports/orphan-works2015.pdf.

❷ US COPYRIGHT OFFICE. Orphan Works and Mass Digitization: A Report of the Register of Copyrights [R/OL]. [2015-06-20]. http://www.copyright.gov/orphan/reports/orphan-works2015.pdf.

❸ URBAN J M. How Fair Use Can Help Solve the Orphan Works Problem [J]. Berkeley-Tech. L. J., 2012 (27): 1390.

❹ URBAN J M. How Fair Use Can Help Solve the Orphan Works Problem [J]. Berkeley-Tech. L. J., 2012 (27): 1379.

个可选择的市场失灵可行性的替代。如果交易成本低，最好对产权进行明确的定义，因为这样做有助于交易。”❶

《美国版权法》“合理使用”四要素判定的司法适用非常灵活，可随着时代进步而自我进化。法官们一边在抱怨“合理使用是整个版权法里最棘手的问题”，❷ 一边又在司法实践中利用四要素的造法空间，创造性地适用法律。最典型之表现是谷歌数字图书馆案。考虑孤儿作品的商业用途，例如在书中使用照片；或使用书籍作为剧本的原始材料。目前司法公正的使用态度，正如 HT 在线图书馆案所说明的那样，主要是由非商业行为主体来处理非商业用途，并且合理使用的认定是一个开放式的认定环节，并不能以全面的孤儿作品立法的方式适用于营利性使用。美国版权局认为国会有责任解决孤儿作品的所有社会有益用途；合理使用可能涵盖一些利益相关者的一些用途的可能性，不应该排除更广泛适用的立法。政府的任务是更广泛地思考，以便制定一个考虑所有利益攸关方和整个系统整体运作的解决方案，决定如何最好地追求版权条款的目的。❸ 虽然合理使用对处理孤儿作品的商业性的使用在价值上及技术上具有双重障碍，但是对于那些不具有商业价值仅仅只能构成“国家记忆”的地图、乐谱、会议记录等孤儿作品，❹ 完全可以由图书馆和档案馆等公益机构依照合理使用进行利用。哈罗德·贝尔法官果断地认为，合理使用保护了由 HathiTrust 图书馆的知名作者在语料库中的多种用途。他还认为，使这些用途成为可能的数字化是公平的，❺ 并且，美国的合理使用制度作为一种开放式的著作权限制方式，正在为诸如加拿大、新加坡、以色列等国

❶ PATRY W F, POSNER R A. Fair Use and Statutory Reformin the Wake of Eldred [J]. California Law Review December, 2004, 92 (6): 1650.

❷ Del/or v. Samuel Goldwyn, Inc., 104 F. 2d 661, 662 (2d Or. 1939) (per curiam).

❸ US COPYRIGHT OFFICE. Orphan Works and Mass Digitization: A Report of the Register of Copyrights [R/OL]. [2015-06-20]. http: //www. copyright. gov/orphan/reports/orphan-works2015. pdf.

❹ URBAN J M. How Fair Use Can Help Solve the Orphan Works Problem [J]. Berkeley-Tech. L. J., 2012 (27): 1381-182.

❺ URBAN J M. How Fair Use Can Help Solve the Orphan Works Problem [J]. Berkeley-Tech. L. J., 2012 (27): 1385.

家，在成文法或者判例法中，引进或者认可开放模式的著作权权利限制和例外。❶

## 第三节　域外孤儿作品利用制度的综合评价

基于前述五种孤儿作品利用制度立法模式的综合考察，可以归纳出孤儿作品利用制度的基本特征。首先，采取何种立法模式，并非完全出于立法部门的主观意志，而是受到孤儿作品利用制度得以产生的该国的制度禀赋之影响。其次，孤儿作品利用制度基本体现在立法国孤儿作品利用上的价值取向。作者权体系国家与版权体系国家的孤儿作品利用制度所表现出的精神品格有明显差异。最后，从全球范围来看，孤儿作品利用制度的某些元素表现出趋同性特征。

### 一、制度禀赋形塑利用规则

前述五种孤儿作品利用模式均是在特殊的制度禀赋下得以产生并发展。可以说，前述几种利用模式中并不存在全优的孤儿作品利用模式。制度本来生长的政治、文化、历史传统等因素或多或少地影响其发展。从孤儿作品利用模式的国家趋同性来看，基于同一立法体系，具备同质性社会文化的国家在孤儿作品利用规则上体现出更多的相似性。以最典型的北欧国家为例，北欧国家在立法体系上属于作者权体系，由于其独特的社会文化因素与集体管理的历史传统，共同影响了著作权的规则创立，从而形成了独具北欧斯堪的纳维亚特质的延伸性集体许可模式。

首先，北欧五国在著作权的立法体系上仍然属于作者权体系，秉持的是以作者权为中心的立法风格，由于遵循作者权体系，ECL 模式不得不权衡著作权人的利益保护。孤儿作品的利用本质上是对著作权的一种限制。因此，ECL 在作品的范围和使用方式上均作了严苛的特别规定，并赋予著作权人退出权与报酬请求权，以确保著作权人对著作权的自治管理。

---

❶ 薛虹．从谷歌图书侵权案件的判决看开放模式的版权限制［J］．人民司法，2014（20）：10.

其次，北欧五国具有同质性的社会特征。“社会不是以法律为基本的，那是法学家的幻想。相反，法律应以社会为基础。”❶ 北欧五国的社会同质性主要表现在：（1）地理位置上，北欧五国均处于欧洲西北端，种族、语言较为单一；无种族差异与阶层划分，宗教信仰比较集中，以路德新教为主；（2）政治上，北欧国家推行斯堪的纳维亚社会民主主义，在政治理念上主张国家能够且应该在不破坏市场的前提下，对经济采取管制；❷（3）社会价值观上，实用主义与现实主义深度渗透社会与法律层面，这使得国小民寡的北欧国家构建起高度信任与透明的同质性社会。❸ 上述因素促成了透明有序的由作者、表演艺术家、出版商等权利人组成的著作权集体管理组织，❹ 最终为延伸性集体许可模式形成潜在推力。

## 二、价值取向引导规则创设

确保著作权之未来的最佳方式是避免干预。❺ 然而，在现代社会，这样的“干预”是无法避免的，恰如笔者在第三章孤儿作品利用制度的价值取向时论及，著作权制度呈现什么样的精神品格，很大程度上有赖于一国立法者所加诸其的“意志”或“价值”。此种“价值取向”在内国法层面对一国呈现出什么样的立法模式则有决定性导向。

其一，立法观念秉持“作者权主义”（author-right）的国家，在孤儿作品利用的立法模式上更倾向于保护著作权人的权利免于受到过多的妨害。强制许可模式、基础例外模式与延伸性集体许可模式均被大多数的“作者权主义”

❶ 马克思恩格斯全集：第六卷［Z］. 中共中央马克思恩格斯列宁斯大林著作编译局，编译. 北京：人民出版社，1961：291-292.

❷ BERMAN S. The Primacy of Politics：Social Democracy and the Making of Europe's Twentieth Century［M］. Cambridge：Cambridge University Press，2006：16-17.

❸ RIIS T，SCHOVSBO J. Extended Collective Licenses and the Nordic Experience：It's a Hybridbutisita Volvoora Lemon［J］. Columbia Journal of Law and the Arts，2009，33（4）：495.

❹ 梁志文. 著作权延伸性集体许可制度的移植与创新［J］. 法学，2012（8）：127.

❺ MARIA M T. The Future of Copyright in Europe［J］. Columbia Journal of Law & the Arts，2014，38：29.

国家所采用，在规则设定方面会体现出围绕作者权为圆心的权利配置体系，主要表现在以下两个方面。首先，一般基于维护著作权人的发表权，从而对孤儿作品的范围基本不涉及未发表作品。认为对未发表之作品的孤儿作品的使用，是对著作权人的隐私权之侵犯。[1] 例外涉及未发表作品的模式，也是以默示许可推定作者放弃对发表权的行使，从而形成“事实发表”之作品。其次，为了实现对著作权人是否将其作品孤儿化的事实认定，强制许可模式与基础例外模式均将合理勤勉查找作为孤儿作品利用的前置程序，以确保潜在利用人对孤儿作品之著作权人的诚信搜索义务的履行。如果在查找过程中获取孤儿作品之权利人的信息，则可以进一步获得使用许可；如果尽到了必要的合理勤勉查找义务，仍旧无法找寻到著作权人的，则可以在缴付补偿金或担保金的情况下使用孤儿作品。这也是确保孤儿作品不被侵权使用的立法逻辑。ECL 模式虽然没有合理勤勉查找的前置程序，但是其创设了著作权人的退出权以及报酬请求权作为孤儿作品利用这种权利限制的救济措施，确保著作权人的意思自治及权利救济。

其二，立法观念秉持“版权主义”的国家，在孤儿作品利用的立法模式上更倾向于限制著作权人之权利，从而激励孤儿作品的潜在利用人对孤儿作品加以利用。限制责任模式则是秉持“版权主义”的美国所采用。首先，在孤儿作品的范围上未加任何限制；其次，对合理勤勉查找设置为事后司法审查；最后，创设了严格限制著作权人权利的规则。对著作权人的金钱救济与禁令救济予以严格的限制。因此，在“版权主义”立法观念下的孤儿作品利用模式，是将孤儿作品作为价值判断的核心，规则设定通常围绕这样的问题展开：如何最大限度地使孤儿作品得以被社会公众所接触，使孤儿作品潜在利用人最大限度地降低侵权风险。

此外，对于孤儿作品公益性的数字化利用，美国则采取了更为自由的合理使用模式，将合理使用运用于图书馆、档案馆等公益机构大量数字化利用

---

[1] DE BEER J, BOUCHARD M. Canada's “Orphan Works” Regime: Unlocatable Copyright Owners and the Copyright Board [J]. Oxford University Commonwealth Law Journal, 2010, 10 (2): 221.

孤儿作品，主要是为了避免孤儿作品所造成的市场失灵，以实现对孤儿作品保存、教育、知识获取或传统形式的研究。❶ 从前述美国关于孤儿作品合理使用的两个判例也可以看出，美国在确保孤儿作品的有效利用的角度采取合理使用作为裁判依据，与其一贯秉持的“版权主义”价值观完全一致。

## 三、孤儿作品利用规则的趋同选择

### （一）孤儿作品适用范围的趋同

孤儿作品利用的基础问题之一是孤儿作品的适用范围，各种模式对孤儿作品的适用范围规定不尽相同。限制责任模式最为宽泛，并没有明确地排除未发表作品与外国作品之孤儿作品的利用；强制许可模式与基础例外模式采取的是已发表作品+“事实发表”之作品；延伸性集体许可模式采取的是已发表的作品并且依法严格限定作品的特定类型和使用方式。美国知识产权局在2015年孤儿作品与数字化的报告中提出ECL对以下作品最有意义：（1）文学作品；（2）以文学作品作为插图、图表或类似作品出版的图画作品；（3）照片。❷ 而数字图像的权利人特别关心孤儿作品立法会导致广泛地侵犯他们的作品，因为数字作品可以很容易地复制，元数据往往被删除或丢失。权利持有人对孤儿作品改革犹豫不决，如果这个改革对孤儿作品的定义过于宽泛，那么他们担心其作品很容易被误认为孤儿作品，著作权法改革将为侵权创造“后门”。❸

因此，在孤儿作品的适用范围上所呈现的多样性规定，首先，必定会造成孤儿作品国际利用的各种冲突；其次，根据《伯尔尼公约》的国民待遇原则，也要求孤儿作品的适用范围尽量统一；最后，作品传播的内在途径使得

---

❶ URBAN JM. How Fair Use Can Help Solve the Orphan Works Problem [J]. Berkeley-Tech. L. J., 2012 (27): 1385.

❷ US COPYRIGHT OFFICE. Orphan Works and Mass Digitization: A Report of the Register of Copyrights [R/OL]. [2015-08-06]. http://www.copyright.gov/orphan/reports/orphan-works2015.pdf.

❸ DAHLBERG B. The Orphan Works Problem: Preserving Accessto the Cultural History of Disadvantaged Groups [J]. Southern California Review of Law & Social Justice, 2011 (20) 20: 313.

著作权在技术的推动下必定是全球一体化的发展趋势。因此，有必要对孤儿作品的适用范围进行最低的指导性规定，以便促进孤儿作品最大化利用及尽量避免利用引发的国际冲突。

### (二) 孤儿作品“合理勤勉查找”的标准趋同

对孤儿作品的利用，首先必须解决的是孤儿作品之认定问题，纵观各种孤儿作品的制度设计，“合理勤勉查找”的前提条件之设定已经成为孤儿作品法律制度的关键要素，如果省却这一前提条件，对于著作权人之权利无疑是一大侵害，更是对著作权制度的本质性动摇。但是孤儿作品之利用又是涉及作品的多方利益关系主体，涉及社会公共利益，因此，“合理勤勉查找”是诸多利益关系的平衡点。美国在 2006 年以及 2008 年提出的《孤儿作品法案》所体现的限制责任模式虽是将“合理勤勉查找”作为使用人应当履行的使用前提，但是对是否达到合理勤勉之要求则是事后审查，即由法官进行判定，这对于孤儿作品的利用人而言存在很大的不确定性。在高度体现法官自由裁量权的裁判中，法官是否裁定其尽到了合理勤勉的查找义务还是未知，[1] 有可能仅仅是一时疏忽，也可能承担侵权使用的法律责任。因此，这种悬而未决的状态所隐含的风险，一直是潜在利用人对某些作品的利用保持踌躇不决之态度的一个原因。

将“合理勤勉查找”作为利用孤儿作品的前提加以设置，一方面可以维护著作权人的利益，避免孤儿作品的滥用；另一方面又可以保障其他主体对孤儿作品之正当利用以及公众对孤儿作品的正当接触。因此，基于孤儿作品在数字网络时代的全球性，以及各国在制定孤儿作品制度的内在趋同性，“合理勤勉查找”这一前提条件可以提升成为孤儿作品利用的国际规则。[2] 创设最低的国际标准，对于孤儿作品的跨境使用和互认是有效的途径之一。

进而言之，为了使孤儿作品跨境利用的障碍得以扫清，有必要建设一个全球一体化的电子数据库，《伯尔尼公约》框架下的成员共同维护，以供“合

---

[1] BRITO J, DOOLING B. An Orphan Works Affirmative Defense to Copyright Infringement Actions [J]. Mich Telecomm. & Tech L. Rev., 2005, 75 (12): 109.

[2] BIN L B. The Orphan Works Copyright Issue: Suggestions for International Response [J]. Copyright Society of the U. S. A., 2013 (60): 271-272.

理勤勉查找”的数据库检索。显然，在技术飞速迭代的今天，技术上已经不是问题，只是国际协调和资金的困难需要积极克服。

### （三）孤儿作品利用的国际互认

孤儿作品利用的前述模式仅有欧盟的基础例外模式与北欧五国的延伸性集体许可模式在该模式施行的成员国间可以实现孤儿作品利用的国家间的效力互认。孤儿作品利用的国际互认对于一个作品的跨境使用，尤其是网络信息时代的数字化使用必须面对的一个问题。比如《欧盟孤儿作品指令》仅涉及由公共图书馆、教育机构和博物馆以及档案馆、电影或音频遗产机构以及公共图书馆组成的孤儿作品的某些用途，成员国设立的广播组织，以实现与其公益事业有关的目标，适用的范围非常有限，根据国际法的观点，这也可能导致国民待遇问题，因为国民待遇是根据 TRIPs 协议明确规定的国际义务。根据 TRIPs 协议第 3 条，每个世贸组织成员应对其他成员的国民给予不低于其本国国民保护知识产权的待遇。第 3 条和第 4 条的脚注解释为了这两个条款的目的，“保护”应包括影响知识产权的可获得性、获取范围、维护和执行以及影响 TRIPs 协议中具体规定的知识产权使用的事项。关于使用孤儿作品的规定也必须符合国际待遇的国际义务。[1] 因此，有必要在现行国际著作权规则体系下构建孤儿作品利用的国际注册登记平台，以“反向注册与公告”的方式，由孤儿作品利用人或者著作权集体管理组织对孤儿作品的使用人信息、使用途径、衍生作品信息等进行登记及公告，并在此基础上进一步在《伯尔尼公约》框架下形成孤儿作品认定及使用的互认制度。

## 本章小结

著作权的研究不仅需要纵向的历史考察，更需要横向的制度比较和探讨。孤儿作品问题并不是某一个国家的偶然现象，而是世界范围内的著作权制度难题。根据对孤儿作品相关立法的域外横向与纵向的比较研究可知，各国及

---

[1] LU B. The Orphan Works Copyright Issue: Suggestions for International Response [J]. Copyright Society of the U. S. A., 2013 (60): 272.

各地区的立法实践与应对经验也是不可忽略的研究内容。规则本身不能独自运行，在比较法的视野下，以孤儿作品的利用制度为镜像，可以更客观地了解孤儿作品的具体利用规则运行的文化背景、人文背景、法治背景；反观该规则制定和运行的科学性和合理性，这对于我国《著作权法》再次修订时孤儿作品利用制度的立法尝试具有积极的立法借鉴意义。

各国孤儿作品利用制度主要采取限制责任模式、强制许可模式、基础例外模式、延伸性集体许可模式和合理使用模式等五种立法模式。并非哪一种模式具有绝对的优势，任何一种利用制度能否有效地实现孤儿作品利用与传播的制度功能抑或立法目的，不在于立法文本有多完美，而在于该利用制度是否与著作权整体制度相契合，在于该制度能否有效运行于外在环境。比如延伸性集体许可模式的产生就由北欧诸国的特有著作权集体管理文化主要策动。合理使用模式的运用则是谷歌数字图书馆案在美国的司法推动。我国在借鉴域外立法经验的时候，不能盲目照搬，应当综合研究，以域外孤儿作品利用的立法实践为基础，理性回归本土立法环境，以我国的孤儿作品问题的特殊性以及现有著作权法的客观制度禀赋为依归。

# 第五章　修法背景下我国孤儿作品利用的著作权制度设计

著作权从诞生之初，伴随而至的就是关于著作权正当性延绵不断的争论以及一轮又一轮的著作权修法运动。学者李琛认为我国知识产权界存在两个极端现象：一是毫无反思地照单全收西方知识产权理论；二是情绪化的理论虚无主义，称知识产权理论为“策略”。❶ 这两种极端现象对中国知识产权制度之体系化构建无疑是有碍而无益的。如若不注重孤儿作品利用规则与著作权制度的整体融合，也会导致著作权体系的供血不足、循环不畅，乃至机体排异。

## 第一节　我国孤儿作品利用的法律现状及存在问题

我国的著作权立法史也是随着我国经济之复苏而进行的，在很大程度上，著作权法的制定与完善基本是被动性的前行，其外在的助推力量是国际条约及其他国家的先进制度经验；内在的助推力量是经济文化以及科学技术的发展，目前形成了“一法六条例”的著作权立法格局。❷ 关于孤儿作品之立法规定，除了散见于著作权法及其实施条例的几条规定，严格地说，我国尚缺乏系统的立法制度。第三次著作权法修订提交的《修订草案送审稿》规定了孤儿作品制度的一般性规定，但此次修订最终还是没有建立这一制度。可见

---

❶ 李琛．论知识产权法的体系化［M］．北京：北京大学出版社，2005：3.

❷ “一法”指《著作权法》，“六条例”分别是《实施国际著作权条约的规定》、《计算机软件保护条例》、《中华人民共和国著作权法实施条例》、《著作权集体管理条例》、《信息网络传播权保护条例》和《广播电台电视台播放录音制品支付报酬暂行办法》。

我国在立法层面已经开始尝试构建孤儿作品利用的著作权制度。然而，孤儿作品利用制度在立法上的体系化仍是任重道远。此外，我国法院对谷歌数字图书馆案与百度文库案的司法审理与裁判意见体现了司法层面的个案价值，不管是立法层面还是司法层面均暴露出我国孤儿作品利用问题的复杂性。

## 一、我国孤儿作品利用的立法现状及存在问题

### （一）“作者身份不明的作品”之立法规定

2002年9月15日施行的《著作权法实施条例》第13条是学界公认最早的可追溯的相关法源，条文规定：“作者身份不明的作品，由作品原件的所有人行使除署名权以外的著作权。作者身份确定后，由作者或者其继承人行使著作权。”“原件所有人”代为行使“作者身份不明”的作品，有学者质疑其有效性，在数字网络环境中，作品的原件与复制件通常更难以区分。❶ 也就是说，在数字环境下确定作品的作者与原件所有人一样，困难重重，而且原件所有人的寻找也同样存在很多可变因素。此外，在著作权人身份不明的情形下，推定由“原件所有人”取得作品署名权之外的其他著作权，其正当性也值得商榷。“原件所有人”有可能是作者本人，也可能是其他任何人，“持有原件”的事实状态可以基于多种情况发生，原因可以是合法的，也可以是非法的，而“持有原件”这一事实并不能当然地令其合法取得作者署名权之外的其他权利，这样只会让法律关系更为复杂。

根据《著作权法实施条例》第18条规定❷可以确定，“作者身份不明的

❶ 王迁．孤儿作品制度设计简论［J］．中国版权，2013（1）：32.

❷ 《著作权法实施条例》第18条：“作者身份不明的作品，其著作权法第十条第一款第五项至第十七项规定的权利的保护期截止于作品首次发表后第50年的12月31日。作者身份确定以后，适用著作权法第二十一条的规定。”

《著作权法》（2010）：“公民的作品，其发表权、本法第十条第一款第（五）项至第（十七）项规定的权利的保护期为作者终生及其死亡后五十年，截止于作者死亡后第五十年的12月31日；如果是合作作品，截止于最后死亡的作者死亡后第五十年的12月31日。

法人或者其他组织的作品、著作权（署名权除外）由法人或者其他组织享有的职务作品，其发表权、本法第十条第一款第（五）项至第（十七）项规定的权利的保护期为五十年，截止于作品首次发表后第五十年的12月31日，但作品自创作完成后（转下页）

作品”待到作者身份确认以后，该类作品的保护期限相应地给予延长。根据法条的表述，存在不确定性因素，即“待到作者身份确认后”这一事实的不确定性。其一，“作者身份不明”的标准是什么，是否包含作品完全没有著作权人信息；以及作品的著作权人信息确定，但是无法联系到著作权人？法律规则在体现包容性的同时往往也体现了更多的不确定性。其二，“待到作者身份确认后”的判定标准是什么，由谁对“身份不明之作者”进行“身份”确认？即使有事实证明作者身份确认了，作品的“创作时间”及“首次发表时间”也属于有待进一步查证之事实。这些不确定性因素累加在一起，对作品的“孤儿化”问题的解决显然没有实质性的可操作规定。

### （二）“没有权利义务承受人的作品”之立法规定

现行《著作权法》第21条规定，国家享有“没有权利义务承受人的作品”❶，同时《著作权法实施条例》第15~16条补充规定了国务院著作权行政管理部门代替国家行使“没有权利义务承受人”之作品的相关权利❷。这种立法传统显然与其他国家对类似情况的处理不尽一致。比如，《日本著作权法》规定该类情形下的著作权消灭，作品直接进入公共领域。著作权的本质就是一种强制垄断，将公共领域与著作权私有权利进行利益切割，在依照民事法律规范对其著作权准用继承法之规定是大多数作者权体系国家的做法，但是，在没有继承人的情形下，该部分作品就自然进入公共领域。德国属于

---

（接上注）五十年内未发表的，本法不再保护。

电影作品和以类似摄制电影的方法创作的作品、摄影作品，其发表权、本法第十条第一款第（五）项至第（十七）项规定的权利的保护期为五十年，截止于作品首次发表后第五十年的12月31日，但作品自创作完成后五十年内未发表的，本法不再保护。”

❶ 现行《著作权法》第21条：“著作权属于自然人的，自然人死亡后，其本法第十条第一款第五项至第十七项规定的权利在本法规定的保护期内，依法转移。

著作权属于法人或者非法人组织的，法人或者非法人组织变更、终止后，其本法第十条第一款第五项至第十七项规定的权利在本法规定的保护期内，由承受其权利义务的法人或者非法人组织享有；没有承受其权利义务的法人或者非法人组织的，由国家享有。”

❷《著作权法实施条例》第15条：“作者死亡后，其著作权中的署名权、修改权和保护作品完整权由作者的继承人或者受遗赠人保护。著作权无人继承又无人受遗赠的，其署名权、修改权和保护作品完整权由著作权行政管理部门保护。”

第16条：“国家享有著作权的作品的使用，由国务院著作权行政管理部门管理。”

严格的作者权体系国家，奉行“作者中心主义”的德国一贯坚守著作权的人格财产一元论，其立法逻辑是根本排斥自然人之外的其他组织体作为作品权利人的，例如，劳务关系下创作的计算机程序，《德国著作权法》第69b条规定，雇员为执行职务或根据雇主指示创作计算机程序的，如无其他约定，只有雇主有权行使该计算机程序的一切著作财产权权限。[1] 雇主只能行使关于计算机程序的财产性权利，而不是当然取得职务作品的著作权人之法律地位。

我国《计算机软件保护条例》第13条规定，自然人在法人或者其他组织中任职期间所开发的软件属于接受单位明确指示；从事本职工作的合理预见；以及采用本单位主要物质技术条件这三种情形的，该软件的著作权由该法人或者其他组织享有，该法人或其他组织可以对开发软件的自然人进行相应奖励。从这一条来看，我国虽然在立法体例上更多承袭了作者权体系的架构，但是就立法精神而言，却一再突破作者权体系国家所秉持的“作者中心主义”，而更多地体现出“工具性主义”的立法价值。“没有权利义务承受人的作品”最后收归国家享有，在这样的“工具性主义”立法逻辑下就不难想象，然而其后果是进一步模糊著作权与公共领域之界限。孤儿作品潜在利用人在费尽周章地进行了“合理勤勉查找”之后，发现该作品已经没有权利承受人，最后还需要向代表国家行使著作权的行政管理部门获取授权许可方可使用该作品。这一点与著作权的激励目的相违背，显然与“版权主义”之立法价值也是背道而驰，其后果是法律规范越显臃肿，行政管理成本无形增加，作品的利用效率却极其低下。

### (三)《著作权法》第三次修订中的孤儿作品规则解析

在知识产权法的体系中，《著作权法》可谓法律关系最为复杂、权利内容最为丰富、法律变动最为频繁的单行法。我国《著作权法》自1990年颁布以来，在2001年及2010年对著作权法进行了二次修订，2011年7月《著作权法》的第三次修订工作正式启动，《著作权法》此次修改幅度很大，是有史以来的第一次主动性修改，而非前两次的被动修法，88个条款中只有7个条款

---

[1] 十二国著作权法［Z］．十二国著作权法翻译组，译．北京：清华大学出版社，2011：170.

没有修改。在草案起草过程中对孤儿作品问题予以关注，并于2014年6月公布的《草案送审稿》中作了具体的规定，虽然2020年11月11日第十三届全国人民代表大会常务委员会第二十三次会议通过的第三次修正的《著作权法》最终还是没有规定孤儿作品相关条款，但《草案送审稿》所体现的孤儿作品利用规则的立法尝试，仍然值得关注。

1.《著作权法》第三次修订中的孤儿作品规则的基本内容

2014年6月公布的《草案送审稿》中第51条具体规定了孤儿作品利用的基本规则。此次修法过程中对孤儿作品利用的著作权制度的立法回应采取的仅仅是原则性的规定，且利用方式仅规定了数字化利用孤儿作品，操作细则还有待拟定。对于孤儿作品的利用规则，国家版权局对修改草案也是几易其稿，很显然，仅《草案送审稿》第51条规定就有许多值得探讨的地方。尽力查找的程序和标准是什么？授权和收取提存费的主体是谁？孤儿作品潜在利用人的利用目的？为什么仅限定于数字化使用？孤儿作品的著作权人出现后如何处理？问题种种还有待解决，单凭此条是无法实际地解决孤儿作品之利用难题的。

2. 我国孤儿作品利用制度设计的不足

（1）孤儿作品的适用范围。对于孤儿作品的适用范围，从上述《著作权法》修改草案的一稿、二稿及送审稿的对比来看，前后明显有几次变化。国家版权局2012年3月公布的修改草案第一稿将孤儿作品的适用范围界定于“著作权的保护期尚未届满的作品”，这一表述有两层含义，我国采取的著作权的取得系自动取得原则，也就是作品一经创作完成即自动取得著作权。第一层含义是孤儿作品应当是在著作权保护期内的作品；第二层含义是孤儿作品应包含未发表之作品与已发表作品。

然而，紧接着国家版权局在2012年7月公布的第二稿第26条又将这一范围进行限缩。孤儿作品不仅要限定于已发表作品；并且使用方式限定为“数字化形式的复制使用”，从而将孤儿作品的使用方式严格限缩，那么数字化之外的其他使用方式以及数字化范围内的创造性使用比如对一本小说的商业性改编等使用方式就自然无法涵盖在其中了。此外，第一种使用情形还限定使用主体为“报刊社”。

2014年6月出台的《草案送审稿》明确了孤儿作品立法的目的是适应数字网络环境下，为解决特定情况，查找著作权人无果的情形下仍需海量使用作品的实际需要。第51条将孤儿作品的适用范围界定为“著作权保护期未届满的已发表作品”。对孤儿作品的使用方式界定为“数字化形式使用”。虽然没有如草案修改稿第二稿将数字化使用报刊作品的使用主体限缩为“报刊社”，如果某电影公司想要在一部电影里使用孤儿作品的一段音乐，那么这种情形是否属于《草案送审稿》第51条的“数字化形式使用”呢？答案只能是否定的。很明显，我国第三次《著作权法》的修订对孤儿作品的适用范围持保守态度，然而，如表5-1所示，对于孤儿作品的适用范围规定过窄会产生后续孤儿作品使用的制度困境。适用范围过窄不能涵盖孤儿作品使用的主要问题，不能对释放孤儿作品起到积极的激励作用；并且国际层面上对孤儿作品

**表5-1 我国孤儿作品适用范围的立法进程**

| 拟定时间 | 法条内容 | 范围界定 | 立法动机 |
|---|---|---|---|
| 2012年3月 | 《著作权法（修订草案第一稿）》第二十五条　下列著作权的保护期尚未届满的作品，使用者可以向国务院著作权行政管理部门申请提存使用费后使用作品：<br>（一）作者身份不明且作品原件的所有人经尽力查找无果的；<br>（二）作者身份确定但经尽力查找无果的。<br>前款具体事项，由国务院著作权行政管理部门另行规定。 | 著作权的保护期尚未届满的作品 | 为回应技术的发展和商业模式的更新，草案对“孤儿作品”探索性地作了原则规定，即对于此类作品，使用者可以向国务院著作权行政管理部门申请并提存使用费后使用作品 |
| 2012年7月 | 《著作权法（修订草案第二稿）》第二十六条　报刊社对已经出版的报刊中的作品进行数字化形式的复制，其他使用者以数字化形式复制或者通过信息网络向公众传播作品，应当取得著作权人的许可。对著作权的保护期未届满的作品，使用者尽力查找权利人无果，符合下列条件的，可以向国务院著作权行政管理部门指定的机构申请并提存使用费后使用：<br>（一）作者以及作品原件所有人均身份不明的；<br>（二）作者身份不明，作品原件所有人身份确定但无法联系的；<br>（三）作者身份确定但无法联系的。<br>前款具体事项，由国务院著作权行政管理部门另行规定。 | “已经出版的报刊中的作品”+“数字化形式的复制使用”+“信息网络传播” | 考虑到“孤儿作品”相关规定属于立法中的创新，为谨慎起见，在吸取社会各界的意见和建议后，将“孤儿作品”的适用范围明确为报刊社对已经出版的报刊中的作品进行数字化形式的复制，以及其他使用者以数字化形式复制或者通过信息网络向公众传播作品两种情形 |

（续表）

| 拟定时间 | 法条内容 | 范围界定 | 立法动机 |
|---|---|---|---|
| 2012 年 10 月 | 《著作权法（修订草案第三稿）》第二十六条　著作权保护期未届满的已发表作品，使用者尽力查找其权利人无果，符合下列条件之一的，可以在向国务院著作权行政管理部门指定的机构申请并提存使用费后以数字化形式使用：<br>（一）作者以及作品原件所有人均身份不明的；<br>（二）作者身份不明，作品原件所有人身份确定但无法联系的；<br>（三）作者身份确定但无法联系的。<br>前款具体实施办法，由国务院著作权行政管理部门另行规定。 | “著作权保护期未届满的已发表作品”＋“数字化形式使用” | 在草案一稿、二稿的一张一弛的基础上，第三稿在孤儿作品的适用范围上划定三个基本条件。主要应对海量数字化使用孤儿作品的情形 |
| 2014 年 6 月 | 《著作权法（修订草案送审稿）》第五十一条　著作权保护期未届满的已发表作品，使用者尽力查找其权利人无果，符合下列条件之一的，可以在向国务院著作权行政管理部门指定的机构申请并提存使用费后以数字化形式使用：<br>（一）著作权人身份不明的；<br>（二）著作权人身份确定但无法联系的。<br>前款具体实施办法，由国务院著作权行政管理部门另行规定。 | “著作权保护期未届满的已发表作品”＋“数字化形式使用” | 为适应数字网络环境下海量使用作品的需要，为解决特定情况下，著作权人查找无果但仍需使用作品的实际，增加相关规定，允许使用者在向有关机构申请并提存使用费后以数字化形式使用作品 |

的利用可能会与其他国家的孤儿作品适用范围不尽一致，进一步产生国际冲突。

（2）孤儿作品使用的前置义务。孤儿作品的使用本质是对著作权的限制，因此必须为潜在利用人设定一定的前置义务才能使用该孤儿作品已是各国孤儿作品著作权规则的必备要素之一。我国在第三次《著作权法》修订过程中，也侧重地考虑到了这一要素，从三次修改的文本来看，基本上都是围绕两个基本条件规定的，即“尽力查找”加“申请并提存使用费”。

其一是“尽力查找”，要求孤儿作品的使用人对著作权人进行尽力查找，这一条件即对其他国家孤儿作品利用规则的“合理勤勉查找”之回应。但是最终的《草案送审稿》也没有明确所谓“尽力查找”的程序和标准，如何判断“著作权人身份不明”或“著作权人身份确定但无法联系”的事实等核心问题并没有明确的规定。仅仅是原则性地提出来，然后以“前款具体实施办法，由国务院著作权行政管理部门另行规定”这一指示性条款加以说明，也就是说，更详细的孤儿作品利用的实施办法还需要由国家版权局进一步细化。

其二是“申请并提存使用费”。对于“申请并提存使用费”的授权和收费主体在国家版权局2012年3月公布的《著作权法（修改草案第一稿）》，第25条直接规定授权和收费主体是国务院著作权行政管理部门，第二稿及之后的送审稿则修改为“国务院著作权行政管理部门指定的机构”，这一细微变化应当是考虑到孤儿作品集体管理机构作为孤儿作品利用的受理机构，这也需要国家版权局出台进一步的操作细则。

值得指出的是，现行立法尝试对孤儿作品利用的前置条件的立法设计过于烦琐和苛刻，而孤儿作品的潜在利用人作为经济理性人，在权衡使用的成本支出与风险承担的情形下，可能会对该孤儿作品望而却步。那么这样的著作权制度设计就明显达不到实现最大化利用孤儿作品的立法初衷，反而会增加著作权行政管理机构的财政负担或滋生集体管理组织的垄断权利，在立法上产生所谓“牵一发而动全身”的涟漪效应。

（3）孤儿作品使用的授权机制。从2014年6月公布的《草案送审稿》第51条的规定来看，我国采取的是强制许可的授权模式。该条规定在满足“著作权人身份不明”或“著作权人身份确定但无法联系的”等条件时，“可以向国务院著作权行政管理部门指定的机构申请并提存使用费后数字化使用作品”。这一立法体例符合强制许可模式的基本立法特征，目前大多数国家也采取这一立法模式，比如加拿大、日本、英国、韩国等国家均采取这一模式。但是各国在立法规则上已有细微的差别，如日本为了弥补申请程序的冗长所创设的“作品在先使用规则”就与其他国家的授权制度有所不同。

正如第四章所论及强制许可的不足之处时指出，该模式最大的弊端是申请程序的烦杂冗长，并且产生过重的成本支出。在增加孤儿作品潜在利用人成本的情况下，激励效果不足，这样的授权机制显然是低效率的。此外，我国的著作权登记制度与著作权集体管理制度并不完善，孤儿作品授权机制的“强制许可+提存”的模式并不能在现行的制度环境下发挥有效的作用。因此，引入该授权机制显然是值得商榷的。

## 二、我国孤儿作品利用的司法现状及存在问题

### （一）谷歌数字图书馆计划的中国遭遇

谷歌数字图书馆计划是一个覆盖全球的图书扫描传播计划，在我国一样遭遇著作权侵权与否的诉讼问题。早在 2009 年 10 月，中国文字著作权协会称有将近 570 位著作权人、1.8 万部作品在未经授权的情况下被谷歌公司数字化扫描上网。10 月 28 日，国家版权局联合原文化部、教育部等部门下发了保护图书馆馆藏作品著作权的通知，通知要求图书馆要依照著作权法律法规，按照“先授权、后传播”的使用原则使用作品。❶ 除官方的积极态度之外，基于这一事实，各方表现出的态度不一。中国互联网协会秘书长王斌认为，从文化安全角度来看，可能涉及文化安全问题，谷歌对图书的数字扫描及大规模数据挖掘应当受到一定的限制。❷ 出版业的专业人士则持不同的看法，京华出版社社长王金生认为，包括数字图书馆在内的各种数字出版已经是一种不可逆的趋势，显然，与数字出版社合作对于著作权人而言是一种有益的传播渠道。传统的出版业支付给著作权人的报酬通常为一次性买断稿酬和版税两种，版税一般在 8% 左右。而按照谷歌和解协议规定的每本补偿 60 美元，并享有 43% 谷歌网络使用的提成，后者给予的经济补偿对于著作权人来说更为丰厚。❸

谷歌数字图书馆计划在中国引发的一系列诉讼中，最具代表性的是 2009 年 12 月作家王某诉谷歌公司及北京谷翔信息技术有限公司案。❹ 该案经过北京市第一中级人民法院的一审及北京市高级人民法院的二审，最终判定谷翔公司的信息网络传播行为构成合理使用；谷歌公司的全文扫描行为不构成合

---

❶ “谷歌数字图书馆”著作权案［EB/OL］.［2016-09-20］. http：//www.bj148.org/zt/2014zt/2014zscqz/alsl/201404/t20140425_546400. html.

❷ 专家担心谷歌海量扫描图书或威胁我国文化安全［EB/OL］.［2016-09-20］. http：//www. chinanews. com/it/it-itxw/news/2009/10-14/1910714. shtml.

❸ “谷歌数字图书馆”著作权案［EB/OL］.［2016-09-20］. http：//www.bj148.org/zt/2014zt/2014zscqz/alsl/201404/t20140425_546400. html.

❹ 北京市高级人民法院（2013）高民终字第 1221 号民事判决书。

理使用，应当承担侵权责任。正如本书第四章所述，谷歌数字图书馆案在美国的诉讼历经若干年最终被认定属于合理使用，表明谷歌在数字扫描复制作品（包括孤儿作品）有可能遭遇很大的诉讼风险，而合理使用的认定是一种开放式的权利限制与例外。对于合理使用的认定标准，中美之间的差异性非常明显。针对谷歌数字图书馆计划，我国法院认为其对作品的复制行为不属于合理使用。法院的理由主要是，全文复制属于一种极端复制行为，单独的未经许可的复制行为客观上已经对作者权益造成了现实的侵害，并且谷歌公司在诉讼中未就其合理使用主张进行举证。[1] 谷歌公司同样的图书数字扫描行为在美国被认定为合理使用，在中国则被定性为侵权。可见针对孤儿作品的利用在不同地域的成本与风险会有很大的不同。

### （二）百度文库案

早在2011年3月15日，在第28个国际消费者权益日，沈某波、路某波、黎某、张某波（出版界“四波”）与作家韩某、郭敬某等发布了《315中国作家声讨百度书》，称百度以“免费分享”为借口，侵犯作家权益，并联名呼吁所有作家联合起来共同起诉百度公司。[2] 2012年7月，韩某以百度文库非法传播其代表作《像少年啦飞驰》，将百度公司诉至北京市海淀区人民法院。尽管案件审理中百度公司以其尽到了基本注意义务，并及时将涉案作品放入其自建的“反盗版系统正版资源库”。但法院审理认为，百度公司应负担较高的注意义务，而不能简单适用避风港原则的“通知+移除”之基本内容。因此，百度公司构成侵权。

基于信息网络环境下的作品使用行为，作品的保护与利用在个案当中的平衡往往会因为案件情况的复杂多变、当事人之间的权益博弈更考验司法公

---

[1] 谷歌公司网络侵权责任纠纷案——互联网纠纷中行为的合理性判定：应在适用法律与洞悉行业之间平衡［EB/OL］.［2016-09-21］. http://202.206.108.99:2398/case/pfnl_1970324845234358.html? keywords=%E8%B0%B7%E6%AD%8C&match=Exact. 杨安进. 互联网纠纷中行为的合理性判定：应在适用法律与洞悉行业之间平衡［J］. 人民司法，2014（20）：14.

[2] 杨以. 避风港规则在审判实践中适用的再审视——从百度文库侵权纠纷谈起［J］. 福州大学学报（哲学社会科学版），2013（4）：57.

正。与谷歌数字图书馆案不同，百度文库只是提供一个信息交换平台，并不主动复制上传作品。与谷歌数字图书馆案相同的是百度文库案中也涉及对著作权人的信息网络传播权侵权判定。对于前者，美国法院认为谷歌对作品的信息网络传播行为属于合理使用；对于后者，中国法院则认为百度公司侵犯作家韩某的信息网络传播权。不管是基于“避风港原则”还是“红旗原则”做出各自为政的论辩，有一个基本事实不得不承认，即在脱离了传统的出版途径的信息网络环境下，著作权人对作品发表与传播的控制能力急剧削弱，这更容易产生侵权现象，百度文库即一个典型的作品侵权使用泛滥的平台，百度公司利用“避风港原则”作为百度文库这一商业利用模式对作品进行侵权使用的抗辩，如果法院认可这一行为的合法性，那么将会是原本著作权保护意识淡薄的中国社会现实更为糟糕的一个注解。尤其是我国的著作权集体管理发展孱弱的情形下，对于孤儿作品利用规则的设定，就面临着更为实际的多方利益的平衡问题。

综上，中国的著作权司法救济在著作权立法尚不完善的情形下，存在个案判断上的差异性，对于著作权纠纷的应对缺乏快速高效的解决机制。孤儿作品利用制度的有效运行，还需要针对现行司法环境，构建相应的孤儿作品利用的纠纷解决机制。

## 第二节　我国孤儿作品利用的著作权制度构想

从根本上讲，一国立法的价值选择问题，也是学界通常考察的“正当性”问题，而承载价值之规则的设计就是孤儿作品制度的精巧之处。孤儿作品利用的法律关系主要围绕三个要素展开：作品、使用人和利用机制。能够有机地调动起三个要素并使之协调，关键就是策动其利用机制，就如同一辆机动车得以在马路上飞驰，关键是其发动机。孤儿作品的利用行为得以正当，其利用机制主要涉及几个核心问题：一是权利来源，即孤儿作品的授权机制，这一机制解决的是使用人如何才能让自己在使用他人作品时获得有效的授权；二是孤儿作品得以正当利用的核心检验标准是使用人是否尽到了“合理勤勉查找”义务；三是当孤儿作品之真正权利人出现以后，可以在什么程度内对孤儿作品的利用行为主张救济权利。

## 一、我国孤儿作品利用的“合理勤勉查找”

### （一）“合理勤勉查找”的内涵

“合理勤勉查找”，也有翻译成“尽力查找”“勤勉查找”“勤勉检索”等。一般是作为孤儿作品利用的前置条件，其主要的立法旨趣在于维护著作权人之合法利益并防止对孤儿作品条款的滥用。《草案送审稿》中规定的是“尽力查找”，当使用者尽力查找权利人无果的情形下，可以提存使用费后使用孤儿作品。对于孤儿作品的利用规则，无论是学术界还是所有创设该规则的国家，均对孤儿作品的利用行为设置了前置义务条款，以此义务性的规定来解决该行为的形式正当性。

关于合理勤勉查找的“合理”及“勤勉”均是比较主观的界定词，《布莱克法律词典》中，“合理”词条的含义有公平、适度、合乎道理的意思；“勤勉”则指小心地、注意地、坚持地做一件事情。❶ 由此可以看出，“合理勤勉查找”的法律界定是一件极其主观的描述，要求孤儿作品的潜在使用者尽到适度而小心地查找孤儿作品的著作权人的下落的义务，在一定程度上，我们可以认为孤儿作品的“合理勤勉查找”是民法上“诚实信用”原则在孤儿作品利用制度上的一个投影，“合理勤勉”更依赖于孤儿作品潜在利用人的诚实信用的道德约束。

### （二）“合理勤勉查找”的标准

关于“合理勤勉查找”的判断标准，主要有以下两种学说：一是具体问题具体分析说；二是形式标准说。❷ 大多数公众评论的意见是支持前一种学说，理由有二：一是由于作品的种类和利用方式千差万别，而调查作品状况的方法和技术也是不断变化的，因此划定统一的标准很困难；二是若采取形

---

❶ GARNER B A. Black's Law Dictionary（Ninth Edition）[M]. WEST：A Thomson Reuters Business，2009：1379.

❷ MARYBETH P. US Copyright Office，Library of Congress，Orphan Works（Notice of Public Roundtables），Federal Register，2005，70（129）：72-75.

式标准，权利人为了规避孤儿作品利用规则，可能会刻意将利用者与自己的沟通信息予以隐瞒。对于如此主观的约束，必然要借助客观化的标准以实现其规范目的。因此，各国均在孤儿作品立法设计里有所涉及“合理勤勉查找”的条件或标准问题。

《美国孤儿作品法案（议案）》（2006）则在“合理勤勉查找”的具体标准上规定至少应当对以下几点信息进行查找：（1）孤儿作品版权所有人相关的版权局在线记录；（2）合理可用的著作权和所有权信息来源；（3）适当的数据库，包括在线数据库。❶ 这些规定是否做到并不是孤儿作品使用的前提条件，而是作为孤儿作品侵权使用人是否应当承担限制赔偿责任及禁令救济的排除条件，需要法官在个案中进行司法判定。亦有对此规定提出质疑：如果有一个图像或录音或某些东西，而没有其他可识别信息，这样的情况下如何展开搜索？如何判断合理勤勉？显然是不能。因此，查找所需的勤勉程度必须有灵活性，允许每个使用者在他们面前有不同的事实。❷ 英国则采取更具针对性的方法，呼吁采用行业特定的搜索条例，承认各行业有不同的需求，这些规定将符合保护利用者和公众利益的经济原则。❸

在合理勤勉查找规则优选化方面，《美国孤儿作品法案（议案）》（2006）第514条在涉及孤儿作品的案件中对救济的限制规定，如果仅就作品的样本上缺乏与版权相关的确认信息来判断“合理勤勉”则是草率的。具体应用步骤至少是：寻找作品版权局记录—其他使用者获取的作品版权信息—采取合理技术手段或专家援助获取作品版权信息。《美国孤儿作品法案（议案）》（2008）则进一步细化了“合理勤勉查找”的操作规则，具体包括以下几个方面：（1）已经对被侵权作品的所有人进行了诚意地、合格地查找，并且没有找到被侵权作品的所有人，并保留了该查找的记录；（2）在使用作

❶ Orphan Works Act of 2008［Z］. §514（b）.［EB/OL］.［2016-05-25］. https：//www.govtrack.us/congress/bills/110/s2913/text.

❷ PALLANTE M. Orphan Works，Extended Collective Licensing and other CurrentIssues［J］. J. L. &Arts 2010-2011，34（1）：28.

❸ BUNCE A. British Invasion：Importing the United Kingdom's Orphan Works Solutionto United States Copyright Law［J］. Northwestern University Law Review，Fall 2013（108）：276.

品之前，必须向版权局提交一个使用公告；（3）如果侵权人基于合理勤勉查找获取作品的信息，表明其以合理方式表示了作品的权属事实；（4）按照版权局规定的方式，附上侵权使用的孤儿作品的标识或使用公告等信息。同时，《美国孤儿作品法案（议案）》（2008）还对“最优方法”进行了说明：“版权局局长应该维持一份有关在本款下执行与记录合理勤勉查找的最优方法的最新说明，并使用包括互联网在内的途径提供给公众。”❶

各国在不断细化合理勤勉查找标准的过程中，也使该规则有了一定的可操作性，却终究不能摆脱“合理”这一概念的主观性特征，尽管竭尽全力通过列举方式界定合理勤勉查找的具体标准，却仍然难以保证范围绝对的明确性。然而，对于该前置条件的实际操作，却是需要高昂的成本维持。比如，美国康奈尔大学图书馆的一个项目需要对一批作品进行权利审查，在花费了共计 5 万美元工时后，找不到著作权人的占 58%。❷ 在由韦恩州立大学 1999 年进行的一项研究项目得出的结果表明，一个电子数据库为拟数字化的 1000 件文章的著作权清理成本估计为 25 918 美元。❸ 2009 年，英国国家档案馆拟对未发表作品查找著作权人，档案馆以 3.5 万英镑的年薪雇用了一个人，全职工作两年，查找 1114 个文件的数字化和在线访问许可，最终获得许可 597 件，拒绝许可的 45 件，有条件支付的 77 件，权利人不确定的 385 件。❹ 然而，在多数情况下，合理勤勉查找的实际操作需要付出高额成本，不同于普通的不动产，其每一次变动都有迹可循，由公众申请查找特定著作权人是相

---

❶ 韩莹莹. 2006 年《孤儿作品法案》议案及 2008 年《孤儿作品法案》议案［J］. 环球法律评论，2009（1）：152-157.

❷ Register of Copyrights，Report on Orphan Works［R/OL］.［2016-05-25］. http：//www.copyright.gov/orphan/orphanreport.pdf.

❸ ROSLOFF，GENEVIEVE P.“Some Rights Reserved”：Finding the Space Between All Rights Reserved and the Public Domain［J］. Columbia Journal of Law and the Arts，2009（33）：46.

❹ European Commission：Impact Assessment on the Cross-border Online Access to orphan Works（Brussels，SEC（2011）615final）. 56.［EB/OL］.［2016-05-25］. http：//ec.europa.eu/internal_market/copyright/docs/orphan-works/impact-assessment_en.pdf.

当困难的，这将是一个冗长、耗时而高成本的搜寻过程。[1] 卡耐基梅隆大学图书馆指出，识别和定位一个孤儿作品的著作权人“几乎需要一个侦探”[2]。对于孤儿作品的潜在利用人来说是一大负担，尤其是那些非商业性的潜在利用或者商业利用的预期收益与这一查找成本支出之间的不当比例。其后果往往是潜在利用人放弃对该孤儿作品的利用，或者是直接选择侵权利用，而不是按照既定的合理勤勉查找的步骤诚信地进行相关孤儿作品的查找。

对于孤儿作品利用的前置条件，一般是将“合理勤勉查找”作为基本配置，额外的还有提存使用费或保证金等附加义务。就这一点，我国在《草案送审稿》中规定为“尽力查找”+“提存使用费”，但仅仅是概念性的规定，具体的实施细则由国务院著作权行政管理部门另行规定。基于我国孤儿作品利用制度的价值取向，应当实现最大化利用孤儿作品的经济目的，那么在孤儿作品的利用前提条件上就应当以“低成本、高效率”为原则，以激励潜在利用人对孤儿作品的有效利用，促使孤儿作品的传播。笔者认为，应当仅仅以设定与“合理勤勉查找”相类似的最低检索为标准。

关于提存孤儿作品使用费，本书持反对观点，理由有三点。第一个理由是，基于促使孤儿作品的利用，从而促使作品的传播与促使科学、文化、经济的发展繁荣，那么应当在使用前提部分免去“合理勤勉查找”之外的成本支出，如果提存使用费，难免增加孤儿作品使用人的使用成本，不利于激励孤儿作品潜在利用人的积极性。著作权人的经济补偿则可以等待孤儿作品著作权人出现后再依照事后补偿机制启动基本补偿程序。第二个理由是，在孤儿作品利用的前置程序收取提存费用，根据《草案送审稿》第 51 条规定，是由国家版权局指定的机构收取，这样首先会增加收取、管理、分配该笔提存费用的财政负担。第三个理由更为关键，孤儿作品的提存费用的标准难以确

---

[1] ROSLOFF, GENEVIEVE P. “Some Rights Reserved”: Finding the Space Between All Rights Reserved and the Public Domain [J]. Columbia Journal of Law and the Arts, 2009 (33): 46.

[2] ROSLOFF, GENEVIEVE P. “Some Rights Reserved”: Finding the Space Between All Rights Reserved and the Public Domain [J]. Columbia Journal of Law and the Arts, 2009 (33): 47.

定，不同作品的不同市场价值、使用性质是否属于商业使用等因素不易确定，因此提存费用确定在什么范围内对著作权人以及作品利用人而言才是公平的，在立法程序上很难加以固定。再者，如果孤儿作品的著作权人没有出现，那么该笔提存费用如何处理，按照有些国家的操作是设置著作权基金或收归国有，这在程序上更为复杂，并且也缺乏正当性。

### （三）“合理勤勉查找”的登记

在强制许可模式下，孤儿作品合理勤勉查找的操作困难和低效率的主要障碍是行政机构需要核实孤儿作品利用申请人的搜寻努力是否充分和勤奋，以及评估与此有关的提存费用。界定孤儿作品的必要事实和条件达成共识变得模糊不定，区块链技术恰恰促进了这种共识和协调，减少了中间环节，提高了检索效率，为孤儿作品的利用提供了不同的法律模式和治理结构。[1] 基于著作权集体管理基础上的“合理勤勉查找”的登记，应当充分调动国内五家著作权集体管理组织的积极性，发挥其应有的协调合作功能，利用区块链技术构建共享孤儿作品检索数据库或孤儿作品著作权登记平台。在提交孤儿作品使用申请的同时，对孤儿作品的既有著作权基本信息、检索结果、使用途径、使用人信息等进行区块链的“反向著作权登记”。如果同一作品已经进行了基本的“合理勤勉查找”以及孤儿作品基本信息“反向著作权登记”，后续二次以上的使用人则可以免去“合理勤勉查找”，只需进行孤儿作品利用的“反向著作权登记”，这样，既可以简化操作程序，又可以降低孤儿作品的利用成本。

## 二、我国孤儿作品利用的授权机制

### （一）授权机制（authorization mechanism）的概念

肯尼思·阿罗（Kenneth Arrow）持有一个经济学观点：在自由市场中，不存在任何可以把使用者联合起来共同分摊生产成本的有效机制。一旦信息

---

[1] GOLDENFEIN J, HUNTER D. Blockchains, Orphan Works, and the Public Domain [J]. Colum. JL & Arts, 2017 (41): 1.

已经生产出来，再把它交给更多的使用者是没有任何成本的。[1] 在许多情况下，作品的生产成本高昂但传播成本极其低廉，这一情况在数字网络环境下却不尽然。基于传播技术的推动，著作权人与作品的链接变得模糊，作品的使用成本却在增加。著作权属于专有权利，若要使用享有著作权的作品，必须取得权利人的授权或符合法定例外情形。为了使孤儿作品利用行为获取法律上的正当性，途径之一就是创建授权机制，以便孤儿作品使用人得以合法使用孤儿作品。目前，在孤儿作品的利用规则上，采取的基本授权模式按照是否考虑著作权人的主观意愿，可以分为非合意授权（non－voluntary license）与默示许可（implied license）两种。

首先，非合意授权机制对于著作权人的排他权限制效力较强。具体路径主要有合理使用、法定许可、强制许可等方式。世界各国著作权立法在设计非合意授权的著作权限制规则时，由于排除了著作权人的主观意愿，一般都采取严格的列举式或列举式加开放式立法技术规定具体的适用情形，严格控制非合意授权对著作权的消极影响。

其次，默示许可是相对于法定许可、强制许可等授权模式而言，默示许可对于著作权的主观意愿并未完全排除，而是选取私法拟制的方式，有条件地适用当事人的意思拟制。私法拟制可以溯源至罗马法，在《尤尼安保民官神圣不可侵犯法》中可以找寻到法律拟制最原始的表现形式，这一法案在某种程度上还有罗马神法的特质，因此，从严格意义上讲，这还属于公法与私法二元划分之外的法律类型，若是对该法案作现代化的法律解读，则可以纳入侵权法的范畴。法学家们甚至在《十二铜表法》中找到了民法主体拟制的具体规定，尽管这一私法拟制在后续演化成一种民事推定，但该法律拟制体现了罗马人在解决自然人出生问题时的朴素法律创造思维，也缓和了与此关联的继承利益冲突。[2] 随着私法拟制在私法历史中的演变，私法拟制的范围也

---

[1] 保罗·戈斯汀．著作权之道：从谷登堡到数字点播机［M］．金海军，译．北京：北京大学出版社，2008：146.

[2] 《十二铜表法》第四表有关私法的规定中，第4条有如下表述：遗腹子在父亲死后十个月内出生的，视为合法出生。谢潇．罗马私法拟制研究［J］．比较法研究，2017（3）：155-179.

随着法律关系之规范要素而扩张，除了主体拟制之外，客体拟制等拟制规范也逐渐被立法者所创设，私法拟制亦成为后续各国私法范畴最常见的立法技术。

首创于北欧国家的延伸性集体管理模式即采取了默示许可的私法拟制授权模式。在延伸性集体管理模式下，如果集体管理组织在非会员著作权人没有明确作出“选择退出”的意思表示情形下，推定著作权人默示许可集体管理组织对其作品的集体管理。私法拟制具有填补立法稳定性与社会变动性之间罅隙的立法功能，在作品孤儿化状态下，一方面，默示许可作为一种对著作权人之意思的法律拟制，及时修补了著作权人、传播者与使用人三者之间的紧张关系，对著作权法立法功能的实现起到矫正和助推作用；另一方面，私法拟制也有立法价值的宣示作用，孤儿作品默示许可意思拟制也同时彰显了著作权法在设计孤儿作品利用制度时的价值选择，即促进孤儿作品的有效利用。

### （二）授权机制的具体立法模式

从《草案送审稿》第51条的规定来看，我国采取的是强制许可的授权模式。采取该模式的国家多是在孤儿作品利用价值的选取上更多地倾向于维护著作权人的专有权以及报酬请求权而采取的非合意授权模式，这一立法模式亦多属于“作者中心主义”的立法价值选择。如前文所述，该模式的申请程序冗长，成本支出过大而效率低下。笔者对于我国孤儿作品的授权机制的基本构想是基于孤儿作品的不同使用方式采取复合式的授权机制。对于图书馆、博物馆、档案馆等对孤儿作品的非商业性使用（包括数字化使用）则采取“合理使用”的授权方式，而对于其他情形的孤儿作品使用则采取“强制许可”的授权使用方式。

#### 1. 孤儿作品的合理使用

对于图书馆、博物馆、档案馆等对孤儿作品的非商业性使用，其更多的是基于公共利益对作品进行保存与传播。尤其在数字网络环境下，图书馆、博物馆、档案馆等机构需要将传统的纸质图书、卡带式影音作品、摄影照片等进行数字化复制，以便于保存以及网络数据库的构建。这种使用方式已经基于谷歌数字图书馆案在美国的司法裁判以“合理使用”加以认定。需要指出的是，谷歌公司的该种利用并没有排除商业性使用，只是其使用的方式是转化性使用而被认定为一种合理使用。美国对合理使用的规则模式采取的是开放性的。我国司法实务层面也对合理使用的适用持开放式态度，作家王某与谷歌公司及北京谷翔信息技术有限公司的案件审理中，北京市高级人民法院即采取了合理使用的说理逻辑进行裁判。此外，第三次著作权法修订也明确地关注到了“合理使用”的引入，在列举合理使用的例外情形之外，修改草案建议增加开放性规定。相对于美国版权法要素主义的立法而言，我国2020年第三次修正的《著作权法》所体现的合理使用的“三步检验法”更偏向于规则主义，第一步判定是否属于《著作权法》第24条所列举的13种合理使用的情形；第二步还需要判定是否影响原作品的正常使用；第三步判定是否不合理地损害了原作品著作权人的其他合法权益。本书建议，我国在构建图书馆、博物馆、档案馆等公益组织对孤儿作品的非商业性使用时，可以采取半开放性的“合理使用”模式，可以在此基础上以半开放立法模式细化孤儿作品的合理使用例外情形。

2. 孤儿作品的强制许可

著作权的内在机理就是将关于作品的相关权利赋予著作权人，从而实现对作品权益的相对垄断。要使用著作权保护期内的作品，必须与著作权人达成合意，获得作品所有权或者授权许可。孤儿作品的障碍性集中体现在著作权制度的授权性失灵，导致孤儿作品利用法律关系的主体间商谈机会缺失。因此，孤儿作品的利用机制核心点就在于修复这种授权性失灵，解决在合理勤勉查找著作权人无果的情况下，孤儿作品的使用授权由谁来完成的法律问题。

据前述孤儿作品利用的著作权制度之域外考察，目前各国采取的授权机制有一定的差异性。大体有法定许可、强制许可、延伸性集体许可等方式，法定许可不需要设立专门的授权机构，以设定法定条件的方式替代作品潜在利用人与著作权人间的“私人协商”，免除了更多的交易环节、交易时间与交易费用；而在强制许可及延伸性集体许可的模式下，必定要涉及授权机构的设立和权力赋予、许可费用等问题。强制许可的授权与否、费率问题都要交由专门的机构裁决；而集体授权许可则需要发挥著作权的集体管理的信息优势和市场主体优势，省却较多的著作权人检索成本。“市场的交易成本越低，作品越会在‘看不见的手’的运作下自动流传，社会资源也会自然而然转移到最优效率的使用人手中。”❶ 孤儿作品授权机制问题最主要的一点是如何在现有著作权制度环境下尽量降低孤儿作品潜在利用人利用孤儿作品的交易费用，从而实现资源的帕累托最优配置，如果交易成本成为潜在利用人的额外负担，显然是不能起到应有的资源调配作用，反而会阻碍作品的有效市场流转。尤其是在数字网络环境下，相对于静态的权利状态而言，著作权动态的交易效率更值得我们关注，借助 Web3.0 时代的数字技术，利用区块链的检索登记及自动授权，提升孤儿作品强制许可的可操作性。已有学者关注到这一点，“区块链为孤儿作品的权利清理提供了一种独特的制度逻辑”❷。迄今为止，人们对分布式账本和版权的兴趣大多集中在产生受版权保护作品的“正向登记”上，若是更多关注和利用对孤儿作品领域的区块链“反向登记”，则可以进一步澄清版权作品与公共领域之间的孤儿作品这一灰色地带。我国有学者指出，我国著作权法强调对权利归属的静态保护，对权利流转和利益实现的关注相对缺乏，使得著作权制度没有起到保障作品经济利益、促进著作权交易的应有作用。❸ 因此，孤儿作品的授权机制运行成本如果过高，反而会提高交易成本，从而抑制孤儿作品之有效利用，与孤儿作品利用规则的立法初衷显然南辕北辙。

综上，本书认为，对于除了合理使用之外的其他情形的孤儿作品利用采取“强制许可”的授权使用方式，而不主张采取延伸性集体许可，主要原因是我国著作权集体管理现状并不适宜构建属于北欧国家特有的 ECL 授权模式。基于区块链技术支撑的孤儿作品强制许可授权的机制可以这样设计：（1）利用区块链技术进行“合理勤勉查找”，对无法确定作品权属信息，或者确定了

---

❶ CALABRESI G，MELAMED A D. Property Rules，Liability Rules，and Inalienability：One View of the Cathedral［J］. Harvard L. Rev.，1972，85（4）：1120-1123.

❷ GOLDENFEIN J，HUNTER D. Blockchains，Orphan Works，and the Public Domain［J］. Colum. JL & Arts，2017（41）：1.

❸ 张今，卢亮．从权利归属到权利流转和利益实现［C］．知识产权南湖论坛论文集，2010：232-239.

著作权人但无法取得联系的情形下判定作品为孤儿状态；（2）在前述合理勤勉查找的基础上，利用区块链对判定为孤儿状态的作品进行著作权反向登记；（3）基于区块链的智能合约技术，对已经进行著作权反向登记的孤儿作品进行自动许可（见图 5-1）。

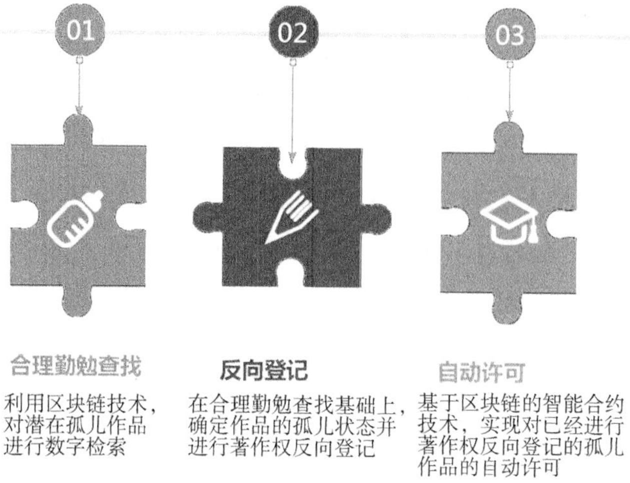


图 5-1　孤儿作品区块链强制授权许可机制

## 三、我国孤儿作品利用的救济机制

### （一）救济机制的概念

私法范畴的一般规律表明，有权利必有义务，有义务必有损害，有损害必有救济。孤儿作品利用实际是对著作权人的权利妨害或者说是权利限制，当著作权人出现以后，孤儿作品之利用人与著作权人之间的法律关系需要启动一定的救济机制，以弥合孤儿作品之利用给著作权人造成的权利创伤。对于孤儿作品的救济机制而言，采取不同的授权机制会相应地采纳不同的救济机制。美国采取的是限制救济模式。“限制责任”强调补偿责任的事后承担而不是提前缴纳提存费或版税，即待孤儿作品的著作权人出现并主张侵权责任时再承担限制责任，尤其鼓励著作权人对作品进行登记，在限制责任部分，若该作品进行了信息登记，只是客观上无法联系著作权人的情形，金钱补偿金额应当显著高于没有进行著作权登记之已发表作品。这一细则规定具有激励著作权人积极履行登记手续的作用。对于著作权的权利救济应区分积极行为与消极行为，法律不应当鼓励那些躺在权利上睡大觉的著作权人。

对于孤儿作品的潜在利用人而言，限制救济模式显然是对著作权人的权利的进一步限制，从而更有利于孤儿作品潜在利用人。在限制救济模式下，如果孤儿作品的利用人能够证明其已经尽到“合理勤勉查找”的相关义务而获得法官的支持，那么对于著作权的救济将进行限制，一方面，表现为对著作权人经济补偿方面的限制；另一方面，表现为对作品后续利用的著作权限制。❶ 在限制救济模式下，孤儿作品的潜在利用人尚且需要证明已经履行“合理勤勉查找”义务，并且是善意的，方可免除高额的金钱赔偿及避免禁令救济。其他孤儿作品利用模式下的救济则没有像美国的这一模式倾向于孤儿作品利用人，那么就会给孤儿作品利用人造成过重的侵权责任负担，这一点也是增加孤儿作品交易成本的一个因素，不利于孤儿作品之利用。

### （二）救济机制的具体内容

所谓“兴一利，则生一弊”，孤儿作品的利用，最直接的后果是著作权人的垄断利益受到损害，严格地说，这种规则属于一种著作权法范畴的法律事实拟制，如果孤儿作品的著作权人实际上并未消失，当著作权人出现后，如何对其权益受损的事实进行救济，是孤儿作品利用制度不可忽略的一个关键环节。目前各国通行的救济机制包含两大主要内容：一是金钱补偿；二是禁令救济。

#### 1. 孤儿作品的金钱补偿

金钱补偿的适用方式又可分为两种：一种是孤儿作品使用前提存使用费或保证金；另一种是待孤儿作品著作权人出现后，使用人再向其支付补偿金。前者是金钱补偿的事前适用；后者是金钱补偿的事后适用。采用事前适用的，则更多地依赖著作权集体管理组织的管理功能，需要对提存使用费的标准进

---

❶ 周艳敏，宋慧献．版权制度下的“孤儿作品”问题［J］. 出版发行研究，2009（6）：67；韩莹莹．2006 年《孤儿作品法案》议案及 2008 年《孤儿作品法案》议案［J］. 环球法律评论，2009（1）：157-160.

行规定，以及对提存费或保证金进行保管、分配。采用事后适用金钱补偿的，则更多依赖于司法机构的定分止争的功能。孤儿作品的使用人仅需承担包括实际损失、法定损失、诉讼费、律师费等在内的合理补偿金，将正常许可费作为合理补偿金的金额参照标准；若能进一步证明其对作品的使用符合合理适用之条件，并且在接到著作权人通知后能及时停止侵权，则可以考虑减轻或免除合理补偿金责任。[1]

2. 孤儿作品的禁令救济

禁令救济的适用，其法律效果会影响到作品利益的分配。一般会考虑衍生作品的后续使用问题。如果使用禁令会影响孤儿作品使用人对衍生作品的合法权益，一般会考虑以孤儿作品使用人支付合理的许可使用费替代禁令救济的行使，或者著作权人在衍生作品的后续收益中参与分配。如果侵权使用人向被侵犯版权的孤儿作品著作权人支付使用被侵权作品的合理补偿金以及以合理的方式标明作品版权来源的，法院在授予孤儿作品著作权人禁令救济时，一般不需要限制侵权使用人继续使用该衍生作品。

"有权利必有损害，有损害必有救济。"孤儿作品的利用行为实质是一种对著作权专有权的侵权行为，著作权人必然因此行为遭受不利益，而立法价值选择牺牲著作权人的这部分利益以促使作品的有效创作与传播以及文化、经济之繁荣。这种损害应当在什么限度内才是正义的并可以有效平衡著作权多方的法律关系？可以说补偿机制是实现著作权法律利益平衡的矫正机制，孤儿作品利用的补偿机制对于弥补孤儿作品的著作权之损害就显得尤为关键。

## 四、我国孤儿作品利用的著作权纠纷解决机制

关于救济机制中会涉及著作权人出现以后向孤儿作品使用人主张合理补偿责任，基于作品使用产生的法律纠纷就需要客观公正的纠纷解决机制。因为权利的分配如果产生纠纷，则需要矫正程序实现对著作权人与使用人之间的利益矫正。对于孤儿作品的合理补偿等纠纷解决机制的设计，应当考虑充

[1] Orphan Works Act of 2006 [Z/OL]. [2016-05-20]. https://www.congress.gov/bill/109th-congress/house-bill/5439/text.

分发挥非诉讼纠纷解决程序（Alternative Dispute Resolution，ADR）与诉讼相结合的救济机制，以ADR为主，司法诉讼规定一个简易操作流程：协商—调解—诉讼。首先设置诉前调解程序，著作权人与孤儿作品使用人之间就合理补偿进行自愿协商，在协商不成的情况下，由国家版权局指定的著作权集体管理组织进行孤儿作品利用纠纷的诉前调解。在双方调解不成的情况下，可以向法院提起诉讼，并且知识产权庭为了高效处理该类诉讼，应当适用简易诉讼程序。在信息网络时代，可以选取网络调解或云端法庭便捷处理孤儿作品利用的相关著作权纠纷。

## 第三节　促进孤儿作品利用的著作权辅助制度

我国引入著作权制度的时间并不算长，各种著作权制度都还处于不断修订完善中，第三次著作权法修订引入孤儿作品利用制度还仅仅是框架性的制度设计。此外，如前文所述，我国孤儿作品泛滥的原因除了著作权自动保护原则、著作权扩张等制度原因，著作权登记及公示制度以及集体管理制度的不完善也是我国特有的产生原因。据此，基于目前我国的著作权制度环境，如果需要更好实现促进孤儿作品保护与利用，还需要完善以下著作权制度作为孤儿作品利用制度的有益补充。

### 一、促进孤儿作品利用的著作权登记制度

#### （一）著作权登记的法律效力

目前，世界各国著作权登记体现三种法律效力模式：（1）登记是取得著作权的先决条件的权利取得模式；（2）登记是行使著作权的前提的权利行使模式；（3）登记是权利的初始证据模式。[1] 由于受《伯尔尼公约》的著作权自动保护原则之影响，目前大多数国家的著作权登记为了避免与《伯尔尼公约》的冲突，采取的多为初始证据模式，也就是著作权登记变为自愿登记。然而，在初始证据效力模式下，由于各国的内国著作权制度设计的不同，具

[1] 李雨峰．版权登记制度探析［J］．知识产权，2008（5）：65.

体登记制度也存在很大差异。比如，德国著作权法强调的是对作者进行的登记；而西班牙著作权法强调的是对作品的登记。权利并非静止的，在著作权法里明确著作权登记的初始证据效力及对抗第三人的效力，对于维护著作权变动中的著作权权益及交易安全有积极的意义。应建立著作权初始登记及转让登记制度，强化公信力，使权利由“无形”向“有形”转化，第三人通过可识别的权利外观从外部就知道著作权的权属状况，❶ 这有利于避免著作权权属纠纷及降低著作权交易风险。

### （二）我国著作权登记制度的现状与不足

1. 著作权法中缺乏登记的一般性规定

目前，我国现行著作权登记制度仅仅体现在《作品自愿登记试行办法》（1994）、《计算机软件保护条例》（2001）、《著作权质权登记办法》（2011）中，整体上表现为立法层次的不统一，缺乏著作权登记的一般性规定。既没有明确规定著作权登记的统一机构，也没有对著作权登记的法律效力在著作权法中明确规定。由于我国著作权登记制度之不足，实务中不乏“双版权”登记，以及“一权二卖”著作权交易纠纷的现象。比如，歌曲《好人与坏人》分别由广东省版权保护委员会和上海市版权局登记的“双版权”表明了现有登记体系的不规范现象。❷

2. 存在不合理的登记规定

《作品自愿登记试行办法》❸ 第 5 条规定了三种不予登记的情形：（1）不受著作权法保护的作品；（2）超过著作权保护期的作品；（3）依法禁止出版传播的作品。然而，著作权登记机关并不享有该司法审查权，一件作品是否受著作权法保护，应当是由法院判断而不是著作权登记机关。❹ 对于前述三种作品的情形，登记机关的实质审查缺乏正当性，并且审查流程缺乏操作性，时间规定过长。此外，《作品自愿登记试行办法》的著作权查询与登记费规定

---

❶ 苏平．知识产权登记法律效力比较与借鉴［J］．知识产权，2011（8）：23.

❷ 沈世娟，戈琳．版权登记的法律属性及其完善［J］．知识产权，2010（5）：84.

❸ 《作品自愿登记试行办法》是国家版权局于 1994 年 12 月 31 日发布，1995 年 1 月 1 日开始执行的版权类办法。

❹ 李雨峰．版权登记制度探析［J］．知识产权，2008（5）：68.

过于笼统，且各地在执行过程中标准不一。

### （三）完善孤儿作品著作权登记的具体建议

我国在第三次《著作权法》修订时已经注意到了我国登记制度存在的问题与不足，并在《草案送审稿》第 8 条明确了著作权登记制度的一般性规定，第 59 条规定了著作权许可转让登记制度，采取登记对抗主义，但需要缴付登记费用。这一立法尝试应当是我国著作权立法的一大进阶。而该条款仅仅是一般性规定，在具体登记管理办法制定的过程中，然而，第三次《著作权法》修订的最终文本关于作品的登记体现在现行《著作权法》第 12 条的第 2 款和第 3 款。以下内容不应当被忽视。

1. 明确孤儿作品著作权登记的法律效力

孤儿作品的著作权登记在法律属性上应当是一种“著作权反向登记”制度，应当明确规定孤儿作品使用人进行的孤儿作品的相关著作权登记具有初始证明的法律效力。一旦著作权人出现主张作品侵权责任，该登记具有初始证明力，证明孤儿作品使用人具有侵权对抗的初步证据，并且基于此有权在孤儿作品纠纷解决机制中主张各种抗辩权。

2. 规范孤儿作品著作权登记内容

应当在区块链技术的支撑下，对孤儿作品的合理勤勉查找及孤儿作品使用两项内容进行区块链数字登记，在孤儿作品使用人提出使用申请时，应当对孤儿作品的既有著作权基本信息、检索结果、使用途径、使用人信息等进行“著作权反向登记”，并且基于区块链技术中的“智能合约”，实现孤儿作品的自动许可。

3. 简化登记流程及降低登记费用

著作权的登记是行政服务行为，著作权行政管理部门应当尽量简化登记流程，降低著作权登记的相关费用，甚至可以考虑推出免费的初始登记，以激励著作权人自愿登记。比如，2004 年起福建德化的版权免费本地登记制度促进了当地工艺陶瓷企业的创新；2013 年，江苏省开始实施版权免费登记制度，并在下辖多个地级市成立了版权登记服务中心。值得肯定的是，2018 年贵州省成立版权登记中心，上线全国首个全线上双证版权登记平台，该平台引入区块链技术，首创版权登记确权“双证模式”，平台基于无钥签名区块链技术提供数字版权存证服务与登记代办，相比传统的登记方式，数字版权登记更为快速、高效、便捷。无纸化登记能减少登记申请成本，“双证”即省版权局颁发的“作品登记证书”及“CCDI·版权云”颁发的“区块链版权存证证书”，其中区块链版权存证登记是免费的。

各级政府积极推动著作权登记从低收费向免费过渡，将登记成本从版税等其他途径进行补贴，以实现激励著作权初始自愿登记，以及著作权变动登记，为著作权的静态安全与动态安全起到积极的助推作用。

4. 构建统一区块链数字化登记平台及著作权数据库

正如前文贵州省的版权登记实践一样，在统一著作权登记机构的同时，构建统一的区块链数字化登记平台就很必要，该平台既可以起到登记的基本功能，也可以发布作品使用公告，起到著作权公示的功能。尤其在数字网络时代，基于数字技术的推动，“作品更新越来越快，侵权成本越来越低，确权维权越来越难”。作品的数字化保存与数字化登记在很大程度上对于著作权的静态与动态安全起到保障作用。比如，为了化解互联网版权产业中的确权维权难题，中国版权保护中心自主创新地提出了 DCI（数字版权唯一标识符）体系。中国版权保护中心数字作品版权登记部相关负责人介绍，首先，DCI 体系要完善版权确权程序；其次，要建立透明、中立、权威的第三方版权费用结算认证服务平台，保障著作权人或者相关权利人的获酬权；最后，通过技术手段化解举证难题，实现快速维权。[1] 与统一数字化登记平台相配套的是构建信息齐全的著作权数据库。数据库是进行孤儿作品“合理勤勉查找”必不可少的前提，数据库越充裕，作品“孤儿化”的风险越小。“巧妇难为无米之炊”，数据库的构建面临经济、技术等诸多问题，却是数字网络时代著作权保护与作品的创作传播所应当重点关注的节点。国家版权局应当考虑借鉴欧盟“版权信息与孤儿作品查询登记”项目的相关经验，利用区块链技术，充分调动国内图书馆、档案馆、著作权集体管理组织等机构，构建统一的区块链数字化登记平台及著作权数据库，为作品的创作、传播提供可靠的信息支持。

---

[1] 刘仁．创新版权服务破解数字版权难题［N］．知识产权报，2015-03-06.

## 二、促进孤儿作品利用的著作权集体管理制度

如前文所述，孤儿作品的有效利用机制的构建，也需要积极发挥著作权集体管理的作用。著作权集体管理组织在“合理勤勉查找”阶段的中介作用以及著作权救济阶段的调解作用的有效性更多依赖于高效自律的著作权集体管理组织。因此，基于数字技术环境构建著作权集体管理制度亦是孤儿作品利用制度所必要的辅助性制度。

### （一）我国著作权集体管理制度的现状及不足

1. 我国著作权集体管理组织设立和发展不完善

著作权集体管理组织是联结著作权人与使用人的中介机构，其主要的功能在于解决著作权人无法完成大规模许可，以及使用者难以以合理成本获取授权的问题。这一观点早被20世纪中期美国联邦法院的法官予以认可。❶ 集体管理制度较发达的北欧诸国的集体管理组织多是自下而上的设立发展过程，会员之间基于诚实互信，抱团取暖，以滚雪球的方式逐渐扩大著作权集体管理组织的规模。集体管理组织更多以会员的切身利益为出发点，基于会员的授权进行著作权管理服务。发展过程中，著作权集体管理组织之间亦是在互信合作的基础上进一步合并为更大的集团性集体管理组织。例如，挪威影印复制权协会（Kopinor）成立于1980年4月30日，旗下就有22个成员组织，包含5家出版社协会和17家作家协会。Kopinor是国际复制权组织联合会（International Federation of Reprographic Rights Organizations，IFRRO）的成员，Kopinor并不存在自上而下的管理模式，而是由其成员组织授权，在社会各个领域就版权保护作品的复制和数字使用进行谈判和缔结集体许可协议。❷

相对于北欧的著作权集体管理组织的“滚雪球”发展模式，我国的著作权集体管理组织发展是“先修池塘，后养鱼”的发展模式。我国著作权集体管理不是行业自发地形成管理制度，而是作为被动立法的产物，集体管理组

---

❶ 熊琦．著作权集体管理组织市场支配力的法律规制［J］．法律科学（西北政法大学学报），2016（1）：92.

❷ About KOPINOR［EB/OL］．［2016-03-20］．http：//www. kopinor. no/en/about-kopinor.

织以行政垄断性换取市场支配力的方式自上而下构建著作权的管理模式。著作权集体管理组织与著作权人之间缺乏信任合作基础。相对于其他集体管理制度发达的国家而言，我国最早的集体管理组织也是20世纪90年代才得以设立，起步比较晚，目前仅有五家机构，❶ 由于发展的模式是自上而下的垄断性模式，再加上发展时间相对较短，目前这几家著作权集体管理组织的运作并不理想，集体管理成员较少，不具备代表性。例如，如图5-2所示，成立最早的中国音乐著作权协会（以下简称"音著协"），2011—2021年的会员增速缓慢，截至2021年，会员总数额的统计为11 356人。❷

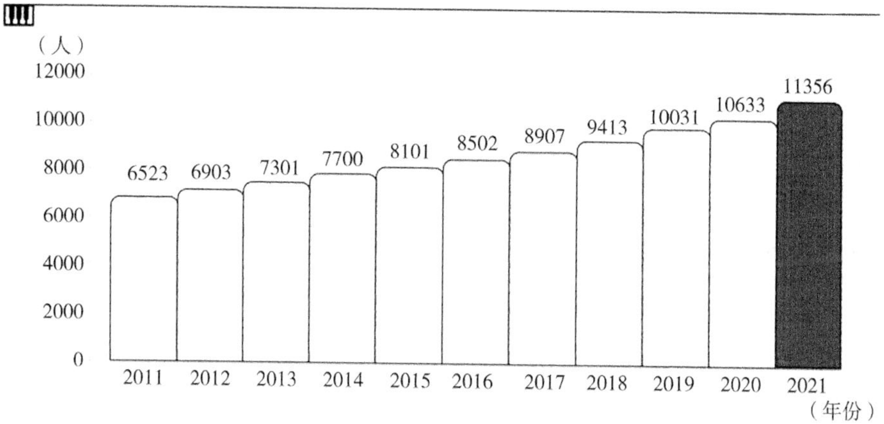


**图5-2 音著协2011—2021年会员增长图**

2. 我国著作权集体管理组织运行状况不佳

由于我国著作权集体管理组织采取自上而下的垄断设立模式，导致五家集体管理组织进行著作权管理工作时，行政性强于服务性。表现为：(1) 集体管理组织的服务意识不强。著作权集体管理组织作为独立机构接受著作权人授权，与会员之间应当是服务与被服务关系。由于我国的著作权集体管理

❶ 我国著作权集体管理组织有五家：中国音乐著作权协会（1992）、中国音像著作权集体管理协会（2005）、中国摄影著作权协会（2008）、中国文字著作权协会（2008）以及中国电影著作权协会（2009）。

❷ 中国音乐著作权协会年报2021［N/OL］.［2023-02-20］. https://www.mcsc.com.cn/about/annualreport.html.

组织存在先天的正当性不足，著作权集体管理组织自身角色定位不准，与会员之间紧密度不够，从而在实际运行中造成对著作权人的利益维护不足，甚至互相对立的现象。以音著协诉歌手郑某案为例，虽然法院最后驳回了音著协的诉讼请求，但是音著协依然在其官网中宣称著作权人在将作品公开表演权转让给集体管理组织之后，即使著作权人本人也无权行使。❶ 这种著作权集体管理组织功能的异化会让集体管理组织失信于会员，这样的著作权集体管理组织对于非会员而言自然也缺乏吸引力。(2) 著作权集体管理的效率低下。我国著作权集体管理组织采取“选择性加入”模式，长期存在对许可使用费的分配和发放不及时、分配标准不清、管理费过高、分配机制不透明等现象。❷ 例如，中国音像著作权集体管理协会（以下简称“音集协”）2007 年就开始收取卡拉 ok 使用费，两年时间里收取了 8000 多万元，但是直到 2010 年第二次会员大会才确定分配方案。❸ 五家集体管理组织网站显示，目前仅有音著协从 2004 年起逐年在网上公布其著作权管理的年报。❹ (3) 著作权集体管理组织的支配力限制市场自由竞争。我国著作权制度的快速移植，在著作权集体管理的构建上则直接跳过了美国、北欧诸国的市场主体自由博弈的阶段，直接由著作权行政管理部门自上而下地设立著作权集体管理组织，使其强制性地取得市场支配力，并且在立法上进一步强化这种市场支配力。❺ 具体体现在以下几点：第一，《著作权集体管理条例》(2013) 第 9 条、第 10 条、第 11 条、第 12 条的规定表明，对著作权集体管理组织的设立采取的是行政许可主义；第二，从第 20 条规定来看，著作权人的许可类型只能是专属许

---

❶ 樊煜．为什么有时演唱会歌手演唱自己原创的作品还需要向音乐集体管理组织付费［EB/OL］．［2016-03-20］．http://www.mcsc.com.cn/informationsCopy.php?partid=35&pid=646.

❷ 窦新颖，蒋朔．集体管理组织或成反垄断审查对象［N］．知识产权报，2012-08-27.

❸ 李懿．音集协收费 8000 万分配“躲猫猫”［N］．东方早报，2009-05-12（B07）.

❹ 中国音乐著作权协会年报：历年年报［N/BL］．［2016-03-12］http://www.mcsc.com.cn/nine.html.

❺ 熊琦．著作权集体管理组织市场支配力的法律规制［J］．法律科学（西北政法大学学报），2016（1）：94.

可，排除了著作权人行使著作权的许可自由；第三，从《著作权集体管理条例》第 25 条来看，著作权集体管理组织与著作权人之间的许可费标准实行行政指导价机制，许可费应当以国务院著作权行政管理部门公告的为依据。这表明著作权人对于许可的类型与许可价格也丧失与著作权集体管理组织进行协商的可能，市场自由竞争被法律规定严格排除在外。

3. 我国目前缺乏引入著作权延伸性集体管理的有利因素

如前文所述，延伸性集体许可是一种介于自愿许可与强制许可之间的授权机制。其最先为北欧五国所采用，后来德国、法国以及英国将 ECL 作为基于特殊目的的数字化使用作品的授权模式。美国版权局在 2015 年的一份《孤儿作品与大规模数字化：关于著作权登记的报告》中也建议国会引入 ECL 作为非营利性的教育与科研目的的大规模数字化作品的授权许可模式。[1] 我国第三次著作权法修订也引入了该机制，《草案送审稿》中增加的“延伸性集体管理”规定，[2] 该机制的引入在修法过程中产生了巨大争议，遭到著作权人一致声讨。有观点认为，在该模式下，著作权人无法排除他人对作品的使用，“选择性退出”相当于为非会员的著作权设置了限制，影响了著作权的排他性。[3] 最后，《草案送审稿》第 63 条的“延伸性集体管理”还是没有被第三次《著作权法》修订的最终生效文本所采纳。

正如第四章域外制度考察所见，延伸性集体许可建立在信任黏性高的成员和管理组织之间，且需要透明、高效、自律的著作权集体管理组织，并且

---

[1] US COPYRIGHT OFFICE. Orphan Works and Mass Digitization：A Report of the Register of Copyrights［EB/OL］.［2016-03-20］. http：//www.copyright.gov/orphan/reports/orphan-works2015. pdf.

[2] 《著作权法（修订草案送审稿）》第六十三条：著作权集体管理组织取得权利人授权并能在全国范围内代表权利人利益的，可以就自助点歌系统向公众传播已经发表的音乐或者视听作品以及其他方式使用作品，代表全体权利人行使著作权或者相关权，权利人书面声明不得集体管理的除外。著作权集体管理组织在转付相关使用费时，应当平等对待所有权利人。

[3] AXHAMN J，GUIBAULT L. Cross-Border Extended Collective Licensing：ASolution to Online Dissemination of Europe's Cultural Heritage［J］. Amsterdam Law School Research Paper，2012（22）：47.

严格限制该种模式下的作品类型和使用情形。我国著作权集体管理组织与作者之间不仅没有较强的信任黏性，还存在紧张的信任危机，若试图通过移植延伸性集体管理来解决权利人无法维权和无法授权的问题之做法，不仅曲解了延伸性集体管理的立法价值本意，还忽略了延伸性集体管理制度产生的特殊产业和社会背景。❶ 简单孤立地将该制度引入我国，不考虑我国存在前述著作权集体管理的诸多弊端，有可能导致对著作权人利益的损害及对著作权市场机制的破坏。

### （二）完善我国著作权集体管理制度的建议

相对于法定许可和强制许可而言，著作权延伸性集体许可相对灵活且具有诸多优势，比如能有效减少版权交易成本；保护无力管理或怠于管理作品的权利人的利益；解决特定目的下“孤儿作品”大规模数字化利用难题；增加使用者的合法确定性等。❷ 但是，囿于我国现有的著作权集体管理的制度禀赋，显然不易于仓促移植该制度。只有客观地正视我国著作权集体管理的现状及不足，并积极加以完善，才能为目前被各国推崇的延伸性集体管理制度创造适宜的制度土壤，真正实现维护著作权人权益、促进作品的传播与版权产业的繁荣。

#### 1. 重新定位著作权集体管理的价值内涵，回归服务为本的组织功能

著作权集体管理是基于契约的缔造而非法律的强设。我国《著作权法》第三次修订过程中，著作权的延伸性集体管理一经提出即引起著作权人等各界人士的强烈质疑。❸ 该现象表明，著作权集体管理在我国“积怨已深”，前文所述的弊端被推向更为极端的境地，因此，我国应当及时地纠正对著作权集体管理的错误定位，认识到在著作权人与使用者之间的商谈机制中，集体管理组织仅仅是一个斡旋的服务者，弥补特殊原因导致著作权人与使用者之间商谈不能的情形，并不是处于居高临下的管理者的地位。集体管理组织应当对于著作权新的权利规则如何与集体管理服务进行衔接和更新，比如现行

❶ 熊琦．著作权延伸性集体管理制度何为［J］．知识产权，2015（6）：18.

❷ 林秀芹，李晶．构建著作权人与作品使用人共赢的著作权延伸性集体管理制度：一个法经济学角度的审视［J］．政治与法律，2013（11）：25.

❸ 张贺．个人著作权不能由集体管理组织任意代理［N］．人民日报，2012-04-12.

《著作权法》赋予录音制作者广播、表演获酬权，音集协通过深入调研和广泛探索，实现该业务线下线上同时破冰。尽管会员增速发展缓慢，音著协仍在寻求数字技术下的改革，2021 年 8 月 20 日，由音集协开发的音乐著作权大集成服务系统（Integrated System of Music Copyright，ISMC）在协会官网上线，这是音乐作品信息数据和著作权服务一体化的集大成平台，力图一站式解决作者入会、作品登记、权利查询、许可管理、使用费分配等问题。❶

2. 优化著作权集体管理立法规定，破解集体管理组织的市场垄断性

针对著作权集体管理之“垄断性”，本书认为著作权集体管理组织的设定方式应从垄断性行政许可设立改为自由竞争式，让著作权集体管理组织实现真正的私人自治。充分尊重著作权人的权利，创建合理的授权及许可费的协商机制；完善著作权集体管理组织绩效机制，增加集体管理的透明度。

3. 利用区块链、智能合约等数字技术弥补著作权集体管理的低效率

Web 3.0 时代的数字技术在著作权集体管理领域的应用，区块链的去中心化、分布式、透明性等优势可以有效地消解集体管理的程序冗杂、成本过大、官僚化等著作权集体管理的负面效应。智能合约则可以降低传统著作权授权的低效率，根据作者的许可需求设计高效的著作权授权合同与版税自动分配等自动化合同，由于区块链的连续性、透明性及不可篡改性等技术特征，在区块链及智能合约基础上创建的授权机制与版税管理费等分配机制，甚至司法领域维权的信息数据库等著作权集体管理措施会更加透明公开、公平公正，这可以很大程度缓解作者与集体管理组织之间的信任危机，不失为我国著作权集体管理的一个很好的数字化改革方向。

## 本章小结

“橘生淮南则为橘，生于淮北则为枳。”在创设法律规则的过程中，若不考虑本国的理论发展及制度环境，则会出现逾淮为枳的现象。但对于著作权

❶ 中国音像著作权集体管理协会 2021 年报［N］. 中国新闻出版广电报，2022-10-20（005）.

而言，除了在特定领域继续维持现行制度，需要在更多的范围内考虑法律与技术变革的契合而非相悖。孤儿作品问题在全球范围的某些一致性，使孤儿作品立法在同质的制度禀赋下可以直接移植，比如北欧诸国的延伸性集体许可模式；《欧盟孤儿作品指令》要求下的欧盟各成员国之间的基础限制模式，均可以在一定范围内得以复制。我国在立法体系上虽然形式上最初承袭了作者权体系，但是具体规则的设定又往往受到国际条约、作者权体系国家与版权体系国家的立法影响；在具体制度禀赋及政治、经济、社会文化因素上却与其他国家有着很大的不同，呈现出“中国特色”的立法环境。因此，在考虑到我国孤儿作品利用的价值取向的基础上，对孤儿作品利用机制也应有其对应考量，构建适合我国著作权环境的孤儿作品利用制度，对孤儿作品利用的前置条件、授权机制、救济机制、纠纷解决机制以及相应的著作权辅助制度的构建，都应当立足于我国既有的制度运行环境，既要考虑新修正的《著作权法》的新的规定所引起的著作权权利管理的创新，也要考虑基于数字技术迭代引起的孤儿作品利用的授权机制、权益分配机制等的变革。

# 结　论

孤儿作品是经过合理勤勉查找，还是无法找到著作权人的仍然处于著作权保护期内的作品。孤儿作品问题解决的关键是构建促进孤儿作品利用与传播的著作权制度。从孤儿作品的内涵可知，孤儿作品的利用实际上是对著作权人的权利限制或者说是权利干预。所谓的“孤儿状态”就是找不到著作权人，只有预设这样一个待证事实成立的情况下，方可以对于仍旧属于著作权人排他性财产权范畴的作品以启动孤儿作品利用机制加以利用。孤儿作品利用制度的构建，除了要克服著作权制度的固有障碍，还应当兼顾著作权制度运行的外在因素。“如果说民法准则只是以法的形式表现了社会的经济生活条件，那么这种准则就可以依情况的不同而把这些条件有时表现得好，有时表现得坏。”❶ 这种“表现”之于孤儿作品利用的著作权制度而言，可以从这样几个方面考察：孤儿作品利用制度的价值取向；具体利用规则与著作权制度的整体契合性；孤儿作品利用制度的经济成效等。

本书认为，基于著作权制度价值的二元化以及孤儿作品利用的两面性，孤儿作品的利用应当坚持以促进孤儿作品的利用与传播为价值取向。在这一价值下的制度设定，必然要克服“著作权中心主义”，弱化对著作权人的保护，强调潜在使用人及社会公众的利益维护。只有如此，才能从根本上克服作品在孤儿化状态下的著作权内生性制度障碍，从而最大限度释放孤儿作品，实现孤儿作品的有效利用。进而言之，在考虑我国立法及司法实际的情况下，首先，本书认为孤儿作品利用制度的“合理勤勉查找”应当设定最低检索标

❶ 马克思恩格斯全集：第四卷［Z］. 中共中央马克思恩格斯列宁斯大林著作编译局，编译. 北京：人民出版社，1972：248-249.

准；建立作品数据库；进行孤儿作品利用的“反向著作权登记”。其次，对于授权机制而言，区分公益性使用与非公益性使用，对应采取“合理使用+强制许可”的授权模式。再次，救济机制应当采取类似于美国模式的“事后救济”而非提存使用费。最后，对于著作权纠纷解决机制，应当更多采取非诉讼纠纷解决模式，以最大限度地减少孤儿作品利用的程序性成本。除了前述的具体规则的创设，孤儿作品的辅助性制度应当重点考虑孤儿作品视角下的著作权登记制度及著作权集体管理制度的完善。

一直以来，我们在以外国法为镜鉴的时候，多半都更为关注该制度规则的静态分析，就规则言规则；对于该制度规则的动态分析，比如对该规则的内部机理结合其制度背景、文化因素、政策因素等的综合分析以及对于该制度规则的动态绩效的经济学考察及监测则相对较少。然而，这一部分的研究实属必要，因为法律制度作为调节社会经济关系、规范和约束市场主体行为的一种正式规则，从经济学角度而言，其供给与需求必然存在一定交易成本及支付行为，如若法律规则交易成本过大且难以支付，会导致一定程度的制度虚设或制度失灵现象。❶“法律创设往往是对市场智慧的确认，并不是法律的发明。”❷

因而，于现实的社会情况下，新制度经济学的鼻祖科斯（Ronald H. Coase）在其著名的科斯定理❸所预设的规则的交易成本为零的前提只能是一种柏拉图的理想国，法律规则的交易成本必然存在。进言之，从经济学层面所进行的法律制度的绩效评估，不仅是理论层面的讨论，司法及立法层面的绩效评估更是一国法律制度整体设计的一个重要环节，比如，德国在创设著

❶ 卢宏定．法的成本与法的幼稚——对市场经济法律制度的一种经济学分析［J］．法律科学（西北政法学院学报），1998（1）：21.

❷ 李琛．著作权基本理论批判［M］．北京：知识产权出版社，2013：50.

❸ 科斯定理：产权的初始界定明确，交易成本为零的情况下，市场交易最终会使资源的配置达到最优状态；而存在交易成本的情况下，合法权利的初始界定则会对资源的配置产生影响。参见：理查德·波斯纳．法律的经济分析［M］．蒋兆康，译．北京：中国大百科全书出版社，1997：46.

作权的报刊出版者邻接权时，该制度就遭遇前所未有的困境。❶ 著作权保护的高成本让我们不得不反思，我国在构建孤儿作品利用的著作权制度时，除了形而上的或宏观层面的制度性整体思考，还应当考虑制度运行的外在环境、制度的运行效率等。遗憾的是，我国《著作权法》第三次修订过程中关于孤儿作品立法尝试最终没有规定相关条款，然而孤儿作品的制度构建仍需要持续关注。本书认为后续立法实践中孤儿作品利用的著作权制度构建，应当依循三个基本原则：一是合目的性原则；二是确定性原则；三是经济成效原则。

（1）合目的性原则。基于该原则，在孤儿作品利用的具体著作权制度创设时，应当考虑到其价值取向与著作权法之基本目的相契合，使规则的创设蕴含著作权法之应然目的。在面临著作权价值冲突时，能够从合目的性原则的角度规范指导孤儿作品利用制度的价值取向，以促使孤儿作品以传播与利用为价值取向。

（2）确定性原则。基于该原则，孤儿作品利用的具体著作权规则应当符合明确性，对于孤儿作品利用的法律关系之当事人有明确的指引作用。当事人可以对孤儿作品的“合理勤勉查找”、授权机制、救济机制等基本规则的行为效果有明确的预期，并能基于此预测孤儿作品利用的确定风险。

（3）经济成效原则。基于该原则，是从立法评估的角度，对孤儿作品利用的具体著作权制度之效益分析。具体考评在现有的立法环境下，“合理勤勉查找”之标准设定；授权模式的选取、补偿标准与救济机制构建等的立法成本与立法效益之综合考评。孤儿作品利用制度是否在运行成本下，达到预期的立法目的。

---

❶ 2015 年 12 月 14 日，德国联邦司法部部长针对议员关于报刊出版者邻接权执行状况质询的答复。李陶．媒体融合背景下报刊出版者权利保护——以德国报刊出版者邻接权立法为考察对象［J］．法学，2016（4）：106.

# 参考文献

## 一、著作

### （一）中文著作


[1] 胡朝阳．知识产权的正当性分析：法理和人权法的视角［M］．北京：人民出版社，2007.

[2] 冯晓青．知识产权法利益平衡理论［M］．北京：中国政法大学出版社，2006.

[3] 费安玲．著作权权利体系之研究：以原始性利益人为主线的理论探讨［M］．武汉：华中科技大学出版社，2011.

[4] 黄海峰．知识产权的话语与现实：版权、专利与商标史论［M］．武汉：华中科技大学出版社，2011.

[5] 金海军．知识产权私权论［M］．北京：中国人民大学出版社，2004.

[6] 李杨．著作权个人使用问题研究：以数字环境为中心［M］．北京：社会科学文献出版社，2014.

[7] 李琛．著作权基本理论批判［M］．北京：知识产权出版社，2013.

[8] 李琛．知识产权法关键词［M］．北京：法律出版社，2006.

[9] 李琛．论知识产权法的体系化［M］．北京：北京大学出版社，2005.

[10] 李雨峰．著作权的宪法之维［M］．北京：法律出版社，2012.

[11] 李明德，许超．著作权法［M］．北京：法律出版社，2003.

[12] 李致忠．古代版印通论［M］．北京：紫禁城出版社，2000.

[13] 刘洁．邻接权归宿论［M］．北京：知识产权出版社，2013.

[14] 刘春田．知识产权法教程［M］．北京：中国人民大学出版

社，1995.

［15］刘茂林．知识产权法的经济分析［M］．北京：法律出版社，1996.

［16］卢海君．版权客体论［M］．2版．北京：知识产权出版社，2014.

［17］曲三强．窃书就是偷：论中国传统文化与知识产权［M］．北京：知识产权出版社，2006.

［18］钱明星．物权法原理［M］．北京：北京大学出版社，1994.

［19］孙国华．法理学［M］．北京：法律出版社，1995.

［20］陶鑫良，袁真富．知识产权法总论［M］．北京：知识产权出版社，2005.

［21］佟柔．民法原理［M］．北京：法律出版社，1983.

［22］吴汉东．知识产权总论［M］．北京：中国人民大学出版社，2013.

［23］吴汉东，等．知识产权基本问题研究［M］．北京：中国人民大学出版社，2005.

［24］吴汉东，闵锋．知识产权法概论［M］．北京：中国政法大学出版社，1987.

［25］熊琦．著作权激励机制的法律构造［M］．北京：中国人民大学出版社，2011.

［26］王素玉．版权法的经济分析［M］．北京：经济科学出版社，2016.

［27］王迁．知识产权法教程［M］．7版．北京：中国人民大学出版社，2021.

［28］王太平．知识产权客体的理论范畴［M］．北京：知识产权出版社，2008.

［29］王作堂．民法教程［M］．北京：北京大学出版社，1983.

［30］郑诚思．知识产权论［M］．北京：社会科学出版社，2007.

［31］郑成思．知识产权论［M］．3版．北京：法律出版社，2003.

［32］郑成思．知识产权法教程［M］．北京：法律出版社，1993.

［33］张玉敏．知识产权法学教程［M］．重庆：西南政法大学出版社，2001.

［34］张今．版权法中私人复制问题研究［M］．北京：中国政法大学出

版社，2009.

［35］张俊浩．民法学原理［M］．北京：中国政法大学出版社，1997.

［36］张和生．知识经济学［M］．沈阳：辽宁人民出版社，1992.

［37］朱景文．现代西方法社会学［M］．北京：法律出版社，1994.

［38］曾世雄．民法总则之现在与未来［M］．台北：三民书局，1983.

［39］周赟．法理学［M］．北京：清华大学出版社，2013.

［40］邵燕．孤儿作品著作权问题研究［M］．北京：法律出版社，2017.

## （二）中文译著

［1］肯尼思·约瑟夫·阿罗．信息经济学［M］．何宝宇，等译．北京：北京经济学院出版社 1989.

［2］爱德华·杨格．试论独创性作品［M］．袁可嘉，译．北京：人民文学出版社，1998.

［3］边沁．道德与立法原理导论［M］．时殷弘，译．北京：商务印书馆，2000.

［4］保罗·萨缪尔森，威廉·诺德豪斯．经济学［M］．萧琛，主译．北京：人民邮电出版社，2004.

［5］布拉德·谢尔曼，莱昂内尔·本特利．现代知识产权法的演进：英国的历程（1760—1911）［M］．金海军，译．北京：北京大学出版社，2012.

［6］北川善太郎．著作权交易市场：信息社会的法律基础［M］．郭慧琴，译．武汉：华中科技大学出版社，2011.

［7］半田正夫，纹谷畅男．著作权法 50 讲［M］．魏启学，译．北京：法律出版社，1990.

［8］彼得·德霍斯．知识财产法哲学．［M］．周林，译．北京：商务印书馆，2008.

［9］保罗·戈斯汀．著作权之道：从谷登堡到数字点播机［M］．金海军，译．北京：北京大学出版社，2008.

［10］保罗·戈尔斯坦．国际版权原则、法律与惯例［M］．王文娟，译．北京：中国劳动社会保障出版社，2003.

［11］戴维·多伊奇．真实世界的脉络［M］．梁焰，黄雄，译．桂林：

广西师范大学出版社，2002.

［12］德利娅·利普希克．著作权与邻接权［M］．联合国教科文组织，译．北京：中国对外翻译出版公司，2000.

［13］道格拉斯·C. 诺斯．制度、制度变迁与经济绩效［M］．杭行，译．上海：格致出版社，2008.

［14］E. 博登海默．法理学：法律哲学与法律方法［M］．邓正来，译．北京：中国政法大学出版社，1999.

［15］伊恩·P. 瓦特．小说的兴起［M］．高原，董红钧，译．上海：上海三联书店，1992.

［16］约翰·康芒斯．制度经济学［M］．赵睿，译．北京：华夏出版社，2013.

［17］以赛亚·伯林．浪漫主义的根源［M］．吕梁，译．南京：译林出版社，2011.

［18］恩斯特·卡西尔．人论［M］．甘阳，译．上海：上海译文出版社，1985.

［19］弗雷德里克·M. 阿伯特，等．世界经济一体化进程中的国际知识产权法［M］．王清，译．北京：商务印书馆，2014.

［20］F·A. 哈耶克．致命的自负［M］．冯克利，等译．北京：中国社会科学出版社，2000.

［21］富田彻男．市场竞争中的知识产权［M］．廖正衡，等译．北京：商务印书馆，2000.

［22］克洛德·科隆贝．世界各国著作权和邻接权的基本原则：比较法研究［M］．高凌翰，译．上海：联合国教科文组织，上海外语教育出版社，1995.

［23］黑格尔．法哲学原理［M］．范扬，张企泰，译．北京：商务印书馆，1961.

［24］哈特．法律的概念［M］．许家馨，李冠宜，译．北京：法律出版社，2011.

［25］加雷斯·D. 迈尔斯．公共经济学［M］．匡小平，译．北京：中国

人民大学出版社，2001.

[26] 詹姆斯·M. 布坎南. 公共物品的需求与供给 [M]. 马珺，译. 上海：上海人民出版社，2009.

[27] 杰里米·边沁. 论一般法律 [M]. 毛国权，译. 上海：上海三联书店，2008.

[28] 凯尔森. 法与国家的一般理论 [M]. 沈宗灵，译. 北京：商务印书馆，2013.

[29] 康德. 法的形而上学原理：权利的科学 [M]. 沈叔平，译. 北京：商务印书馆，1991.

[30] 卢梭. 社会契约论 [M]. 何兆武，译. 北京：商务印书馆，1980.

[31] 拉伦茨. 法学方法论 [M]. 黄家镇，译. 北京：商务印书馆，2020.

[32] 理查德·A. 波斯纳. 法理学问题 [M]. 苏力，译. 北京：中国政法大学出版社，2002.

[33] 理查德·A. 波斯纳. 法律的经济分析 [M]. 蒋兆康，译. 北京：中国大百科全书出版社，1997.

[34] 林德伯格，帕特森. 版权的本质：保护使用者权利的法律 [M]. 郑重，译. 北京：法律出版社，2015.

[35] 米哈依·菲彻尔. 版权法与因特网 [M]. 郭寿康，等译. 北京：中国大百科全书出版社，2009.

[36] 斯蒂芬·M. 菲尔德曼. 从前现代主义到后现代主义的美国法律思想：一次思想航行 [M]. 李国庆，译. 北京：中国政法大学出版社，2005.

[37] 罗伯特·考特，托马斯·尤伦. 法和经济学 [M]. 史晋川，等译. 上海：格致出版社，2012.

[38] 罗伯特·诺齐克. 无政府、国家与乌托邦 [M]. 何怀宏，译. 北京：中国社会科学出版社，1991.

[39] 罗纳德·哈里·科斯. 论生产的制度结构 [M]. 盛洪，译. 上海：上海三联书店，1994.

[40] 罗斯科·庞德. 通过法律的社会控制 [M]. 沈宗灵，译. 北京：

商务印书馆，2008.

［41］洛克．政府论（下篇）［M］．叶启芳，瞿菊农，译．北京：商务印书馆，1964.

［42］迈克尔·A. 艾因霍恩．媒体、技术和版权：经济与法律的融合［M］．赵启杉，译．北京：北京大学出版社，2012.

［43］迈克尔·盖斯特．为了公共利益：加拿大版权法的未来［M］．李静，译．北京：知识产权出版社，2008.

［44］迈克尔·帕金．经济学［M］．梁小民，译．北京：人民邮电出版社，2003.

［45］马克斯·韦伯．经济与社会（下卷）［M］．林荣远，译．北京：商务印书馆，1997.

［46］美浓部达吉．公法与私法［M］．黄冯明，译．北京：中国政法大学出版社，2003.

［47］斯坦因·U. 拉森尔．社会科学理论与方法［M］．任晓，译．上海：上海人民出版社，2002.

［48］斯蒂格利茨．经济学（上）［M］．姚开建，等译．北京：中国人民大学出版社，1997.

［49］萨缪尔森，诺德豪斯．经济学［M］．高鸿业，等译．北京：中国发展出版社，1992.

［50］田村善之．日本知识产权法［M］．4版．周超，李雨峰，李希同，译．北京：知识产权出版社，2011.

［51］田村善之．日本现代知识产权法理论［M］．李扬，等译．北京：法律出版社，2010.

［52］约翰·罗尔斯．正义论［M］．何怀宏，何包钢，廖申白，译．北京：中国社会科学出版社，2009.

［53］约斯特·斯密尔斯，玛丽克·范·斯海恩德尔．抛弃版权：文化产业的未来［M］．刘金海，译．北京：知识产权出版社，2010.

［54］魏德士．法理学［M］．丁晓春，吴越，译．北京：法律出版社，2013.

[55] 威廉·M. 兰德斯，理查德·A. 波斯纳．知识产权法的经济结构［M］. 金海军，译．北京：北京大学出版社，2005.

[56] 西塞罗．论义务［M］. 王焕生，译．北京：中国政法大学出版社，1999.

[57] Y. 巴泽尔．产权的经济分析［M］. 费方域，段毅才，译．上海：上海人民出版社，1997.

[58] 世界知识产权组织．著作权与邻接权法律术语汇编［M］. 刘波林，译．北京：北京大学出版社，2007.

[59] 卡特．中国印刷术的发明和它的西传［M］. 吴泽炎，译．北京：商务印书馆，1957.

[60] 萨伊．政治经济学概论［M］. 北京：商务印书馆，1963.

[61] 马克思恩格斯全集（第一卷）［Z］. 中共中央马克思恩格斯列宁斯大林著作编译局，编译．北京：人民出版社，1956.

[62] 马克思恩格斯选集（第四卷）［Z］. 中共中央马克思恩格斯列宁斯大林著作编译局，编译．北京：人民出版社，1972.

[63] 马克思恩格斯全集（第六卷）［Z］. 中共中央马克思恩格斯列宁斯大林著作编译局，编译．北京：人民出版社，1961.

[64] 马克思恩格斯全集（第二十三卷）［Z］. 中共中央马克思恩格斯列宁斯大林著作编译局，编译．北京：中华书局，1972.

[65] 马克思恩格斯全集（第二十六卷）［Z］. 中共中央马克思恩格斯列宁斯大林著作编译局，编译．北京：中华书局，1972.

[66] 马克思恩格斯全集（第四十九卷）［Z］. 中共中央马克思恩格斯列宁斯大林著作编译局，编译．北京：中华书局，1972.

[67] 日本著作权法［M］. 李扬，译．北京：知识产权出版社，2011.

[68]《十二国著作权法》翻译组．十二国著作权法［M］. 北京：清华大学出版社，2011.

[69] 法国知识产权法典［M］. 黄晖，译．郑成思，审校．北京：商务印书馆，1999.

[70] 李王，钱国忠．李约瑟研究的回顾与瞻望［A］//李约瑟文献中

心．李约瑟研究（第 1 辑）．上海：上海科学普及出版社，2000.

（三）外文著作

[1] ALFORD W P. To Steala Bookisan Elegant Offense: Intellectual Property Lawin Chinese Civilization [M]. Stanford, Calif: Stanford University Press, 1995.

[2] DRAHOE P. A Philosophy of Intellectual Property [M]. Dartmouth Publishing, 1996.

[3] PAUL G. Copyrights Highway: From Gutenberg to the Celestial Jukebox [M]. Stamford: Stanford University Press, 2003.

[4] PAUL G. Copyright, Patent, Trademark and Related State Doctrines [M]. 5th edition. Foundation Press, 2002.

[5] PAUL G. Copyright, Patent, Trademark and Related Statedoctrines: cases and materialson the law of intellectual Property [M]. Westbury, NewYork: The Foundation PressInc, 1990.

[6] KELSEN, HANS. Introduction to the Problem of Legal Theory [M]. Oxford University Press, 1992.

[7] MERGES RP, PETER MS, LEMLEY M A. Intellectual Property in the New Technological Age [M]. 4th edition. Aspen Publishers, 2006.

[8] NIMMER MB, NIMMER D. Nimmer on Copyright [M]. Matthew Bender, 2009.

[9] PETER D. A Philosophy of IP [M]. England: Dartmouth Publishing-Company Ltd. , 1996.

[10] ROSENBERG PD. The Foundation of Patent Law (2DED). 1985.

[11] STERLING JAL. World Copyright Law [M]. London: Sweet & Maxwell, 1998.

[12] SAUNDERS D. Authorship and Copyright [M]. London, NewYork: Routledge, 1992.

[13] G. RICKETSON S, GINSBURG J. International Copyright and Neighbouring Rights: The Berne Convention and Beyond (2) [M]. Oxford University

Press, 2006.

[14] BERMAN S. The Primacy of Politics: Social Democracy and the Making of Europe's Twentieth Century [M]. Cambridge: Cambridge University Press, 2006.

[15] GOLDSTEIN P, MCCARROLL C. Copyright's Highway: from Gutenberg to the Celestial Jukebox [M]. Recording for the Blind & Dyslexic, 2004.

## 二、论文

### (一) 中文论文

[1] 杜铂伦，黄光辉．孤儿作品的保护与利用危机及其解决方案刍议 [J]．电子知识产权，2013 (3)．

[2] 邓文君，车达．法国数字出版产业的发展策略研究 [J]．编辑之友，2015 (7)．

[3] 窦新颖，蒋朔．集体管理组织或成反垄断审查对象 [N]．知识产权报，2012-08-27.

[4] 董皓，张樊．论邻接权制度的正当性基础：兼论"信息网络传播者权"的虚无 [J]．科技与法律，2007 (6)．

[5] 董皓．多元视角下的著作权公共领域问题研究 [D]．北京：中国政法大学，2008.

[6] 费安玲．论作者在著作权法中的地位 [J]．政法论坛，1987 (4)．

[7] 冯晓青．试论知识产权的私权属性及其公权化趋向 [J]．中国法学，2004 (1)．

[8] 樊煜．为什么有时演唱会歌手演唱自己原创的作品还需要向音乐集体管理组织 [EB/OL]．[2016-03-20]．http://www.mcsc.com.cn/informationsCopy.php? partid=35&pid=646.

[9] 管育鹰．欧美孤儿作品问题解决方案的反思与比较：兼论我国《著作权法》相关条款的修改 [J]．河北法学，2013 (6)．

[10] 何华．著作权保护期限研究三题 [J]．法商研究，2012 (4)．

[11] 韩莹莹．《2006 年孤儿作品法案》议案及《2008 年孤儿作品法案》议案 [J]．环球法律评论，2009 (1)．

［12］黄汇．版权法上的公共领域研究［D］．重庆：西南政法大学，2009.

［13］林秀芹，刘文献．作者中心主义及其合法性危机——基于作者权体系的哲学考察［J］．云南师范大学学报（哲学社会科学版），2015（2）.

［14］林秀芹，李晶．构建著作权人与作品使用人共赢的著作权延伸性集体管理制度：一个法经济学角度的审视［J］．政治与法律，2013（11）.

［15］林秀芹，曾斯平．论民间文学艺术衍生作品独创性的认定：以赵梦林京剧脸谱系列案为例［J］．湖南社会科学，2013（6）.

［16］李雨峰．版权的正当性：从洛克的财产权思想谈起［J］．暨南学报（哲学社会科学版），2006（2）.

［17］李雨峰．版权登记制度探析［J］．知识产权，2008（5）.

［18］李雨峰．著作权制度的反思与改组［J］．法学论坛，2008（3）

［19］李雨峰．版权法上公共领域的概念［J］．知识产权，2007（5）.

［20］李雨峰．思想/表达二分法的检讨［J］．北大法律评论，2007（2）.

［21］李雨峰．版权扩张：一种合法性的反思［J］．现代法学，2001（5）.

［22］李雨峰．论追续权制度在我国的构建：以《著作权法》第三次修改为中心［J］．法律科学，2014（1）.

［23］李琛．论作品定义的立法表述［J］．华东政法大学学报，2015（2）.

［24］李琛．知识产权法基本功能之重解［J］．知识产权，2014（7）.

［25］李琛．质疑知识产权之“人格财产一体性”［J］．中国社会科学，2004（2）.

［26］李婧．法国著作权法的最新发展述评：以欧盟指令的转化与数字化使用为线索［J］．商，2015（48）.

［27］李陶．媒体融合背景下报刊出版者权利保护：以德国报刊出版者邻接权立法为考察对象［J］．法学，2016（4）.

［28］李陶．非会员作品著作权集体管理模式的选择与重构：以德国法为借鉴［J］．法商研究，2015（3）.

[29] 李芊．数字时代日本孤儿作品裁定制度的变革与借鉴［J］．法制与社会，2015（3）．

[30] 李永明，吕益林．论知识产权之公权性质：对“知识产权属于私权”的补充［J］．浙江大学学报（人文社会科学版），2004（4）．

[31] 李懿．音集协收费 8000 万分配“躲猫猫”［N］．东方早报，2009-05-12（B07）．

[32] 蔡永明．论正确处理邻接权与版权的关系［J］．科学·经济·社会，1994（4）．

[33] 金海军．论著作邻接权［D］．北京：中国人民大学，1998.

[34] 蹇瑞卿，于佳亮，马炳和．探寻孤儿作品版权问题的解决之道：欧洲 ARROW 项目的实践与启示［J］．图书馆建设，2011（10）．

[35] 梁锐．著作邻接权人经济权利法律保护思考［J］．经济问题探索，2000（8）．

[36] 刘春田．知识财产权辨析［J］．中国社会科学，2003（4）．

[37] 刘铁光．著作权与邻接权之间的等级关系：《罗马公约》的“前因后果”［J］．贵州社会科学，2011（5）．

[38] 刘有东．著作人格权制度研究［D］．重庆：西南政法大学，2010.

[39] 刘文献．著作权作者中心主义哲学批判：以文学作品为主线［D］．厦门：厦门大学，2015.

[40] 刘仁．创新版权服务破解数字版权难题［N］．知识产权报，2015-3-6.

[41] 罗林·布伦南．视听作品的使用（三）：习惯法传统国家的理论和方法［C］//国家版权局．著作权的管理和行使论文集．上海：上海译文出版社，1995.

[42] 刘春茂．论我国著作权的主体［J］．中国法学，1990（5）．

[43] 梁志文．摄影作品的独创性及其版权保护［J］．法学，2014（6）．

[44] 梁志文．著作权延伸性集体许可制度的移植与创新［J］．法学，2012（8）．

[45] 梁志文．著作人格权保护制度的误解与真相［J］．华南师范大学学

报（社会科学版），2011（4）.

［46］卢宏定．法的成本与法的幼稚：对市场经济法律制度的一种经济学分析［J］．法律科学（西北政法学院学报），1998（1）.

［47］马海群，高思静．孤儿作品的版权困境及解决路径［J］．图书情报工作，2011（9）.

［48］马丽萍．Google 数字图书馆的合理使用分析与启示［J］．图书馆，2015（10）.

［49］彭礼堂．知识产权属性的法理探析［J］．知识产权研究，2005（3）．

［50］屈广清，陈小云．欧盟知识产权统一国际私法研究：以法律适用为主线［J］．学习与探索，2006（2）.

［51］任军民．法国对计算机数字网络侵权的规定及其突破［J］．WTO 经济导刊，2007（Z1）.

［52］苏平．知识产权登记法律效力比较与借鉴［J］．知识产权，2011（8）.

［53］沈世娟，戈琳．版权登记的法律属性及其完善［J］．知识产权，2010（5）.

［54］孙海龙，董倚铭．知识产权公权化理论的解读和反思［J］．法律科学，2007（5）.

［55］汤妮燕．我国无主作品著作权保护的司法困惑与破解路径［J］．河北法学，2015（1）.

［56］唐艳．知识产权私权话语表达之探讨：以对《TRIPs 协议》“privaterights”的翻译为切入点［J］．知识产权，2013（4）.

［57］吴汉东．关于知识产权本体、主体与客体的重新认识：以财产所有权为比较研究对象［J］．法学评论，2000（5）.

［58］王迁．孤儿作品制度设计简论［J］．中国版权，2013（1）.

［59］王晓君．民间文学艺术的著作权规制：以刘雍系列工艺美术作品侵权案为视角［J］．河北法学，2015（11）.

［60］王晓君．科斯定理维度的孤儿作品利用困境解析［J］．贵州师范大

学学报（社会科学版），2020（6）.

［61］王本欣．孤儿作品利用的强制许可模式通用性与差异性研究：以日本和加拿大著作权法为例［J］．图书馆论坛，2016（2）.

［62］王本欣．欧盟《孤儿作品指令》法律效力及其制度环境研究［J］．图书情报工作，2015（4）.

［63］王莹．知识产权私权化批判与超越［J］．理论导刊，2010（12）.

［64］文向华，宋军风．从谷歌图书馆案件看我国著作权合理使用制度的判断标准［J］．图书馆工作与研究，2015（7）.

［65］万勇．《欧洲版权法典》评述［J］．知识产权，2012（9）.

［66］肖少启．我国无主作品著作权保护的路径选择与制度构建［J］．政治与法律，2016（8）.

［67］熊琦．著作权集体管理组织市场支配力的法律规制［J］．法律科学（西北政法大学学报），2016（1）.

［68］熊琦．著作权延伸性集体管理制度何为［J］．知识产权，2015（6）.

［69］熊琦．论“接触权”：著作财产权类型化的不足与克服［J］．法律科学，2008（5）.

［70］薛虹．从谷歌图书侵权案件的判决看开放模式的版权限制［J］．人民司法，2014（20）.

［71］杨安进．互联网纠纷中行为的合理性判定：应在适用法律与洞悉行业之间平衡［J］．人民司法，2014（20）.

［72］杨以．避风港规则在审判实践中适用的再审视：从百度文库侵权纠纷谈起［J］．福州大学学报（哲学社会科学版），2013（4）.

［73］杨晓蓉．欧洲联盟孤儿作品问题的解决对策：《孤儿作品指令2012/28/EU》解析［J］．图书馆建设，2014（7）.

［74］喻玲．德国摄影作品著作权保护的历史发展及其启示［J］．知识产权，2014（12）.

［75］颜晶晶．报刊出版者权作为邻接权的正当性探析：基于德国《著作权法》第八修正案的思考［J］．比较法研究，2015（1）.

［76］衣庆云．知识产权公权化理论之批判［J］．电子知识产权，2007（7）．

［77］约瑟夫·费尔德．科斯定理 1-2-3［J］．李政军，译．经济社会体制比较，2002（5）．

［78］周艳敏，宋慧献．关于孤儿作品著作权问题的立法设想［J］．电子知识产权，2011（3）．

［79］周艳敏，宋慧献．版权制度下的“孤儿作品”问题［J］．出版发行研究，2009（6）．

［80］周晓冰．接触权的性质及行使条件研究［J］．电子知识产权，2014（3）．

［81］赵建良．论知识产权的法律拟制［J］．电子知识产权，2014（6）．

［82］张红．20 世纪德国人格权法的演进［J］．清华法律评论，2009（1）．

［83］张耕，施鹏鹏．法国著作权法的最新重大改革及评论［J］．比较法研究，2008（2）．

［84］张今．著作人格权制度的合理性质疑［J］．社会科学辑刊，2011（4）．

［85］张勤．知识产权客体之哲学基础［J］．知识产权，2010（2）．

［86］张恒山．财产所有权的正当性依据［J］．现代法学，2001（6）．

［87］张翔．财产权的社会义务［J］．中国社会科学，2012（9）．

［88］张贺．个人著作权不能由集体管理组织任意代理［N］．人民日报，2012-04-12.

［89］张今，卢亮．从权利归属到权利流转和利益实现［C］//知识产权南湖论坛论文集，2010.

［90］王迁．同人作品著作权侵权问题初探［J］．中国版权，2017（3）．

［91］欧阳丽炜，王帅，袁勇，等．智能合约：架构及进展［J］．自动化学报，2019，45（3）．

［92］周近，叶历平，倪艺洋，等．智能合约研究综述［J］．中国新通信，2021，23（3）．

[93] 袁勇，王飞跃．区块链技术发展现状与展望［J］．自动化学报，2016，42（4）．

（二）外文论文

[1] JOHAN A，LUCIE G. Cross－Border Extended Collective Licensing：A Solutionto Online Dissemination of Europes Cultural Heritage［J］．Amsterdam Law School Research Paper，2012（22）．

[2] MALMSTRÖM，Åke. The System of Legal Systems：Notesona Problem of Classificationin Comparative Law［J］．Scandinavian Studiesin Law，1969（13）．

[3] BELL A，PARCHOMOVSKY G. The Dual－Grant Theory of Fair Use［J］．University of Chicago Law Review Summer，2016，83.

[4] BENKLER Y. Freeas the Airto Common Use：First Amendment Constrainson Enclosure of the Public Domain［J］．New York University Law Review，1999，74.

[5] BOYLE J. A Politics of Intellectual Property：Environmentalism for the Net［J］．Duke Law Journal，1997（47）．

[6] BRITO J，DOOLING B. An Orphan Works Affirmative Defenseto Copyright Infringement Actions［J］．Mich. Telecomm. & Tech. L. Rev.，2005，75（12）．

[7] BURKITT D. Copyrighting Culture－The History and Cultural Specificity of the Western Model of Copyright［J］．Intellectual Property Quarterly，2001.

[8] BUNCE A. British Invasion：Importingthe United Kingdm's Orphan Works Solutionto Unedited States CopyrightLaw［J］．Northwestern University Law Review，2013（108）．

[9] CALABRESI G，MELAMED A D. Property Rules，Liability Rules，and Inalienability：One View ofthe Cathedral［J］．Harvard L. Rev.，1972，85（4）．

[10] COASE R H. The Problem of Social Cost［J］．Journal of Law and Economics，2013，56（4）．

[11] DAHLBERG B. The Orphan Works Problem：Preserving Access to The Cultural History of Disadvantaged Groups［J］．Southern California Review of Law &

Social Justice, 2011 (20).

[12] HANSEN D R, HASHIMOTO K, HINZE G, et al. Solving the Orphan Works Problem for the United States [J]. Colum. JL & Arts, 2013, 37 (1).

[13] LAVOIE B, LORCAN D. Beyond 1923: Characteristics of Potentially In-copyright Print Books in Library Collections [J]. Lib Magazine, 2009, 15.

[14] HAROLD D. Towarda Theory of Property Rights [J]. Am. Econ. Rev., 1967, 57.

[15] De BEER J, BOUCHARD M. Canada's 'Orphan Works' Regime: Unlocatable Copyright Owners and the Copyright Board [J]. Oxford University Commonwealth Law Journal, 2010, 10 (2).

[16] DRASSINOWER, ABRAHAM. A Rights-Based View of the Idea/Expression Dichotomyin Copyright Law [J]. Canadian Journal of Law and Jurisprudence, 2003, 16 (3).

[17] Dine J M. Authors' Moral Rightsin Non-European Nations: International Agreements, Economics, MannuBhandari, and the Dead Sea Scrolls [J]. Mich. J. Int'lL., 1995, 16.

[18] GINSBURG J C. From Having Copies to Experiencing Works: The Developmentofan Access Rightin U. S. Copyright law [J]. Copyright Soc'y USA, 2002, 50.

[19] GINSBURG J C. Tale of Two Copyrights: Literary Propertyin Revolutionary France and America [J]. Tul. L. Rev, 1990 (64).

[20] EDWIN HC. Justifying Intellectual Property [J]. Phil. Pub. Aff., 1989, 18.

[21] HUGHES J. The Philosophy of Intellectual Property [J]. Georgetown Law Journal, 1988, 77.

[22] URBAN JM. How Fair Use Can Help Solve The Orphan Works Problem [J]. Berkeley Tech. L. J., 2012, 27.

[23] AXHAMN J, GUIBAULT L. Solving Europeana's Mass-digitization Issues through Extended Collective Licensing [J]. Nordic Intellectual Property Law

Review, 2011 (6).

[24] STRANG J. Two Generations of Scandinavian Legal Realists [J]. Nordic-Journal of Law and Justice, 2009 (12).

[25] KAHLEV A. Orphan ' Works Belongin Public Domain, Complaint Asserts [J]. Andrews E-business Law Bulletin, 2004 (4).

[26] KAPLAN B. An Unhurried View of Copyright: Proposals and Prospects [J]. Columbia Law Review, 1966 (66).

[27] KHONG D WK. Orphan Works, Abandonware and the Missing Market for Copyrighted Goods [J]. International Journal of Law and Information Technology, 2007, 15 (1).

[28] KURTZ L A. Speaking to the Ghost: Idea and Expression in Copyright [J]. U. Miami L. Rev., 1992 (47).

[29] LITMAN J. Warand Peace [J]. Journal of the Copyright Society of U. S., 2006 (53).

[30] LITMAN J. The Public Domain [J]. Emory Law Journal, 1990, 39 (4).

[31] LUNNEY Jr G S. Reexamining Copyrights Incentives-Access Paradigm [J]. Vand. L. Rev., 1996 (49).

[32] LU B B. The Orphan Works Copyright Issue: Suggestions for International Response [J]. Copyright Society of the U. S. A., 2013 (60).

[33] LEMLEY M A. Property, Intellectual Property, and Free Riding [J]. Tex. L. Rev., 2005 (83).

[34] LEMLEY M A. IP in A World without Scarcity [J]. New York University Law Review, 2015, 90 (5).

[35] PETERS M. US Copyright Office, Library of Congress, Orphan Works [J]. Federal Register, 2005, 70 (129).

[36] MICHAEL M J. A Pattern-Oriented Approachto Fair Use [J]. WM.& MARYL.REV., 2004 (45).

[37] MARI MT. The Future of Copyrightin Europe [J]. Columbia Journal of

Law & the Arts, 2014 (38).

[38] SAG M. Orphan Worksas Grist for the Data Mill [J]. Berkeley - Tech. L. J., 2013 (27).

[39] MOUSNER, JOSHUA O. Copyright Orphan Works: A Multi - Pronged Solutionto Solvea Harmful Market Inefficiency [J]. Tech. L. &Poly, 2007, 12 (10).

[40] MERGES, ROBERT P. Of Property Rules, Coase, and Intellectual Property [J]. Columbia Law Review, 1994 (94).

[41] CAROLYN M. Limitationson Moral Rightsin French Droitd'auteur [J]. Copyright Law Symposium ASCAPed., 1997 (13).

[42] Netanel N W. Copyrightanda Democratic Civil Society [J]. Yale Law Review, 1996 (106).

[43] OCHOA T T. Origins and meanings of Public Domain [J]. University of Dayton Law Review, 2002 (28).

[44] PALLANTE M. Orphan Works, Extended Collective Licensing and Other Current Issues [J]. J. L. & Arts, 2010, 34 (1).

[45] PATRY W F, Posner R A. Fair Use and Statutory Reformin the Wake of Eldred [J]. California Law Review December, 2004, 92 (6).

[46] PATTERSON L R, Stanley BirthF. AUnified Theory of Copyright [J]. Hous. L. Rev, 2009 (46).

[47] PERRITT J R, HENRY H., CHRISTOPHER J. Lhulier. Focuson Cyberlaw: In formation Access Rights Basedon International Human Rights Law [J]. Buffalo L. Rev., 1997 (45).

[48] LANDES W M, POSNER R A. An Economic Analysis of Copyright Law [J]. Legal Stud, 1989 (18).

[49] PICKER R C. The Google Book Search Settlement: A New Orphan Works Monopoly [J]. Journal of Competition Law & Economics, 2009, 5 (3).

[50] RIGAMONTI C P. Deconstructing Moral Rights [J]. Harv. Int'lL. J., 2006 (47).

[51] RIGAMONTI C P. The Conceptual Transformation of Moral Rights [J]. Am. J. Comp. L. , 2007 (55).

[52] RIIS T, SCHOVSBO J. Extended Collective Licenses and the Nordic Experience: It's a Hybridbutisita Volvoora Lemon [J]. Columbia Journal of Law and the Arts, 2009, 33 (4).

[53] ROSLOFF, GENEVIEVE P. "Some Rights Reserved": Finding the Space Between All Rights Reserved and the Public Domain [J]. Columbia Journalof Law and the Arts, 2009, 33 (1).

[54] MARTIN R A. The Doctrine of Moral Right: A Study in the Law of Artists, Authors and Creators [J]. Harv. L. Rev., 1940 (53).

[55] ROWLEY, CHARLES K. Public Choice and the Economic Analysis of the Law [A] //law and Economics. Kluwer Press, 1989.

[56] ANDREEA S. Several Aspects Regarding Orphan Works after The Adoption of EU Directive2012/28/EU of The European Parliamentand The Council of 25 October 2012 [J]. Perspectives of Business Law Journal, 2013, 2 (1).

[57] NEWMAN S. The Development of Copyright and Moral Right in the European Legal Systems [J]. European Intellectual Property Review, 2011, 33 (11).

[58] SMITH H E. Intellectual Propertyas Property: Delineating Entitlements in Information [J]. YaleL. J. , 2007, 116 (8).

[59] STROWEL A. The European "Extended Collective Licensing" Model [J]. Columbia Journal of Law & the Arts, 2011 (34).

[60] WILLIAN S. The Moral Right of the Author [J]. The American Journal of Law, 1954 (4).

[61] SUMMER S. Musicon the Internet: Can the Present Laws and Treaties Protect Music Copyright in Cyberspace [J]. Currents Int'l TradeL. J, 1999 (8).

[62] DAVID V. User Rights [J]. Intellectual Property Journal, 2013 (6).

[63] NETANEL N W. Copyright and a Democratic Civil Society [J]. Yale Law Review, 1996 (106).

[64] URBAN JM. How Fair Use Can Help Solve The Orphan Works Problem

[J]. Berkeley Tech. L. J., 2012 (27).

[65] BERNITZ U. What is Scandinavian Law? Concept, Characteristics, Future [J]. Scandinavian Studiesin Law, 2007, 50 (1).

[66] HADFIELD G K. The Economics of Copyright: A Historical Perspective [C]. Copyright Law Symposium (ASCAP), 1992.

[67] KHONG D WK. Orphan Works, Abandonware and the Missing Market for Copyrighted Goods [J]. International Journal of Law and Information Technology, 2007, 15 (1).

[68] DAWSON A. A short history of Fanfiction [J]. YA Hotline, 2017 (104).

[69] TRESISE A, HUNTER D, GOLDENFEIN J. What Blockchain Can and Can't Do for Copyright [J]. Australian Intellectual Property Journal, 2018, 28 (4).

[70] GOLDENFEIN J, HUNTER D. Blockchains, orphan works, and the public domain [J]. Colum. JL & Arts, 2017 (41).

[71] SZABO N. Formalizing and Securing Relationships on Public Networks [J]. First monday, 1997 (3).

[72] WOOD G. Ethereum: A secure decentralised generalised transaction ledger [J]. Ethereum project yellow paper, 2014 (151).

[73] FINOCCHIARO G, BOMPREZZI C. A Legal Analysis of the Use of Blockchain Technology for the Formation of Smart Legal Contracts [J]. MediaLaws, 2020 (7).

[74] MIK E. Smart Contracts: Terminology, Technical Limitations and Real World Complexity [J]. Law, Innovation and Technology, 2017, 9 (2).

[75] MCKINNEY S A, LANDY R, WILKA R. Smart Contracts, Blockchain, and the next Frontier of Transactional law [J]. Wash. JL Tech. & Arts, 2017 (13).

[76] RODRIGUES U R. Law and the Blockchain [J]. Iowa L. Rev., 2018 (104).

[77] HERMAN A. The Year of Living Exceptionally: New Copyright Exceptions in UK law [J]. Art Antiquity & Law, 2014 (19): 303.

# 附录：中华人民共和国著作权法（修订草案送审稿）

## 目　录

## 第一章　总则

**第一条**　为保护文学、艺术和科学作品作者的著作权，以及传播者的相关权，鼓励有益于社会主义精神文明、物质文明建设的作品的创作和传播，促进社会主义文化、科学和经济的发展与繁荣，根据宪法制定本法。

**第二条**　中国自然人、法人或者其他组织的作品，不论是否发表，受本法保护。

外国人、无国籍人的作品，根据其所属国或者经常居住地国同中国签订的协议或者共同参加的国际条约，受本法保护。

未与中国签订协议或者共同参加国际条约的国家的作者和无国籍人的作品，首次在中国参加的国际条约的成员国出版的，或者在成员国和非成员国同时出版的，受本法保护。

**第三条**　中国自然人、法人或者其他组织的版式设计、表演、录音制品和广播电视节目，受本法保护。

外国人、无国籍人的版式设计、表演、录音制品和广播电视节目，根据其所属国或者经常居住地国同中国签订的协议或者共同参加的国际条约，受本法保护。

未与中国签订协议或者共同参加国际条约的国家的外国人和无国籍人，其在中国境内的表演或者在中国境内制作、发行的录音制品，受本法保护。

**第四条**　外国人、无国籍人的实用艺术作品以及根据本法第十四条享有的权利，其所属国或者经常居住地国对中国权利人给予保护的，受本法保护。

**第五条**　本法所称的作品，是指文学、艺术和科学领域内具有独创性并能以某种形式固定的智力表达。

作品包括以下种类：

（一）文字作品，是指小说、诗词、散文、论文等以文字形式表现的作品；

（二）口述作品，是指即兴的演说、授课等以口头语言形式表现的作品；

（三）音乐作品，是指歌曲、乐曲等能够演唱或者演奏的带词或者不带词的作品；

（四）戏剧作品，是指戏曲、话剧、歌剧、舞剧等供舞台演出的作品；

（五）曲艺作品，是指相声小品、快板快书、鼓曲唱曲、评书评话、弹词等以说唱为主要形式表演的作品；

（六）舞蹈作品，是指通过连续的动作、姿势、表情等表现思想情感的作品；

（七）杂技艺术作品，是指杂技、魔术、马戏、滑稽等通过连续的形体和动作表现的作品；

（八）美术作品，是指绘画、书法、雕塑等以线条、色彩或者其他方式构成的有审美意义的平面或者立体的造型艺术作品；

（九）实用艺术作品，是指玩具、家具、饰品等具有实用功能并有审美意义的平面或者立体的造型艺术作品；

（十）建筑作品，是指以建筑物或者构筑物形式表现的有审美意义的作品，包括作为其施工基础的平面图、设计图、草图和模型；

（十一）摄影作品，是指借助器械在感光材料或者其他介质上记录客观物体形象的艺术作品；

（十二）视听作品，是指由一系列有伴音或者无伴音的连续画面组成，并且能够借助技术设备被感知的作品，包括电影、电视剧以及类似制作电影的方法创作的作品；

（十三）图形作品，是指为施工、生产绘制的工程设计图、产品设计图，以及反映地理现象、说明事物原理或者结构的地图、示意图等作品；

（十四）立体作品，是指为生产产品、展示地理地形、说明事物原理或者结构而创作的三维作品；

（十五）计算机程序，是指以源程序或者目标程序表现的、用于电子计算机或者其他信息处理装置运行的指令，计算机程序的源程序和目标程序为同一作品；

（十六）其他文学、艺术和科学作品。

著作权自作品创作之日起自动产生，无需履行任何手续。

**第六条** 本法所称的相关权，指出版者对其出版的图书或者期刊的版式设计享有的权利，表演者对其表演享有的权利，录音制作者对其制作的录音制品享有的权利，广播电台、电视台对其播放的广播电视节目享有的权利。

相关权自使用版式设计的图书或者期刊首次出版、表演发生、录音制品首次制作完成和广播电视节目首次播放之日起自动产生，无须履行任何手续。

**第七条** 著作权人行使著作权、相关权人行使相关权，不得违反宪法和法律，不得损害公共利益。

国家对作品的传播依法进行监督管理。

**第八条** 著作权人和相关权人可以向国务院著作权行政管理部门设立的专门登记机构进行著作权或者相关权登记。登记文书是登记事项属实的初步证明。

登记应当缴纳费用，收费标准由国务院财政、价格管理部门确定。

著作权和相关权登记管理办法由国务院著作权行政管理部门另行规定。

**第九条** 著作权保护延及表达，不延及思想、过程、原理、数学概念、操作方法等。

本法不适用于：

（一）法律、法规，国家机关的决议、决定、命令和其他具有立法、行政、司法性质的文件，及其官方正式译文；

（二）通过报纸、期刊、广播电台、电视台、网络等媒体报道的单纯事实消息；

（三）历法、通用数表、通用表格和公式。

**第十条** 民间文学艺术表达的保护办法由国务院另行规定。

**第十一条** 国务院著作权行政管理部门主管全国的著作权和相关权管理工作；地方人民政府著作权行政管理部门主管本行政区域的著作权和相关权管理工作。

## 第二章 著作权

### 第一节 著作权人及其权利

**第十二条** 著作权人包括：

（一）作者；

（二）其他依照本法享有著作权的自然人、法人或者其他组织。

**第十三条** 著作权包括人身权和财产权。

著作权中的人身权包括：

（一）发表权，即决定作品是否公之于众的权利；

（二）署名权，即决定是否表明作者身份以及如何表明作者身份的权利；

（三）保护作品完整权，即允许他人修改作品以及禁止歪曲、篡改作品的权利。

著作权中的财产权包括：

（一）复制权，即以印刷、复印、录制、翻拍以及数字化等方式将作品固定在有形载体上的权利；

（二）发行权，即以出售、赠与或者其他转让所有权的方式向公众提供作品的原件或者复制件的权利；

（三）出租权，即有偿许可他人临时使用视听作品、计算机程序或者包含作品的录音制品的原件或者复制件的权利，计算机程序不是出租的主要标的的除外；

（四）展览权，即公开陈列美术作品、摄影作品的原件或者复制件的权利；

（五）表演权，即以演唱、演奏、舞蹈、朗诵等方式公开表演作品，以及通过技术设备向公众传播作品或者作品的表演的权利；

（六）播放权，即以无线或者有线方式公开播放作品或者转播该作品的播放，以及通过技术设备向公众传播该作品的播放的权利；

（七）信息网络传播权，即以无线或者有线方式向公众提供作品，使公众可以在其个人选定的时间和地点获得作品的权利；

（八）改编权，即将作品改编成其他体裁和种类的新作品，或者将文字、音乐、戏剧等作品制作成视听作品，以及对计算机程序进行增补、删节，改变指令、语句顺序或者其他变动的权利；

（九）翻译权，即将作品从一种语言文字转换成另一种语言文字的权利；

（十）应当由著作权人享有的其他权利。

信息网络传播权的保护办法由国务院另行规定。

**第十四条** 美术、摄影作品的原件或者文字、音乐作品的手稿首次转让后，作者或者其继承人、受遗赠人对原件或者手稿的所有人通过拍卖方式转售该原件或者手稿所获得的增值部分，享有分享收益的权利，该权利专属于作者或者其继承人、受遗赠人。其保护办法由国务院另行规定。

## 第二节　著作权的归属

**第十五条**　著作权属于作者，本法另有规定的除外。

创作作品的自然人是作者。

由法人或者其他组织主持或者投资，代表法人或者其他组织意志创作，以法人、其他组织或者其代表人名义发表，并由法人或者其他组织承担责任的作品，法人或者其他组织视为作者。

如无相反证明，在作品上署名的自然人、法人或者其他组织推定为作者。

**第十六条**　以改编、翻译、注释、整理等方式利用已有作品而产生的新作品为演绎作品，其著作权由演绎者享有。

使用演绎作品应当取得演绎作品的著作权人和原作品的著作权人许可。

**第十七条**　两人以上合作创作的作品，其著作权由合作作者共同享有。没有参加创作的人，不能成为合作作者。

合作作品可以分割使用的，作者对各自创作的部分单独享有著作权，但行使著作权时不得妨碍合作作品的正常使用。

合作作品不可以分割使用的，其著作权由各合作作者共同享有，通过协商一致行使；不能协商一致，又无正当理由的，任何一方不得阻止他方使用或者许可他人使用，但是所得收益应当合理分配给所有合作作者。

他人侵犯合作作品著作权的，任何合作作者可以以自己的名义提起诉讼，但其所获得的赔偿应当合理分配给所有合作作者。

**第十八条**　汇编若干作品、作品的片段或者不构成作品的数据或者其他材料，对其内容的选择或者编排体现独创性的作品，为汇编作品，其著作权由汇编者享有。

使用汇编作品应当取得汇编作品的著作权人和原作品的著作权人许可。

**第十九条**　制片者使用小说、音乐和戏剧等已有作品制作视听作品，应当取得著作权人的许可；如无相反约定，前述已有作品的著作权人根据第十六条第二款对视听作品的使用享有专有权。

电影、电视剧等视听作品的作者包括导演、编剧以及专门为视听作品创作的音乐作品的作者等。

电影、电视剧等视听作品的著作权中的财产权和利益分享由制片者和作者约定。没有约定或者约定不明的，著作权中的财产权由制片者享有，但作者享有署名权和分享收益的权利。

视听作品中可以单独使用的剧本、音乐等作品，作者可以单独行使著作权，但不得妨碍视听作品的正常使用。

**第二十条** 职工在职期间为完成工作任务所创作的作品为职务作品，其著作权归属由当事人约定。

当事人没有约定或者约定不明的，职务作品的著作权由职工享有，但工程设计图、产品设计图、地图、计算机程序和有关文档，以及报刊社、通讯社、广播电台和电视台的职工专门为完成报道任务创作的作品的著作权由单位享有，作者享有署名权。

依本条第二款规定，职务作品的著作权由职工享有的，单位有权在业务范围内免费使用该职务作品并对其享有两年的专有使用权。

依本条第二款规定，职务作品由单位享有的，单位应当根据创作作品的数量和质量对职工予以相应奖励，职工可以通过汇编方式出版其创作的作品。

**第二十一条** 受委托创作的作品，其著作权归属由当事人约定。

当事人没有约定或者约定不明的，委托作品的著作权由受托人享有，但委托人在约定的使用范围内可以免费使用该作品；当事人没有约定使用范围的，委托人可以在委托创作的特定目的范围内免费使用该作品。

**第二十二条** 作品原件所有权的移转，不产生著作权的移转。

美术、摄影作品原件的所有人可以展览该原件。

作者将未发表的美术或者摄影作品的原件转让给他人，受让人展览该原件不构成对作者发表权的侵犯。

陈列于公共场所的美术作品的原件为该作品的唯一载体的，原件所有人对其进行拆除、损毁等事实处分前，应当在合理的期限内通知作者，作者可以通过回购、复制等方式保护其著作权，当事人另有约定的除外。

**第二十三条** 作者死亡后，其著作权中的署名权和保护作品完整权由作者的继承人或者受遗赠人保护。

著作权无人继承又无人受遗赠的，其署名权和保护作品完整权由著作权行政管理部门保护。

**第二十四条** 作者生前未发表的作品，如果作者未明确表示不发表，作者死亡后五十年内，其发表权可由其继承人或者受遗赠人行使；没有继承人又无人受遗赠的，其发表权由作品原件的所有人行使。

**第二十五条** 著作权属于自然人的，自然人死亡后，著作权中的财产权在本法规定的保护期内，依照《中华人民共和国继承法》的规定转移。

著作权属于法人或者其他组织的，法人或者其他组织变更、终止后，著作权中的财产权在本法规定的保护期内，由承受其权利义务的法人或者其他组织享有；没有承受其权利义务的法人或者其他组织的，由国家享有。

**第二十六条** 合作作者之一死亡后，其对合作作品享有的著作权中的财产权无人继承又无人受遗赠的，由其他合作作者享有。

**第二十七条** 作者身份不明的作品，其著作权除署名权外由作品原件的所有人行使。作者身份确定后，其著作权由作者或者其继承人、受遗赠人行使。

## 第三节 著作权的保护期

**第二十八条** 署名权、保护作品完整权的保护期不受限制。

**第二十九条** 自然人的作品，其发表权、著作权中的财产权的保护期为作者终生及其死亡后五十年；如果是合作作品，其保护期计算以最后死亡的作者为准。

法人或者其他组织的作品、著作权（署名权除外）由单位享有的职务作品、视听作品，其发表权的保护期为五十年，但作品自创作完成后五十年内未发表的，本法不再保护；其著作权中的财产权的保护期为首次发表后五十年，但作品自创作完成后五十年内未发表的，本法不再保护。

实用艺术作品，其发表权的保护期为二十五年，但作品自创作完成后二十五年内未发表的，本法不再保护；其著作权中的财产权的保护期为首次发表后二十五年，但作品自创作完成后二十五年内未发表的，本法不再保护。

前三款所称的保护期，自作者死亡、相关作品首次发表或者作品创作完成后次年1月1日起算。

本法施行前保护期已经届满、但依据本条第一款仍在保护期内的摄影作品，不受本法保护。

本法第十四条规定的权利的保护期，适用本条第一款的规定。

**第三十条** 作者身份不明的作品，其著作权中的财产权的保护期为五十年，自该作品首次发表后次年1月1日起算。作者身份确定后适用本法第二十九条的规定。

## 第三章 相关权

### 第一节 出版者

**第三十一条** 本法所称的出版，是指复制并发行。

本法所称的版式设计，是指对图书和期刊的版面格式的设计。

**第三十二条** 出版者有权许可他人使用其出版的图书、期刊的版式设计。

前款规定的权利的保护期为十年，自使用该版式设计的图书或者期刊首次出版后次年1月1日起算。

### 第二节 表演者

**第三十三条** 本法所称的表演者，是指以朗诵、演唱、演奏以及其他方式表演文学艺术作品或者民间文学艺术表达的自然人。

**第三十四条** 表演者对其表演享有下列权利：

（一）表明表演者身份；

（二）保护表演形象不受歪曲；

（三）许可他人以无线或者有线方式公开播放其现场表演；

（四）许可他人录制其表演；

（五）许可他人复制、发行、出租其表演的录音制品或者该录制品的复制件；

（六）许可他人以无线或者有线方式向公众提供其表演，使公众可以在其个人选定的时间和地点获得该表演。

前款第（一）项、第（二）项规定的权利的保护期不受限制；第（三）项至第（六）项规定的权利的保护期为五十年，自该表演发生后次年1

月 1 日起算。

被许可人以本条第一款第（三）项至第（六）项规定的方式使用作品，还应当取得著作权人许可。

**第三十五条** 演出组织者组织表演的，由该演出组织者取得著作权人许可。

**第三十六条** 表演者在职期间为完成工作任务进行的表演为职务表演，其权利归属由当事人约定。

当事人没有约定或者约定不明的，职务表演的权利由表演者享有，但集体性职务表演的权利由演出单位享有，表演者享有署名权。

依本条第二款规定，职务表演的权利由表演者享有的，演出单位可以在其业务范围内免费使用该表演。

依本条第二款规定，职务表演的权利由演出单位享有的，单位应当根据表演的数量和质量对表演者予以奖励。

**第三十七条** 制片者聘用表演者制作视听作品，应当签订书面合同并支付报酬。

视听作品中的表演者根据第三十四条第（五）项和第（六）项规定的财产权及利益分享由制片者和主要表演者约定。如无约定或者约定不明的，前述权利由制片者享有，但主要表演者享有署名权和分享收益的权利。

## 第三节 录音制作者

**第三十八条** 本法所称的录音制品，是指任何对表演的声音和其他声音的录音制品。

本法所称的录音制作者，是指录音制品的首次制作人。

**第三十九条** 录音制作者对其制作的录音制品享有下列权利：

（一）许可他人复制其录音制品；

（二）许可他人发行其录音制品；

（三）许可他人出租其录音制品；

（四）许可他人以无线或者有线方式向公众提供其录音制品，使公众可以在其个人选定的时间和地点获得该录音制品。

前款规定的权利的保护期为五十年，自录音制品首次制作完成后次年 1

月 1 日起算。

被许可人复制、发行、出租、通过信息网络向公众传播录音制品，还应当取得著作权人、表演者许可。

**第四十条** 以下列方式使用录音制品的，其录音制作者享有获得合理报酬的权利：

（一）以无线或者有线方式公开播放录音制品或者转播该录音制品的播放，以及通过技术设备向公众传播该录音制品的播放；

（二）通过技术设备向公众传播录音制品。

### 第四节 广播电台、电视台

**第四十一条** 本法所称的广播电视节目，是指广播电台、电视台首次播放的载有声音或者图像的信号。

**第四十二条** 广播电台、电视台对其播放的广播电视节目享有下列权利：

（一）许可他人以无线或者有线方式转播其广播电视节目；

（二）许可他人录制其广播电视节目；

（三）许可他人复制其广播电视节目的录音制品。

前款规定的权利的保护期为五十年，自广播电视节目首次播放后的次年 1 月 1 日起算。

被许可人以本条第一款规定的方式使用作品、表演和录音制品的，还应当取得著作权人、表演者和录音制作者的许可。

## 第四章 权利的限制

**第四十三条** 在下列情况下使用作品，可以不经著作权人许可，不向其支付报酬，但应当指明作者姓名或者名称、作品名称、作品出处，并且不得侵犯著作权人依照本法享有的其他权利：

（一）为个人学习、研究，复制他人已经发表的作品的片段；

（二）为介绍、评论某一作品或者说明某一问题，在作品中适当引用他人已经发表的作品，引用部分不得构成引用人作品的主要或者实质部分；

（三）为报道新闻，在报纸、期刊、广播电台、电视台、网络等媒体中不可避免地再现或者引用已经发表的作品；

（四）报纸、期刊、广播电台、电视台、网络等媒体刊登或者播放其他报纸、期刊、广播电台、电视台、网络等媒体已经发表的关于政治、经济、宗教问题的时事性文章，但作者声明不得使用的除外；

（五）报纸、期刊、广播电台、电视台、网络等媒体刊登或者播放在公众集会上发表的讲话，但作者声明不得使用的除外；

（六）为学校课堂教学或者科学研究，翻译或者少量复制已经发表的作品，供教学或者科研人员使用，但不得出版；

（七）国家机关为执行公务在合理范围内使用已经发表的作品；

（八）图书馆、档案馆、纪念馆、博物馆、美术馆等为陈列或者保存版本的需要，复制本馆收藏的作品；

（九）免费表演已经发表的作品，该表演未向公众收取费用，未向表演者支付报酬，也未以其他方式获得经济利益；

（十）对设置或者陈列在室外公共场所的艺术作品进行临摹、绘画、摄影、录像并复制、发行以及向公众传播，但不得以该艺术作品的相同方式复制、陈列以及公开传播；

（十一）将中国自然人、法人或者其他组织已经发表的以汉语言文字创作的作品翻译成少数民族语言文字作品在国内出版；

（十二）将已经发表的作品改成盲文出版；

（十三）其他情形。

以前款规定的方式使用作品，不得影响作品的正常使用，也不得不合理地损害著作权人的合法利益。

**第四十四条** 计算机程序的合法授权使用者可以从事下列行为：

（一）根据使用的需要把该程序装入计算机等具有信息处理能力的装置内；

（二）为了防止计算机程序损坏而制作备份复制件；这些备份复制件不得通过任何方式提供给他人使用，并在本人丧失合法授权时，负责将备份复制件销毁；

（三）为了把该程序用于实际的计算机应用环境或者实现其功能而进行必要的改动；未经该程序的著作权人许可，不得向任何第三方提供修改后的程序以及专门用作修改程序的装置或者部件。

**第四十五条** 为了学习和研究计算机程序内含的设计思想和原理，计算机程序的合法授权使用者通过安装、显示、传输或者存储等方式使用计算机程序的，可以不经计算机程序著作权人许可，不向其支付报酬。

**第四十六条** 计算机程序的合法授权使用者在通过正常途径无法获取必要的兼容性信息时，可以不经该程序著作权人许可，复制和翻译该程序中与兼容性信息有关的部分内容。

适用前款规定获取的信息，不得超出计算机程序兼容的目的使用，不得提供给他人，不得用于开发、生产或者销售实质性相似的计算机程序，不得用于任何侵犯著作权的行为。

**第四十七条** 为实施国家义务教育编写教科书，依照本法第五十条规定的条件，可以不经著作权人许可，在教科书中汇编已经发表的短小的文字作品、音乐作品或者单幅的美术作品、摄影作品、图形作品。

**第四十八条** 文字作品在报刊上刊登后，其他报刊依照本法第五十条规定的条件，可以不经作者许可进行转载或者作为文摘、资料刊登。

报刊社对其刊登的作品根据作者的授权享有专有出版权，并在其出版的报刊显著位置作出不得转载或者刊登的声明的，其他报刊不得进行转载或者刊登。

**第四十九条** 广播电台、电视台依照本法第五十条规定的条件，可以不经著作权人许可，播放其已经发表的作品；但播放视听作品，应当取得著作权人的许可。

本条规定适用于中国著作权人以及其作品创作于中国的外国著作权人。

**第五十条** 根据本法第四十七条、第四十八条和第四十九条的规定，不经著作权人许可使用其已发表的作品，必须符合下列条件：

（一）在首次使用前向相应的著作权集体管理组织申请备案；

（二）在使用作品时指明作者姓名或者名称、作品名称和作品出处，但由于技术原因无法指明的除外；

（三）在使用作品后一个月内按照国务院著作权行政管理部门制定的付酬标准直接向权利人或者通过著作权集体管理组织向权利人支付使用费，同时提供使用作品的作品名称、作者姓名或者名称和作品出处等相关信息。前述付酬标准适用于自本法施行之日起的使用行为。

著作权集体管理组织应当及时公告前款规定的备案信息，并建立作品使用情况查询系统供权利人免费查询作品使用情况和使用费支付情况。

著作权集体管理组织应当在合理时间内及时向权利人转付本条第一款所述的使用费。

**第五十一条** 著作权保护期未届满的已发表作品，使用者尽力查找其权利人无果，符合下列条件之一的，可以在向国务院著作权行政管理部门指定的机构申请并提存使用费后以数字化形式使用：

（一）著作权人身份不明的；

（二）著作权人身份确定但无法联系的。

前款具体实施办法，由国务院著作权行政管理部门另行规定。

## 第五章 权利的行使

### 第一节 著作权和相关权合同

**第五十二条** 著作权人可以通过许可、转让、设立质权或者法律允许的其他形式行使著作权中的财产权。

**第五十三条** 使用他人作品，应当同著作权人订立许可使用合同，本法规定可以不经许可的除外。

许可使用合同包括下列主要内容：

（一）作品的名称；

（二）许可使用的权利种类和使用方式；

（三）许可使用的是专有使用权或者非专有使用权；

（四）许可使用的地域范围、期限；

（五）付酬标准和办法；

（六）违约责任；

（七）双方认为需要约定的其他内容。

使用作品的付酬标准由当事人约定，当事人没有约定或者约定不明的，按照市场价格或者国务院著作权行政管理部门会同有关部门制定的付酬标准支付报酬。

**第五十四条** 许可使用的权利是专有使用权的，许可使用合同应当采取书面形式。

合同中未明确约定许可使用的权利是专有使用权的，视为许可使用的权利为非专有使用权。

合同中约定许可使用的方式是专有使用权，但对专有使用权的内容没有约定或者约定不明的，视为被许可人有权排除包括著作权人在内的任何人以同样的方式使用作品。

报刊社与著作权人签订专有出版权合同，但对专有出版权的期限没有约定或者约定不明的，专有出版权的期限推定为一年。

**第五十五条** 图书出版合同中约定图书出版者享有专有出版权但没有明确其具体内容的，视为图书出版者享有在合同有效期内和在合同约定的地域范围内以同种文字的原版、修订版出版图书的专有权利。

**第五十六条** 图书出版者重印、再版作品的，应当通知著作权人，并支付报酬。

图书脱销后，图书出版者拒绝重印、再版的，著作权人有权终止合同。著作权人寄给图书出版者的两份订单在6个月内未得到履行，视为图书脱销。

**第五十七条** 转让著作权中的财产权利，应当订立书面合同。

权利转让合同包括下列主要内容：

（一）作品的名称；

（二）转让的权利种类、地域范围；

（三）转让金；

（四）支付转让金的日期和方式；

（五）违约责任；

（六）双方认为需要约定的其他内容。

**第五十八条** 许可使用合同和转让合同中著作权人未明确许可或者转让的权利，未经著作权人同意，被许可人或者受让人不得行使。

未经著作权人同意，被许可人不得许可第三人行使同一权利。

**第五十九条** 与著作权人订立专有许可合同或者转让合同的，使用者可以向国务院著作权行政管理部门设立的专门登记机构登记。未经登记的权利，不得对抗善意第三人。

登记应当缴纳费用，收费标准由国务院财政、价格管理部门确定。

**第六十条** 以著作权出质的，由出质人和质权人向国务院著作权行政管理部门办理出质登记。

登记应当缴纳费用，收费标准由国务院财政、价格管理部门确定。

## 第二节 著作权集体管理

**第六十一条** 著作权集体管理组织是根据著作权人和相关权人的授权或者法律规定，以集体管理的方式行使权利人难以行使和难以控制的著作权或者相关权的非营利性社会组织。

著作权集体管理组织管理权利时，可以以自己的名义为著作权人和相关权人主张权利，并可以作为当事人进行著作权或者相关权的诉讼、仲裁和调解活动。

**第六十二条** 著作权集体管理组织应当根据管理的权利提供使用费标准，该标准在国务院著作权行政管理部门指定的媒体上公告实施，有异议的，由国务院著作权行政管理部门组织专门委员会裁定，裁定为最终结果，裁定期间使用费标准不停止执行。

前款所述专门委员会由法官、著作权集体管理组织的监管部门公务员、律师等组成。

**第六十三条** 著作权集体管理组织取得权利人授权并能在全国范围内代表权利人利益的，可以就自助点歌系统向公众传播已经发表的音乐或者视听作品以及其他方式使用作品，代表全体权利人行使著作权或者相关权，权利人书面声明不得集体管理的除外。

著作权集体管理组织在转付相关使用费时，应当平等对待所有权利人。

**第六十四条** 著作权和相关权权利人依据本法第十四条和第四十条享有的获酬权，应当通过相应的著作权集体管理组织行使。

**第六十五条** 两个以上著作权集体管理组织就同一使用方式向同一使用者收取使用费的，应当共同制定统一的使用费标准，并且协商确定由一个著作权集体管理组织统一收取使用费。收取的使用费应当在相应的著作权集体管理组织之间合理分配。

**第六十六条** 国务院著作权行政管理部门主管全国的著作权集体管理工作，负责著作权集体管理组织的设立、业务范围、变更、注销以及其他登记事项的审批和监督管理。

国务院其他主管部门在各自职责范围内对著作权集体管理组织进行监督管理。

**第六十七条** 著作权集体管理组织的设立方式、业务范围、权利义务、著作权许可使用费的收取和分配，对其监督和管理，授权使用收费标准异议裁定等事宜由国务院另行规定。

## 第六章 技术保护措施和权利管理信息

**第六十八条** 本法所称的技术保护措施，是指权利人为防止、限制其作品、表演、录音制品或者广播电视节目被复制、浏览、欣赏、运行、改编或者通过网络传播而采取的有效技术、装置或者部件。

本法所称的权利管理信息，是指说明作品及其作者、表演及其表演者、录音制品及其制作者的信息、广播电视节目及其广播电台电视台，作品、表演、录音制品以及广播电视节目权利人的信息和使用条件的信息，以及表示上述信息的数字或者代码。

**第六十九条** 为保护著作权和相关权，权利人可以采用技术保护措施。

未经许可，任何组织或者个人不得故意避开或者破坏技术保护措施，不得故意制造、进口或者向公众提供主要用于避开或者破坏技术保护措施的装置或者部件，不得故意为他人避开或者破坏技术保护措施提供技术或者服务，但是法律、行政法规另有规定的除外。

**第七十条** 未经权利人许可，不得进行下列行为：

（一）故意删除或者改变权利管理信息，但由于技术上的原因无法避免删除或者改变的除外；

（二）知道或者应当知道相关权利管理信息被未经许可删除或者改变，仍然向公众提供该作品、表演、录音制品或者广播电视节目。

**第七十一条** 下列情形可以避开技术保护措施，但不得向他人提供避开技术保护措施的技术、装置或者部件，不得侵犯权利人依法享有的其他权利：

（一）为学校课堂教学或者科学研究，向少数教学、科研人员提供已经发表的作品、表演、录音制品或者广播电视节目，而该作品、表演、录音制品或者广播电视节目无法通过正常途径获取；

（二）不以营利为目的，以盲人能够感知的独特方式向盲人提供已经发表的作品，而该作品无法通过正常途径获取；

（三）国家机关依照行政、司法程序执行公务；

（四）具有安全测试资质的机构对计算机及其系统或者网络的安全性能进行测试；

（五）进行加密研究或者计算机程序反向工程研究。

## 第七章　权利的保护

**第七十二条**　侵犯著作权或者相关权，违反本法规定的技术保护措施或者权利管理信息有关义务的，应当依法承担停止侵害、消除影响、赔礼道歉、赔偿损失等民事责任。

**第七十三条**　网络服务提供者为网络用户提供存储、搜索或者链接等单纯网络技术服务时，不承担与著作权或者相关权有关的审查义务。

他人利用网络服务实施侵犯著作权或者相关权行为的，权利人可以书面通知网络服务提供者，要求其采取删除、断开链接等必要措施。网络服务提供者接到通知后及时采取必要措施的，不承担赔偿责任；未及时采取必要措施的，对损害的扩大部分与该侵权人承担连带责任。

网络服务提供者知道或者应当知道他人利用其网络服务侵害著作权或者相关权，未及时采取必要措施的，与该侵权人承担连带责任。

网络服务提供者教唆或者帮助他人侵犯著作权或者相关权的，与该侵权人承担连带责任。

网络服务提供者通过网络向公众提供他人作品、表演或者录音制品，不适用本条第一款规定。

**第七十四条**　使用者使用权利人难以行使和难以控制的权利，依照与著作权集体管理组织签订的合同向其支付会员的报酬后，非会员权利人就同一权利和同一使用方式提起诉讼的，使用者应当停止使用，并按照相应的著作权集体管理使用费标准赔偿损失。

下列情形不适用前款规定：

（一）使用者知道非会员权利人作出不得以集体管理方式行使其权利的声明，仍然使用其作品的；

（二）非会员权利人通知使用者不得使用其作品，使用者仍然使用的；

（三）使用者履行非会员诉讼裁决停止使用后，再次使用的。

**第七十五条** 计算机程序的复制件持有人不知道也不应当知道该程序是侵权复制件的，不承担赔偿责任；但是应当停止使用、销毁该侵权复制件。计算机程序复制件持有人需要继续使用该计算机程序的，应当取得该计算机程序著作权人的许可。

**第七十六条** 侵犯著作权或者相关权的，在计算损害赔偿数额时，权利人可以选择实际损失、侵权人的违法所得、权利交易费用的合理倍数或者一百万元以下数额请求赔偿。

对于两次以上故意侵犯著作权或者相关权的，人民法院可以根据前款计算的赔偿数额的二至三倍确定赔偿数额。

人民法院在确定赔偿数额时，应当包括权利人为制止侵权行为所支付的合理开支。

人民法院为确定赔偿数额，在权利人已经尽力举证，而与侵权行为相关的账簿、资料主要由侵权人掌握的情况下，可以责令侵权人提供与侵权行为相关的账簿、资料；侵权人不提供或者提供虚假的账簿、资料的，人民法院可以根据权利人的主张判定侵权赔偿数额。

**第七十七条** 下列侵权行为，可以由著作权行政管理部门责令停止侵权行为，予以警告，没收违法所得，没收、销毁侵权制品和复制件，非法经营额五万元以上的，可处非法经营额一倍以上五倍以下的罚款，没有非法经营额、非法经营额难以计算或者非法经营额五万元以下的，可处二十五万元以下的罚款；情节严重的，著作权行政管理部门可以没收主要用于制作侵权制品和复制件的材料、工具、设备等；构成犯罪的，依法追究刑事责任：

（一）未经著作权人许可，复制、发行、出租、展览、表演、播放、通过网络向公众传播其作品的，本法另有规定的除外；

（二）未经表演者许可，播放、录制其表演，复制、发行、出租录有其表演的录音制品，或者通过网络向公众传播其表演的，本法另有规定的除外；

（三）未经录音制作者许可，复制、发行、出租、通过网络向公众传播其录音制品的，本法另有规定的除外；

（四）未经广播电台、电视台许可，转播、录制、复制其广播电视节目的，本法另有规定的除外；

（五）使用他人享有专有使用权的作品、表演、录音制品或者广播电视节目的；

（六）违反本法第五十条规定使用他人作品的；

（七）未经许可，使用权利人难以行使和难以控制的著作权或者相关权的，本法第七十四条第一款规定的情形除外；

（八）制作、出售假冒他人署名的作品的。

**第七十八条**　下列违法行为，可以由著作权行政管理部门予以警告，没收违法所得，没收主要用于避开、破坏技术保护措施的装置或者部件；情节严重的，没收相关的材料、工具和设备，非法经营额五万元以上的，可处非法经营额一倍以上五倍以下的罚款，没有非法经营额、非法经营额难以计算或者非法经营额五万元以下的，可处二十五万元以下的罚款；构成犯罪的，依法追究刑事责任：

（一）未经许可，故意避开或者破坏权利人采取的技术保护措施的，法律、行政法规另有规定的除外；

（二）未经许可，故意制造、进口或者向他人提供主要用于避开、破坏技术保护措施的装置或者部件，或者故意为他人避开或者破坏技术保护措施提供技术或者服务的；

（三）未经许可，故意删除或者改变权利管理信息的，本法另有规定的除外；

（四）未经许可，知道或者应当知道权利管理信息被删除或者改变，仍然复制、发行、出租、表演、播放、通过网络向公众传播相关作品、表演、录音制品或者广播电视节目的。

**第七十九条** 著作权行政管理部门对涉嫌侵权和违法行为进行查处时，可以询问有关当事人，调查与涉嫌侵权和违法行为有关的情况；对当事人涉嫌侵权和违法行为的场所和物品实施现场检查；查阅、复制与涉嫌侵权和违法行为有关的合同、发票、账簿以及其他有关资料；对于涉嫌侵权和违法行为的场所和物品，可以查封或者扣押。

著作权行政管理部门依法行使前款规定的职权时，当事人应当予以协助、配合，无正当理由拒绝、阻挠或者拖延提供前款材料的，可以由著作权行政管理部门予以警告；情节严重的，没收相关的材料、工具和设备；构成犯罪的，依法追究刑事责任。

**第八十条** 当事人对行政处罚不服的，可以自收到行政处罚决定书之日起六十日内向有关行政机关申请行政复议，或者自收到行政处罚决定书之日起三个月内向人民法院提起诉讼，期满不申请行政复议或者提起诉讼，又不履行的，著作权行政管理部门可以申请人民法院执行。

**第八十一条** 著作权和相关权的使用者在下列情形下，应当承担民事或者行政法律责任：

（一）复制件的出版者、制作者不能证明其出版、制作有合法授权的；

（二）网络用户不能证明其通过网络向公众传播的作品有合法授权的；

（三）出租者不能证明其出租视听作品、计算机程序或者录音制品的原件或者复制件有合法授权的；

（四）发行者不能证明其发行的复制件有合法来源的。

**第八十二条** 著作权人或者相关权人申请行为、财产或者证据保全的，适用《中华人民共和国民事诉讼法》有关保全的规定。

**第八十三条** 人民法院审理案件，对于侵犯著作权或者相关权的，可以没收违法所得、侵权制品和复制件以及进行违法活动的财物。

**第八十四条** 著作权和相关权纠纷的当事人可以按照《中华人民共和国仲裁法》向仲裁机构申请仲裁，也可以申请调解。

**第八十五条** 著作权行政管理部门可以设立著作权纠纷调解委员会，负责著作权和相关权纠纷的调解。调解协议的司法确认，适用《中华人民共和国民事诉讼法》有关确认调解协议的规定。

著作权调解委员会的组成、调解程序以及其他事项，由国务院著作权行政管理机关另行规定。

**第八十六条** 著作权人和相关权人对进口或者出口涉嫌侵害其著作权或者相关权的物品，可以申请海关查处。具体办法由国务院另行规定。

## 第八章 附则

**第八十七条** 本法所称的著作权即版权。

**第八十八条** 相关权的限制和行使适用本法中著作权的相关规定。

**第八十九条** 本法规定的著作权人和相关权人的权利，在本法施行之日尚未超过本法规定的保护期的，依照本法予以保护。

本法施行前发生的侵权或者违约行为，依照侵权或者违约行为发生时的有关法律、规定和政策处理。

**第九十条** 本法自　　年　月　日起施行。

# 后　记

从2007年9月开始对知识产权法学进行系统学习之后，我就对著作权法的研究产生了浓厚的兴趣。本书是在本人博士论文的基础上修改完成的，现在回想起第一次接触孤儿作品的著作权问题是在2013年底，当时面临博士论文的选题方向，在导师的指导及与同学的学术交流中，大家一致认为孤儿作品是当时著作权法领域的研究热点，也是研究难点，恰逢我国《著作权法》第三次修正，该选题既有理论意义，亦有实践意义。拟定开题报告的时候索性选定"孤儿作品著作权保护问题研究"作为论题。随着后续在博士论文的框架构建、写作过程中逐渐深入理解，笔者认为孤儿作品问题最关键的点仍旧是孤儿作品的利用问题，而我国亟待解决的问题是孤儿作品利用制度之构建，在2015年7月申报教育部项目的时候，我在博士论文开题研究框架的基础上进行相应论证，以"孤儿作品版权利用规则研究"为题进行"教育部人文社会科学研究青年基金项目"的申报，2015年9月获批立项，在获批教育部项目之后，一方面加深了对孤儿作品著作权利用问题的思考，另一方面选题得到认可，也提升了我的研究热情。

当然，热情之余，面临的是写作过程中的各种问题、研究文献的梳理；研究框架的不断修正；写作过程中写了又删等繁复的研究工作。如今仍然记得每一次在芙蓉湖边与导师一圈圈边散步边讨论论文修改的情景。2017年7月我的博士论文完稿，顺利参加厦门大学法学院民商法专业的博士论文答辩，获得答辩委员会老师的一致好评。我于2018年初申请了国家留学基金委公派访问学者项目，3月顺利获批立项。2018年11月前往英国萨塞克斯大学法学院访学一年，在访学期间继续孤儿作品利用的著作权问题研究，期望回国后能将教育部青年基金项目顺利结项。

“叶如飞凰羽，花若丹凤冠。”回首厦门大学的博士求学时光，追忆与厦门大学的不解之缘，可以从2007年9月开始算起，那一年有幸到厦门大学进修一个学期。从进入厦大校园的那一刻，就被这座充满魅力的大学所吸引，深切地感受到厦门大学随处洋溢的积极向上、张弛有度的校园氛围与大学精神。进修期间更深深地为进入一个知识的殿堂而雀跃万分，为能近距离地跟着学界泰斗学习而诚惶诚恐，清晰地记得选修了导师林秀芹教授的工业产权法与徐国栋教授的民法哲学两门课程。在如饥似渴地学习中，对知识产权产生了浓厚的兴趣，一个学期的学习转瞬即逝。进修期间，时常在上弦场放飞思绪，在芙蓉湖边愁思苦想。我要是能在这样的大学好好读上几年书该是此生多大的幸事啊，于是将考博列入了计划。经过两次努力，终于在2011年考上了厦门大学民商法学专业知识产权方向的博士研究生，由此开启了厦门大学的博士求学生涯与双城生活。

尤其要感谢我的导师林秀芹教授，十六年的师生情缘，林老师给予我的太多太多。生活方面，林老师时而像一位慈爱的长者，关切地问询我们的生活、工作；时而又像一位亲切的朋友，和我们分享一些生活中的经验与闲趣。学习方面，林老师有着一丝不苟、精益求精的治学态度。在博士论文的选题、论证、写作的整个过程中，林老师的严厉要求磨砺了我的学术能力，更激励我在工作、家庭、学习的角色转换中时刻警醒。同时，林老师也鼓励我们在博士求学的路上不断创新，在林老师的鼓励和指导下，我以开题报告为基础，选取“孤儿作品”的另一个研究维度，2015年才成功地获得教育部青年项目的课题立项。因此，在本书即将付梓之时，对导师的感激之情无以言表，唯愿今后继续努力，不负所望。此外，还要感谢徐国栋教授，徐教授的法哲学的学养对我开启知识产权法哲学的学习影响深刻，徐教授的治学严谨也是我在学术道路上的学习榜样。还要感谢周赟教授，在博士生一年级的法理学选修课上，在担任《厦门大学法律评论》学术编辑期间，周老师的法学功底、治学态度都令人折服。感谢周老师为本书的资料收集提供了很大的帮助，同时，在博士论文的修改过程中不吝赐教，给予我宝贵的修改建议，在此感激不尽。感谢刘志云教授，在他主持的经济法专业的博士论文写作分享会上，刘教授专业而细致地讲解了论文写作的技巧与方法，对我论文的写作基本功的养成产生了直接影响。还要感谢刘巧英老师，每次都不厌其烦地讲解博士论文开题、写作、提交的各个环节的琐碎程序。在厦门酷暑的六月，有孕待产的她还坚持为我论文的修改和查重等问题提供各种帮助，尤为感谢刘老师的辛苦付出。

在厦门大学学习的时间轴上，青春的光影常在，不舍梦想与执着，还因为有你们——亲爱的挚友同窗、师兄师姐、师弟师妹们。是你们让我感受到厦大学习的点滴幸福；是你们的鼓励与帮助让我坦然应对读博期间的各种艰辛与不易。那些学术讨论的场景，那些举杯的瞬间，那些答辩会与毕业季的激扬与不舍，我们都一起拥有，学友同窗，风雨相伴。感谢有你们，让博士求学生活艰辛之余亦有欢乐。

另外，感谢我的领导和同事们一直的支持和鼓励，与优秀而充满朝气的你们一起共事，让作为年轻教师的我不断成长，感谢在我读博期间给予的许多帮助。还要特别感谢知识产权出版社邓莹老师为本书出版的辛苦付出。

最后，我要感谢我的家人。感谢你们的理解、关爱与支持，让既是女儿、妻子还是母亲的我能够在双城之间、在学习与生活之间毫无负担地来去与切换。尤其是我的先生和婆婆，在我读博期间承担起了养育幼女的所有重担。感恩我的女儿，是你让我懂得责任与付出，坚毅与不舍。

2011 年投入著作权研究起始，理论研究真的是坐“冷板凳”的一件事情，书稿的写作过程非常艰辛，但深耕亦会有所得，在本书即将付梓之际，2022 年 9 月，笔者在教育部课题研究的基础上继续申报的著作权相关项目获批立项国家社科基金一般项目，据业界统计，本年度 200 多个法学项目中，知识产权相关项目仅有 20 项左右，从研究的关联性与连续性来说，本书为该项国家社科基金项目的后续研究奠定了坚实的基础，尤为感谢教育部人文社会科学研究青年基金为本书的研究和出版提供资助，感谢国家社科基金为后续的著作权非合意授权制度的相关研究提供资助。往后岁月，学术生活仍会是我所孜孜以求的热爱之一，执着理想，不负热爱。

虽然《著作权法》第三次修正过程中在草案送审稿阶段有体现孤儿作品利用的著作权专条，但该专条仍旧没有出现在正式颁布的《著作权法》文本里，对于孤儿作品利用的著作权立法尝试就此搁浅。数字技术的不断迭代，区块链、NFT、ChatGPT 等新兴技术的发展对著作权制度的深度影响不可避免，关于孤儿作品的利用制度的著作权理论研究与实践应用亦会呈现出不断发展变化的态势，本书的完成仅仅是开始，我会持续关注这一论题，同时真诚地希望读者对拙著不吝批评指正。

王晓君

2022 年 12 月于贵阳吟峰苑